应急管理系列教材

应急管理
模拟仿真实践

YINGJI GUANLI MONI FANGZHEN SHIJIAN

主　编　杨咏漪 张自震
副主编　钟亮根 刘彦明 雷小彬

重庆大学出版社

内容提要

随着科学技术的不断进步,多学科融合发展的时代已悄然来临,计算机仿真作为应急管理的一种重要手段,呈现出越来越深远广泛的发展趋势。

本书以培养实际操作能力为主线、传授应急管理知识为副线,弱化了软件开发相关内容,精心选取大家常见的突发事件作为教学案例,旨在使读者能掌握应急管理模拟仿真的方法。

本书可作为管理科学与工程类、安全科学与工程类各专业本科生和研究生的教材。

图书在版编目(CIP)数据

应急管理模拟仿真实践 / 杨咏漪, 张自震主编 . --
重庆 : 重庆大学出版社, 2024.7
应急管理系列教材
ISBN 978-7-5689-4482-3

Ⅰ. ①应… Ⅱ. ①杨… ②张… Ⅲ. ①突发事件—公
共管理—应用软件—教材 Ⅳ. ①D035-39

中国国家版本馆 CIP 数据核字(2024)第 099058 号

应急管理模拟仿真实践

主　编　杨咏漪　张自震
副主编　钟亮根　刘彦明　雷小彬
策划编辑:顾丽萍

责任编辑:黄菊香　　版式设计:顾丽萍
责任校对:谢　芳　　责任印制:张　策

*

重庆大学出版社出版发行
出版人:陈晓阳
社址:重庆市沙坪坝区大学城西路 21 号
邮编:401331
电话:(023)88617190　88617185(中小学)
传真:(023)88617186　88617166
网址:http:// www. cqup. com. cn
邮箱:fxk@ cqup. com. cn(营销中心)
全国新华书店经销
重庆正文印务有限公司印刷

*

开本:787mm×1092mm　1/16　印张:12　字数:272 千
2024 年 7 月第 1 版　　2024 年 7 月第 1 次印刷
ISBN 978-7-5689-4482-3　定价:35.00 元

前　言

随着社会的不断发展和进步，各类突发事件频繁发生，对应急管理的高效应对提出了更高的要求。仿真技术作为应急管理领域的重要手段之一，为我们提供了模拟和分析复杂系统的能力，从而有效地预测和应对各类突发事件。为认真贯彻落实党的二十大对教材建设与管理作出的新部署新要求，编写团队遵循新时代教材建设规律，在教材内容精编细选、精益求精、科学严谨上下真功夫、硬功夫、苦功夫。本书旨在提供一个全面的视角，涵盖多个仿真的基本类型，包括多智能体仿真、离散事件仿真和系统动力学仿真，帮助读者深入了解应急管理中的模拟仿真实践及其在处理突发事件中的关键作用，提高对应急管理的把握能力，并为解决实际应急管理问题提供有力支持。

本书采用校企合作的方式共同组建专家团队编写，形成了学校骨干教师、行业专家共同参与的"双元"合作教材开发模式。本书以突发事件为导向，以任务为驱动，采用AnyLogic软件工具循序渐进、深入浅出地讲解复杂系统模拟仿真的实践应用。

本书共有5章。第1章介绍了应急管理模拟仿真的基础知识，包括模拟仿真基础知识和仿真的基本类型。第2章介绍了AnyLogic软件入门知识，包括AnyLogic用户界面、软件操作、模型运行和模型调试。第3章详细讲解了多楼层人群疏散模拟仿真的过程，包括楼层及行人建模、设置突发事件、行人疏散模拟和仿真结果处理等。第4章详细讲解了市政交通模拟仿真的过程，包括道路和建筑建模、车辆建模、行人和车辆交互逻辑模型等。第5章详细讲解了基于GIS的应急资源调度模拟仿真，包括GIS建模、创建应急资源调配逻辑模型和扩展开发及应用。

本书由西华大学教授杨咏漪和张自震负责拟订大纲及统稿工作，钟亮根、刘彦明和雷小彬负责校译和统稿工作，北京格瑞纳电子产品有限公司提供技术支持。具体分工如下：杨咏漪和张自震负责撰写第2、4、5章，钟亮根、刘彦明和雷小彬负责撰写第1章，研究生李晋生和陈兴品负责撰写第3章。

在本书的编写过程中，编者参考了大量文献，在此谨向相关作者表示真诚的谢意。限于作者的水平，书中难免存在不足，恳请广大读者提出宝贵的意见和建议，以便我们日后修订和完善。

编　者
2024年3月

Contents

目 录

第1章

应急管理模拟仿真导论

应急管理系统是一个涵盖应急管理的整个过程,包括应急准备、监测预警、应急响应(应急指挥)和应急恢复,由应急需要的组织机构、人员物资的储备与运输、通信设施等构成,运用各种技术手段和方法,以期有效预防和处理突发事件,减少损失,恢复社会稳定和公众对政府信任的动态系统。系统仿真是20世纪40年代末以来伴随计算机技术的发展而逐步形成的一门新兴学科。该方法可应用于任何领域,随着建模与仿真的应用越来越广泛,已逐步从工程领域扩展到社会领域,成为研究大规模突发事件应急管理的重要手段。

1.1 模拟仿真基础知识

1.1.1 仿真的概念

仿真或译作模拟(simulation),泛指基于实验或训练的目的,将原本真实或抽象的系统、事务或流程,建立一个模型以表征其关键特性(key characteristics)或行为、功能,予以系统化与公式化,以便对关键特征做出模拟。

模型表示系统自身,是实际系统的抽象,通过对系统中有用特征的刻画、本质方面的表达,以各种有用的方式提供被研究系统的描述信息。模型可以分为物理模型、数学模型、仿真模型、概念模型等,其中仿真模型是用抽象后的条件来表征事物的特征,通过实验来了解真实事物的规律。仿真是一种通过建立模型对客观系统进行实验研究的活动,表示系统的时序行为。

系统仿真是建立在控制理论、相似理论、信息处理技术和计算机理论基础上的。现代仿真是在计算机支持下进行的,以计算机和其他专用物理效应设备为工具,利用系统模型对真实或假设的系统进行试验,并借助专家的经验知识、统计数据和信息资料对实验结果进行分析研究,进而做出决策的一门综合的试验学科。因此,系统仿真也称为计算机仿真。系统仿真有三个要素:系统、模型和计算机(图1-1-1)。

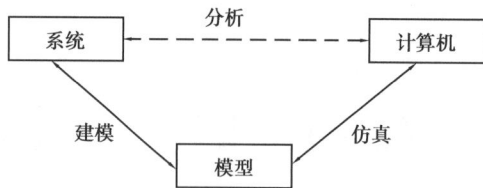

图1-1-1 系统仿真的基本组成

1.1.2 仿真的一般步骤

对于每一个成功的仿真研究项目,其应用都包含特定的步骤。不论仿真项目的类型和研究目的有何不同,仿真的基本过程是保持不变的,都要遵循以下9步。

(1)问题定义

一个模型不可能呈现被模拟的现实系统的所有方面,不仅太昂贵,而且一个表现真实系统所有细节的模型也常常是非常差的模型,因为它过于复杂和难于理解。因此,明智的做法是先进行问题定义,再制订目标,最后构建一个能够解决问题的模型。在问题定义阶段,对于假设要小心谨慎,不要做出错误的假设。

因此,首先要在分析调查的基础上,明确要解决的问题及要实现的目标,确定描述这些目标的主要参数(变量)和评价准则。根据以上目标,清晰地定义系统边界,辨识主要状态变量和主要影响因素,定义环境及控制变量(决策变量),同时,给定仿真的初始条件,并充分估计初始条件对系统主要参数的影响。作为仿真纲领,定义问题的陈述越通用越好,应详细考虑引起问题的可能原因。

(2)制订目标

没有目标的仿真研究是毫无用途的。目标是仿真项目所有步骤的导向,系统的定义也是基于系统目标的。目标决定了应该做出怎样的假设、应该收集哪些信息和数据,模型的建立和确认应考虑能否实现研究的目标。目标需要清楚、明确和切实可行。目标经常被描述成像这样的问题"通过添加机器或延长工时,能够获得更多的利润吗?"等。在制订目标时,详细说明哪些将要被用来决定目标能否实现系统性能测度是非常有必要的,如每小时的产出率、工人利用率、平均排队时间,以及最大队列长度是最常见的系统性能测度。

此外,需列出仿真结果的先决条件,如必须通过利用现有设备来实现目标,或最高投资额要在限度内,或产品订货提前期不能延长等。

(3)描述系统并对所有假设列表

简单点说,仿真模型缩短了完成工作的时间。系统中的时间被划分为处理时间、运输时间和排队时间。不论模型是一个物流系统,还是制造工厂或服务机构,清楚明了地定义如下建模要素[资源、流动项目(产品、顾客或信息)、路径、项目运输、流程控制、处理时间和资源故障时间]都是非常有必要的。

仿真将现实系统资源分为四类:处理器、队列、运输和共享资源。仿真必须定义流动项目到达和预载的必要条件,如到达时间、到达模式和该项目的类型等属性。在定义流动路径时,需要详细地描述合并和转移。项目的转变包括属性变化、装配操作(项目合并)、拆卸操作(项目分离)。在系统中,常常有必要控制项目的流动,如一个项目只有在某种条件或某一时刻到来时才能移动,所有的处理时间都要被定义,并且要清楚说明哪些操作需要机器自动完成、哪些操作需要人工独立完成、哪些操作需要人机协同完成。资源故障时间包括计划故障时间和意外故障时间。计划故障时间通常指午餐、中场休息和预防性维护等所需的时间;意外故障时间是随机发生的维修所需的时间,包括失效平均间隔时间和维修平均间隔时间。

(4)列举可能的替代方案

在仿真研究中,确定模型早期运行的可置换方案是很重要的,它将影响模型的建立。在初期阶段考虑替代方案,模型能被设计成可以非常容易地转换到替换系统。

(5)收集数据和信息

数据可以通过历史记录、经验和计算得到,除了为模型参数输入数据,在验证模型阶段,还可以进行实际数据与模型性能测试数据的比较。

有些数据可能没有现成的记录,需要花费一定的时间和财力通过测量来收集。除了在模型分析中,模型参数也需要极为精确地输入数据,对其他模型而言,采用估计方法来产生输入数据更高效。估计值可以通过少数快速测量或者通过咨询熟悉系统的专家得到。即使使用较为粗糙的数据,根据最小值、最大值和最可能取值定义一个三角分布,也比仅仅采用平均值的仿真效果好很多。有时候采用估计值也能够很好地满足仿真研究的目的。例如,仿真可能被简单地用来指导人员了解系统中特定的因果关系,在这种情况下,估计值就可以满足要求了。

当需要可靠数据时,就需要花费较多时间收集和统计数据,这样才能定义出准确反映现实的概率分布函数。

(6)建立计算机模型

计算机模型是对现实系统的抽象,有助于定义系统的重要部分,并为后续模型的详细化提供数据支撑。我们可以为同一现实系统构建多个计算机模型,每个模型的抽象程度都有所不同。

一般采用阶段方式构建计算机模型,如构建小的阶段测试模型来证明复杂系统的建模是否合适。在建模过程中"运行"和"调试"每一阶段的模型,不会直接将整个系统模型构建起来,需单击"运行"按钮来进行系统仿真,在进行下一阶段建模之前,往往需要验证本阶段模型工作的正常性。

(7)验证和确认模型

验证是指确认模型的功能是否同设想的系统功能相符合,产品的处理时间、流向是否正确等。确认的范围更广泛,包括确认模型是否能够正确反映现实系统、评估模型仿真结果的可信度有多大等。

(8)运行模型

当系统具有随机性时,就需要对系统做多次运行。现在有很多技术可以用来验证模型,最重要和基本的技术是在仿真低速运行时,观看动画和仿真时钟是否同步运行。另一种验证技术是在模型运行过程中,通过交互命令窗口,显示动态图表,查看资源和流动项目的属性与状态。

其中,通过"步进"方式运行模型和动态查看轨迹文件,可以帮助人们调试模型。运行仿真时,通过输入多组仿真参数值来验证仿真结果是否合理也是一种很好的方法。在某些情况下,人们可以通过手工或使用对比实现对系统性能的一些简单测量,如模型中特定区域要素的使用率和产出率通常是非常容易计算出来的。

在调试模型中是否存在某种特定问题时,推荐使用同一随机数流,这样可以保证仿真结果的变化是由对模型所做的修改引起的。有时对模型进行一些简单化假设,不改动随机数流,可以更加简便地计算或预测系统性能。

(9)分析输出

报表、图形、动画和表格常常被用于进行输出结果分析,同时可以利用统计技术来分析不同方案的模拟结果,使用结果和方案的矩阵图进行比较分析。一旦得出分析结果,就要能够根据仿真的目标来解释这些结果,并提出实施或优化方案。

1.2 仿真的基本类型

1.2.1 多智能体仿真

一般认为,智能体(agent)是一种处于一定环境下包装的计算机系统,它能在该环境下灵活、自主地活动,以实现设计目的。从实际应用的角度看,基于智能体仿真是一种分散的、以个体为中心的仿真方法。从编程的角度看,智能体就是一个Java类,基于智能体仿真是一种面向对象的方法。

通常情况下,一个智能体应该部分或者全部拥有以下特性。

(1)自治性

这是智能体最本质的特征,主要体现在智能体应该是一个独立自主的计算实体,具有不同程度的自治能力。智能体在其内部封装了自身的状态信息,在没有外加控制的情况下,根据其意图、愿望、习性及周围环境等进行决策,并自主地采取行动。正因为如此,社会学研究中的"agent"往往被翻译为"主体"。

(2)社会性

无论是现实世界,还是虚拟世界,常常都是由多个智能体组成的系统。在多智能体系统中,单个智能体的行为必须遵循和符合智能体的社会准则,并能通过某种智能体的通信语言,以其认为合适的方式与其他智能体进行灵活多样的交互,并进行有效的合作。

(3)反应性

反应性是指智能体对环境的感知和影响。智能体能够感知其所处的环境(可能是物理世界或人—机界面的用户,或与之进行交互与通信的其他智能体等),并能及时迅速地做出反应,以适应环境的变化并通过行为改变环境。

(4)合作性

合作性是指更高级的智能体可以与其他智能体分工合作,一起完成仅靠单个智能体无法完成的任务。

(5)移动性

智能体具有移动的能力,并完成某项任务,可以从一个节点移动到另一个节点。

当设计一个基于智能体的模型时,用户可定义智能体(人、公司、项目、资产、车辆、城市、动物、舰船和产品等)的行为,将其放置在空间(连续、离散或GIS)中,智能体与智能体之间既可以相互独立,也可以继承或建立连接。

与传统的基于数理公式的仿真方法不同的是,基于多智能体的仿真注重的是分散而不是集成,通过一种自然的方式来仿真。它关注的是个体的行为,这些个体均能自主地根据环境做出决策。决策的过程是启发式的,可以根据以往的经验找到最优策略或次最优策略。个体与个体之间也不是孤立的,它们之间存在动态的交互行为。通过交互、合作与协调机制,多个功能单一的智能体聚集在一起,就能在计算机中再现系统的一系列复杂现象。在多智能体仿真中,通过简单的智能体间的交互可以产生复杂的行为。

1.2.2 离散事件仿真

离散事件仿真(discrete-event simulation,DES)是一种广泛应用的仿真类型。在离散事件仿真中,仿真过程是面向事件的,系统仿真以模拟各类事件对系统的影响为目的。事件发生是有时间顺序的,事件调度就是按照事件发生的时刻顺序建立未来事件列表,仿真时钟(simulation clock)仅按照事件列表中的事件时刻推进,跳过那些没有事件和活动发生的时间段(duration),这样可以加快仿真速度,提高仿真效率。

在离散事件仿真中,仿真时钟是面向事件的,是一个间断性的,而不是按照自然时间连续平滑推进的过程。与真实系统的实际运行时间相比,仿真过程所需要的计算机处理时间微乎其微。计算机仿真的高效率得益于仿真时钟的处理方式,即系统仿真时钟的时间推进机制。

在计算机系统仿真中,未来事件列表、队列和实体列表需要借助列表处理与存储方式来管理。列表处理与存储方式可以有3种:顺序列表、索引列表和动态链接存储。

下面对离散事件仿真的相关概念做简要介绍。

随机性(randomness,stochastic,uncertainty):影响系统稳定性表现的干扰因素,也称噪声。

系统(system):由众多实体构成,如顾客、机器和设备,实体之间相互作用、影响,系统状态随着时间变化而发生变化,往往具有某种目的和目标。

模型(model):对现实世界系统(real world system)的逻辑抽象,包含的指标和内容有系统状态、实体及其属性、集合、处理过程、事件、活动和时间延迟等。

系统状态(system state):模型中所有变量的所有可能取值的集合。

实体(entity):存在于系统中,可相互区别的具体事物,如顾客、服务员等。

实体属性(entity attribute):实体具有的特征,如类型、处理时间、优先级等。

列表(list):列表有两种含义,一是清单,如实体名单、事件列表,二是队列,如排队顾客所形成的队列,且需要事先制订排队规则(FIFO)等。

事件(event)：瞬间发生，能够改变系统状态的事情(occurrence)。

事件预告(event notice)：事件发生时刻、事件相关数据的记录(record)，如事件类型和发生时间等。

事件列表(event list)：由事件预告组成，记录将要发生事件的列表，按照事件发生顺序排列，也称为未来事件列表。

活动(activity)：活动是一个过程，持续时间长度大致确定，即适合于特定的统计分布和参数，如汽车加油等，会有相关的实体参与。

延迟(delay)：延迟也是一个过程，与活动不同，延迟时间长度难以确定，如顾客在队列中的等待时间就有很大的随机性。

时钟(Clock)：用于仿真模型及其模拟过程，具有跳跃性和不连续性，与现实世界的时钟不完全对应，采用大写以示区分。

事件调度(event scheduling)：事件调度是按照事件发生的时间顺序建立未来事件列表，仿真时钟仅按照事件列表中的时刻推进，跳过那些没有事件和活动发生的时间段。

未来事件列表(future event list)：不同事件依赖不同的、独立的统计分布和参数，需要按照各类事件的统计分布和参数生成未来事件，这些不同类型的事件混合在一起，并按照事件发生的顺序排序，形成的一个包含各类事件的列表。

内生事件(endogenous event)：模型内部活动引起的状态变化而产生的事件，源于系统内部行为，不受系统外因素的影响，如顾客离去、机器故障等。

外生事件(exogenous event)：事件的产生由系统外部因素引起，系统只能承载事件的结果而不能影响事件的发生，如顾客到达、订单到达等。

时间推进机制(time advanced mechanism)：离散事件系统仿真中的时间并不是真实的时间流动，而是跳跃的，可分成下次事件时间推进(next event time advance)和固定步长时间推进方式(fixed increment time advance)。

1.2.3 系统动力学仿真

系统动力学(system dynamics)是结构方法、功能方法和历史方法的统一，它基于系统论，吸收了控制论和信息论的精髓，是一门综合自然科学和社会科学的横向学科。一些复杂的管理系统，特别是在宏观的战略决策层面，主要采用系统动力学来建立系统模型。

系统动力学仿真通常用于长期、战略性模型，假设被构建对象高度聚合，在系统动力学模型中，人、产品、事件及其他离散项都用数量代表，它们不具有个体属性、历史或动态变化。

1.3 本章小结

(1)仿真的基本步骤

当需要可靠数据时,需要花费时间收集和统计数据。计算机模型是对现实系统的抽象,有助于定义系统的重要部分。验证和确认模型是确保模型的功能与预期相符的过程。运行模型时,需要考虑系统的随机性,并进行多次运行。

(2)多智能体仿真

智能体是一种处于特定环境下的计算机系统,能够在该环境下灵活且自主地活动。智能体应具备的特性包括自治性、社会性、反应性和合作性。基于智能体仿真是一种分散的、以个体为中心的仿真方法。

(3)离散事件仿真

离散事件仿真是一种应用广泛的仿真类型,其过程是面向事件的。

事件发生是有时间顺序的,事件调度就是按照事件发生的时刻顺序建立未来事件列表的。与真实系统的实际运行时间相比,仿真过程所需的计算机处理时间非常短。

第2章

AnyLogic 简介

AnyLogic是一种多方法建模工具,它可以用于创建和模拟各种类型的系统——从物流和供应链到社会行为,从工厂操作到疾病传播等。该工具使用Java语言进行编程,并具有强大的图形用户界面,因此用户不需要有深厚的编程背景。

AnyLogic的主要特点是其多范式建模能力,可以支持以系统动力学、离散事件和智能体为基础的模型,可以模拟各种复杂的现实世界情况。

以系统动力学为基础的模型关注变量之间的相互作用和反馈,特别适合理解和预测整个系统的长期行为。以离散事件为基础的模型更关注在特定时间点发生的事件,如物流系统或制造系统中的物料移动和处理。以智能体为基础的模型,其中每个智能体都有自己的行为、决策规则和交互,特别适合模拟社会系统或复杂的适应性系统。

AnyLogic用户界面友好,其图形化的设计方式让模型建立更加直观。另外,如果需要进行更复杂的建模,用户也可以直接使用Java编程,使模型的可定制性非常强。对于模型的结果,AnyLogic提供了强大的数据分析和可视化工具,用户可以轻松地分析模型的结果,理解系统的行为,并优化决策。

AnyLogic最早由俄罗斯的XJ Technologies公司于2000年开发,并一直在持续更新和发展。如今,它被广泛用于供应链管理、制造、医疗保健、交通运输、社会经济学、生物科学等领域。

AnyLogic是一种强大的系统建模和仿真工具。无论是在学术研究还是在实际应用中,它都提供了一个有效的方式来理解和优化复杂系统的行为。

2.1 AnyLogic 用户界面

启动AnyLogic软件后,会出现如图2-1-1所示的欢迎界面,欢迎内容主要包括产品及其功能概述、入门指南和示例模型等。

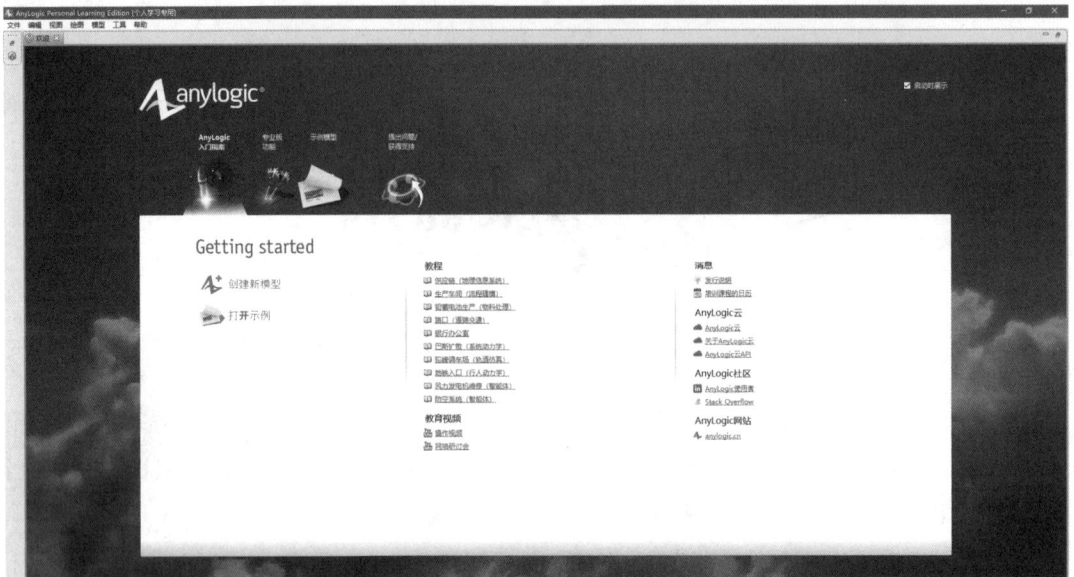

图 2-1-1 AnyLogic 欢迎界面

2.1.1 AnyLogic 整体布局

AnyLogic 软件界面采用 Windows 界面的设计标准,整体可以分为菜单栏、工具栏、状态栏、工程视图、面板视图、图形编辑器、属性视图、输出视图等,如图 2-1-2 所示。

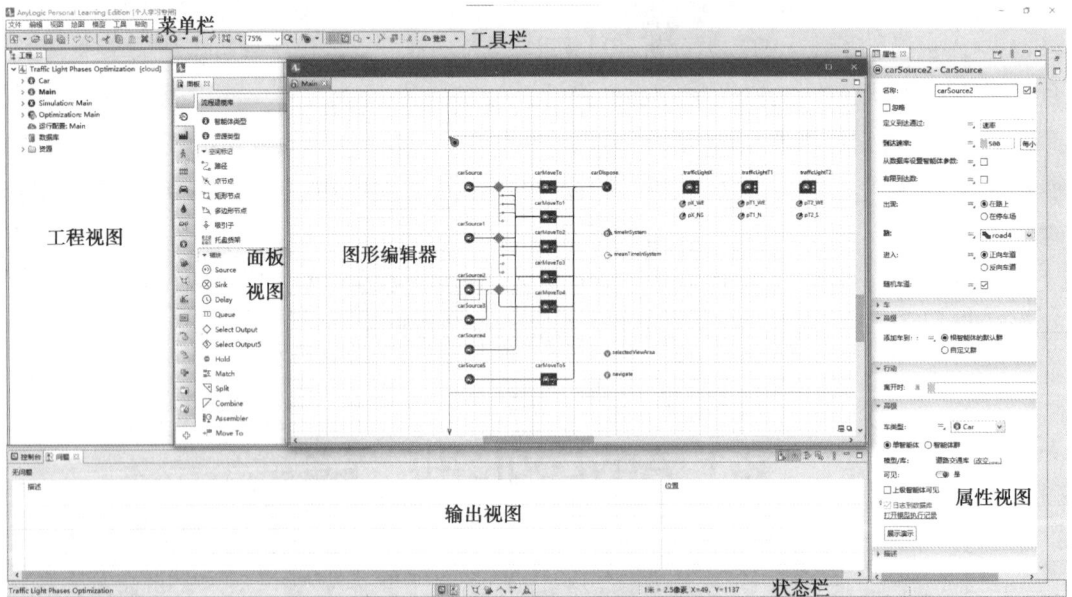

图 2-1-2 AnyLogic 界面布局

菜单栏:软件主菜单采用树形结构,为软件的大多数功能提供入口,单击以后,即可显示出菜单项。菜单栏是按照程序功能分组排列的按钮集合,由"文件""编辑""视图""绘图""模型""工具"和"帮助"7个菜单命令组成。

工具栏:提供了各种执行命令的方式。

状态栏:在该栏可以查看操作或任务的一些提示信息。

工程视图:软件在工程视图区域以树形结构管理多个项目,并可以访问当前在工作区中打开的项目。

面板视图:该视图以分类方式管理不同建模流程库的各种建模元件。

图形编辑器:用户可以通过拖拉等方式定义每个活动工程对象的结构。

属性视图:用于查看或修改当前选中的模型元素的属性。

输出视图:该视图以选项卡的方式分类显示控制台视图、问题视图、查找结果和GIS搜索结果。

2.1.2　工程视图

工程视图将模型分类组织,以层级方式显示在模型结构树中,如图2-1-3所示。工程按照智能体类型、仿真实验、运行配置、数据库和资源分类管理,通过模型结构树可以轻松地导航整个模型。

图2-1-3　工程视图

模型结构树上的节点和图形编辑器中的对象一一对应,可以通过双击节点实现相应对象在图形中的居中定位,如图2-1-4所示。

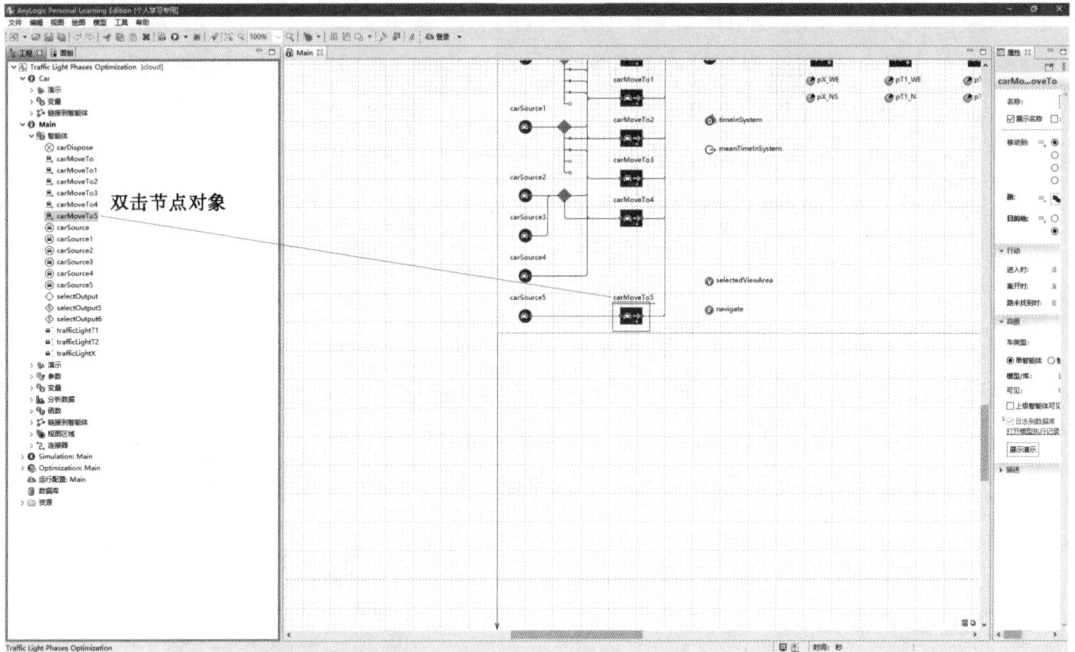

图2-1-4　双击节点对象居中定位

通过工程视图同时管理多个工程，每个工程都有相应的根节点，您可以通过右键菜单构建、运行和调试指定的工程，如图2-1-5所示。

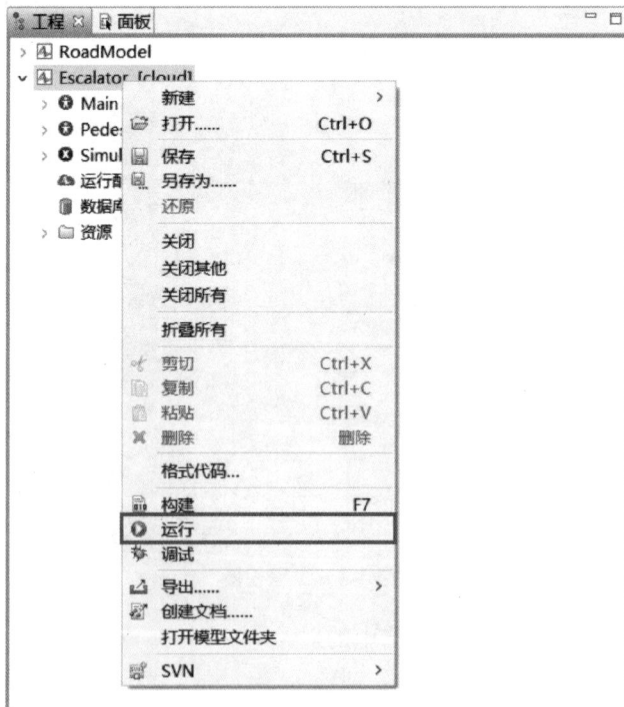

图2-1-5　多工程管理

2.1.3 面板视图

面板视图由与特定任务相关的包含各种建模元件的模板组成,如图2-1-6所示。您将光标悬停在垂直导航栏,将会看到带有控制板名称的下拉列表,可以从列表中选择当前的控制板。软件自带17个面板,分别是流程建模库、物料搬运库、行人库、轨道库、道路交通库、流体库、系统动力学、智能体、演示、空间标记、分析、控件、状态图、行动图、连接、图片和三维物体。

图2-1-6 面板视图

您可以自行定制面板中建模元件的显示方式,软件提供了小图标、大图标和列表3种显示方式,如图2-1-7所示。您将光标停留在建模元件图标上几秒,就会出现该建模元件的说明提示、简单演示和相关的帮助文章,如图2-1-8所示。

图2-1-7 图标显示方式

图2-1-8 建模元件使用提示

2.1.4 属性视图

您选中工程视图节点或图形编辑器的对象时,可用属性视图查看和修改当前选择对象的属性值,如图2-1-9所示。在主菜单中选择"视图"—"属性"来控制是否打开属性视图,如图2-1-10所示。

图2-1-9 属性视图

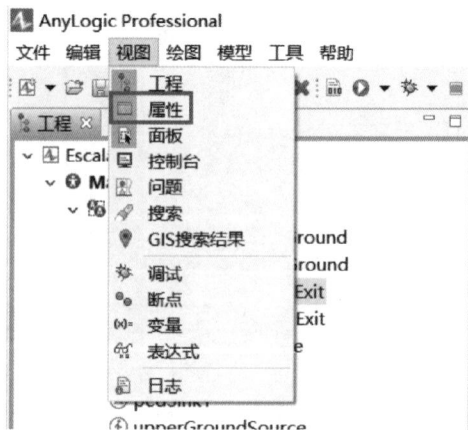

图2-1-10 打开和关闭属性视图

2.1.5　图形编辑器

(1)智能体类型

每一个智能体类型都有一个与之关联的图形,您可以双击工程视图的🚶智能体类型节点,打开智能体类型图形编辑器,通过该图形您可以定义智能体的结构。图形编辑器主要起到以下作用:

①定义智能体的接口。

②连接形状属性和智能体数据。

③定义元素的行为,如事件和状态图。

④定义对象和对象间的连接关系。

您可以双击打开指定智能体类型,并在图形编辑器中进行修改,如图2-1-11所示。

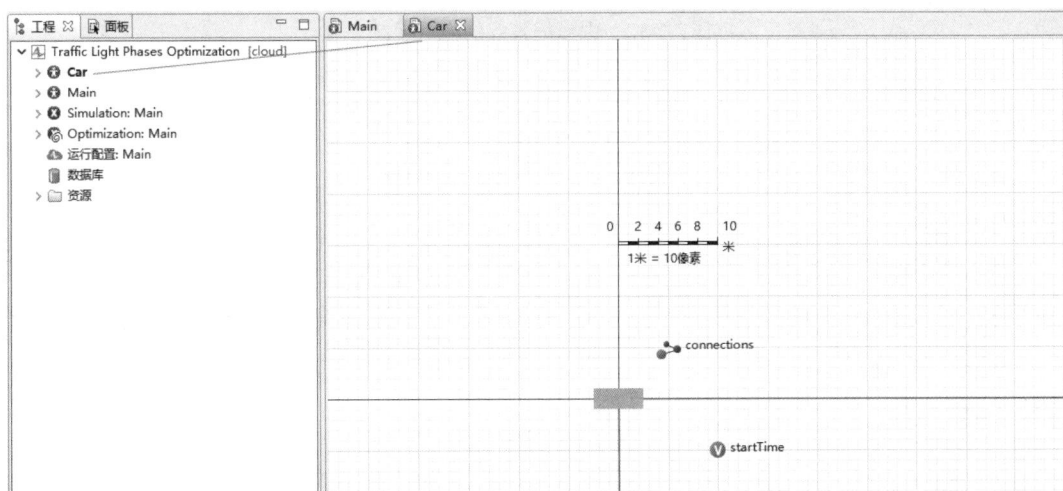

图2-1-11　图形编辑器

(2)可视化区域和坐标

图形编辑器可以认为是一个没有任何边框的、无限大的画布,采用帧来定义可视化区域,即模型窗口的大小和运行时窗口显示的图形范围。

当您打开图形时,坐标原点(0,0)默认位于图表的左上角,X轴指向右侧,Y轴指向下,Z轴指向观看者,光标当前的坐标显示在状态栏中,如图2-1-12所示。

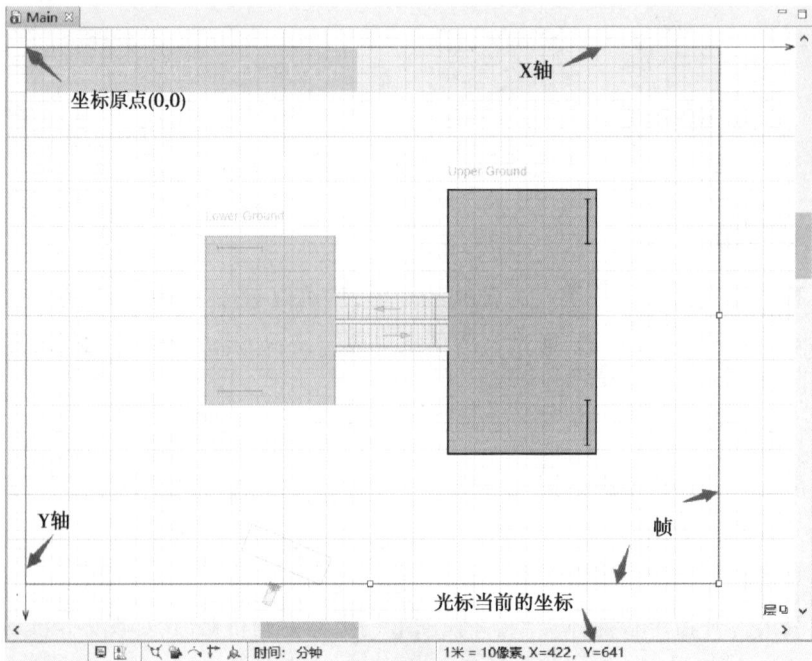

图2-1-12　图形编辑器的坐标系统

(3)网格

图形编辑器在默认情况下会显示网格,您可以采用网格的方式定位对象,快速进行对象的排列和对齐。

当选择100%缩放比例时,网格单元格是10像素×10像素的正方形。在启用网格时,移动或调整形状大小,形状的属性(坐标、宽度、高度等)会随着10像素变化。更改缩放比例会影响网格精度,选择200%缩放比例时,相应的网格精度是5像素,选择800%缩放比例时,网格精度是1像素。

☆操作小技巧

> 单击工具栏的▦按钮可以显示或隐藏网格。
> 单击工具栏的▣按钮可以使用或禁用网格。
> 使用Alt+鼠标拖放形状时不捕捉网格。

2.1.6　问题视图

软件支持在任意位置检查类型、参数和图表的语法,当您在工作区开发模型时,软件会自动检测模型的一些问题或者错误,并在工程生成与构建过程时,以列表方式将这些错误显示在问题视图中,如图2-1-13所示。

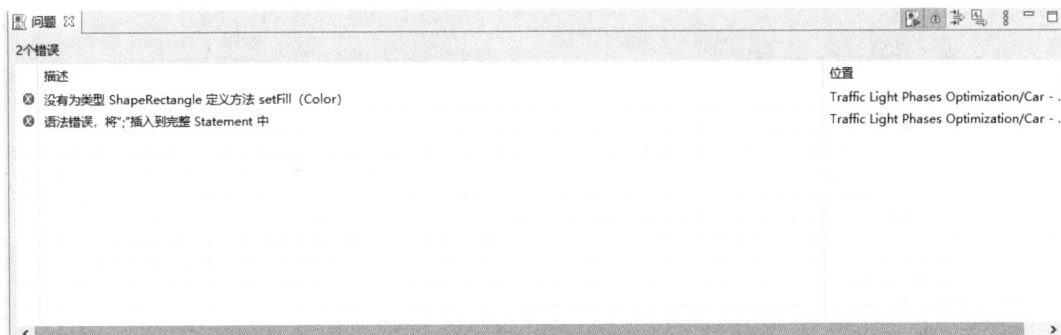

图 2-1-13　问题视图

☆操作小技巧

双击问题条目可以进行问题的准确定位。

2.1.7　搜索视图

单击工具栏的 按钮,启动搜索对话框,输入要搜索的文本内容,如图2-1-14所示。

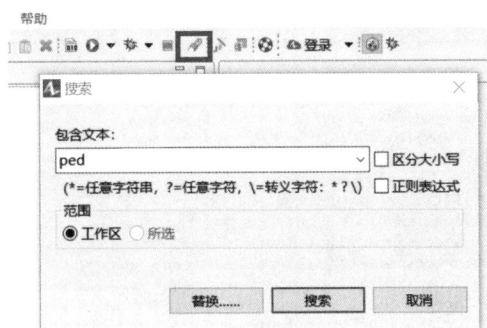

图 2-1-14　启动搜索对话框

搜索结果以树形结构显示在搜索视图中,该树形结构中包含了所有搜索到的与搜索表达式相匹配的模型元素,如图2-1-15所示。您可以通过双击树形结构的节点实现对象的快速定位。

图 2-1-15　搜索视图示意

2.1.8　控制台视图

控制台视图显示了模型执行的输出结果,也允许输入必要的控制参数,控制台用颜色区分显示3种不同类型的文本。

一般采用traceln()函数将要输出的模型信息写入标准输出窗口,如图2-1-16所示。traceln()函数的使用请阅读AnyLogic的API参考,标准错误输出如图2-1-17所示。

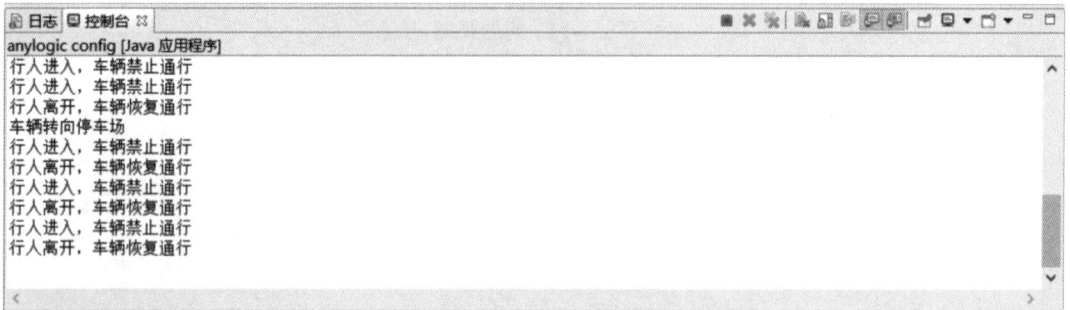

图2-1-16　标准输出示意

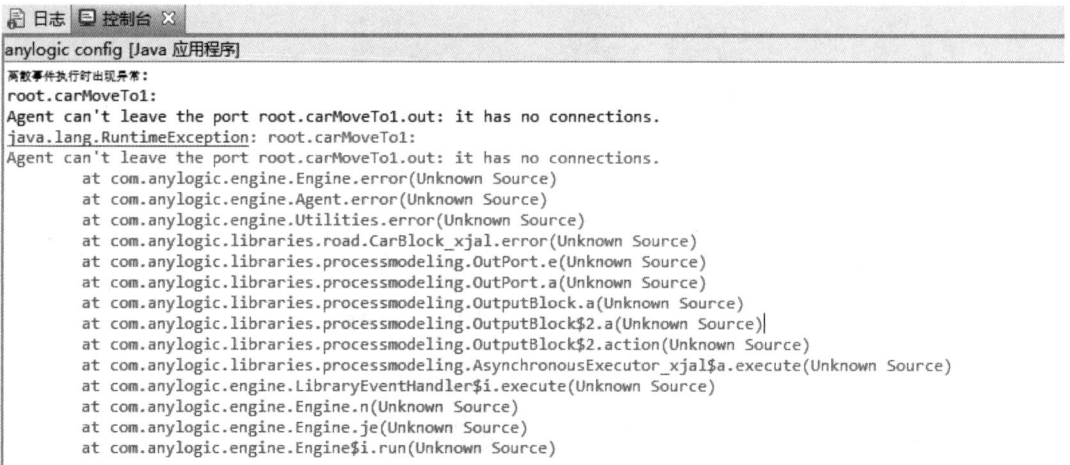

图2-1-17　标准错误输出示意

2.1.9　帮助文档

帮助文档对于快速上手和系统学习软件至关重要,您可以通过帮助系统浏览、搜索、添加书签和打印帮助文档,在主菜单中选择"帮助"—"AnyLogic帮助"打开帮助文档,如图2-1-18所示。

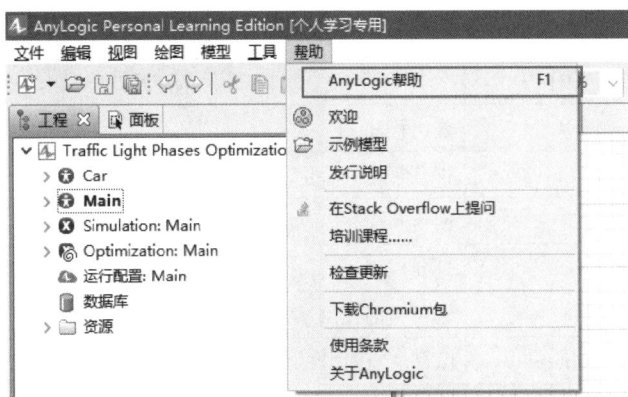

图2-1-18　打开帮助文档

帮助文档以分页和树形结构的形式组织与显示帮助信息,如图2-1-19所示。

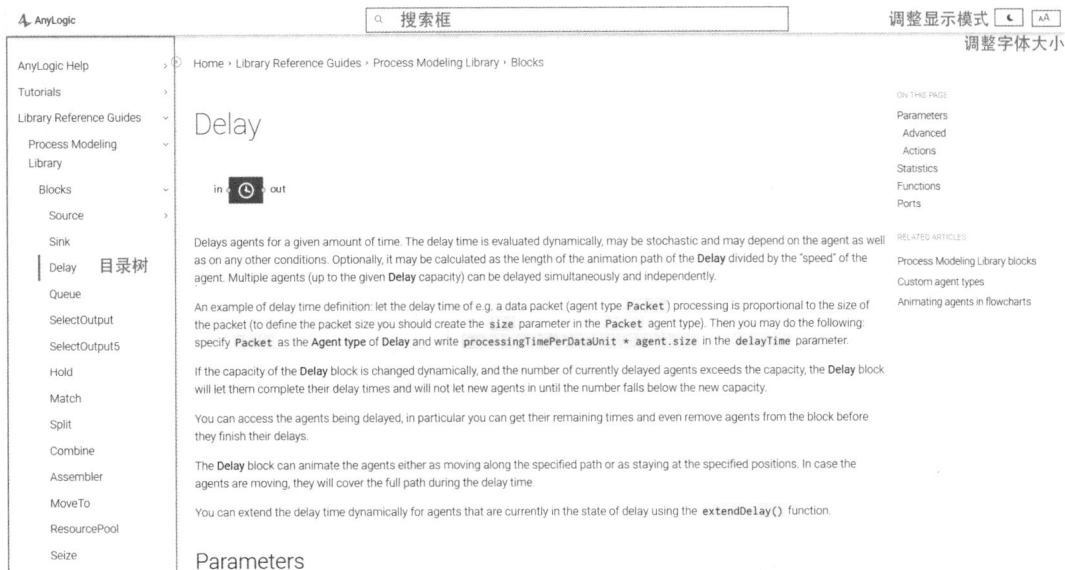

图2-1-19　帮助文档

2.2　软件操作

2.2.1　键盘和鼠标快捷键

AnyLogic采用人机交互方式建模,表2-2-1针对Windows操作系统,列出了一些常用的键盘快捷键。

表 2-2-1　键盘快捷键

项目	键盘操作	用途
应用程序	Alt+F4	退出程序
	F1	打开帮助
模型	Ctrl+N	创建新模型
	Ctrl+O	打开模型
	Ctrl+S	保存当前模型
	Ctrl+Shift+S	保存所有打开的模型
仿真	F7	构建当前选择的模型
	F5	运行上一次启动的模型; 当有多个模型时,可通过鼠标右键菜单,或菜单栏运行指定的模型
编辑	Ctrl+X	剪切
	Ctrl+C	复制
	Ctrl+V	粘贴
	Del	删除
	Ctrl+Z	撤销
	Ctrl+Y	重做
	Ctrl+F	查找/替换
图形编辑器	F2	重命名图形编辑器选择的对象
	Ctrl+A	选择图形编辑器的所有对象
	方向键	当打开网格捕捉时,以10像素单位移动对象; 当关闭网格捕捉时,以1像素单位移动对象
	Shift+方向键 或 Alt+方向键	当打开网格捕捉时,以1像素单位移动对象; 当关闭网格捕捉时,以10像素单位移动对象
属性视图	Alt+x(默认 Ctrl+Space)	代码完成
	Ctrl+J	打开代码编辑器,并高亮显示当前区域的代码
调试	F6	调试最近运行的模型
	F9	恢复
	F12	逐过程
	F11	逐语句
	Shift+F11	跳出

☆操作小技巧

AnyLogic 支持代码智能提示功能,这可以简化代码的输入,非常有助于提高开发过程的自动化和开发效率。您不需要键入函数、变量和参数的全名,通过使用 **Alt+X**组合键,在列表中选择名称,它会自动插入表达式中。您可以在首选项自定义代码完成的组合键,如图 **2-2-1** 所示。软件默认的组合键是 **Ctrl+Space**,由于该组合键与输入法切换重合,建议修改为 **Alt+X**。

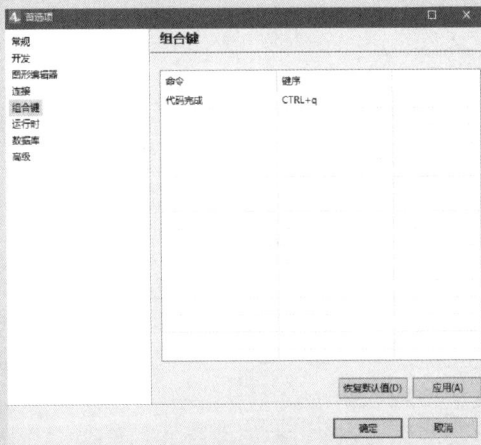

图2-2-1　代码完成组合键设置

表2-2-2针对Windows操作系统,列出了一些常用的鼠标快捷键。

表2-2-2　鼠标快捷键

项目	鼠标操作	用途
工程视图	Ctrl+拖拉	复制并粘贴选择元素
图形编辑器	鼠标右键+拖拉	平移视图
	Ctrl+滚轮	放大或缩小视图
	Alt+鼠标左键	选中组中的某个元素(或者某一混合元素组中的某一形状组)
	Ctrl+拖拉	复制并粘贴选择元素
	Alt+拖拉	运行模型时,改变3D窗口中的俯视角度
	Shift+拖拉	以被选中的物体为中心,将其垂直或水平移动
模型窗口	Ctrl+滚轮	放大或缩小视图
	鼠标左键+拖拉	平移视图
3D场景	Alt+鼠标滚轮	旋转3D视图

2.2.2　图标修饰符

AnyLogic采用在模型元素上方绘制小图标的方式定义修饰符,通过修饰符可以反映这些元素的一些基本信息。修饰符显示在工程视图、属性视图或图形编辑器中。

表2-2-3中列出了一些重要的图标修饰符。

表2-2-3　一些重要的图标修饰符

修饰符	含义	例子	元素	说明
☒	错误	Container Line / ContainerPort / Agents / Presentation / Parameters / capacity: 1.8	所有模型元素	元素有错误
⚠	警告	Autoclaved Aerated Concrete Factory / additionalTraverse / Presentation / Statecharts	所有模型元素	元素有警告
⚐	3D	Presentation / polyLine / rectangle3 / rectangle	支持3D的形状	该形状在动画中三维显示
🔒	锁定	Presentation / gisMap / polyline	形状	此形状已锁定,在解锁之前不会对图形编辑器中的鼠标单击做出反应
=	常量	auxiliary / variable	变量,动态变量	该变量是常量
[]	数组	Parameters / ContactRate: {80, 120} / System Dynamics / Adopters / AdoptionRate	参数,动态变量	变量或参数是数组类型

2.2.3　图层

当构建复杂的模型时,各种不同类型的元素往往重叠布置在同一布局上,AnyLogic采用两种方式进行对象的显示管理,分别是模型分类显示和模型分层显示。

①为了方便地进行模型元素分类管理,AnyLogic在状态栏提供了一组按钮,您通过这些按钮可以改变指定类型元素的显示状态,如图2-2-2所示。

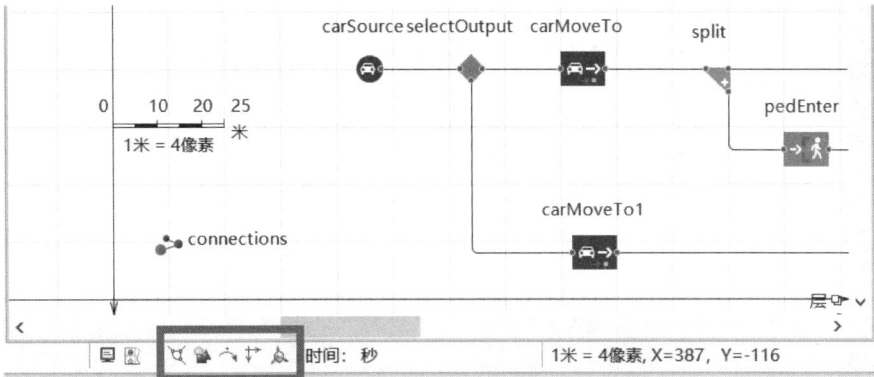

图 2-2-2　模型分类管理

②AnyLogic 采用分层结构对模型元素进行组织管理,同时提供了相应的层管理器,如图
2-2-3 所示。

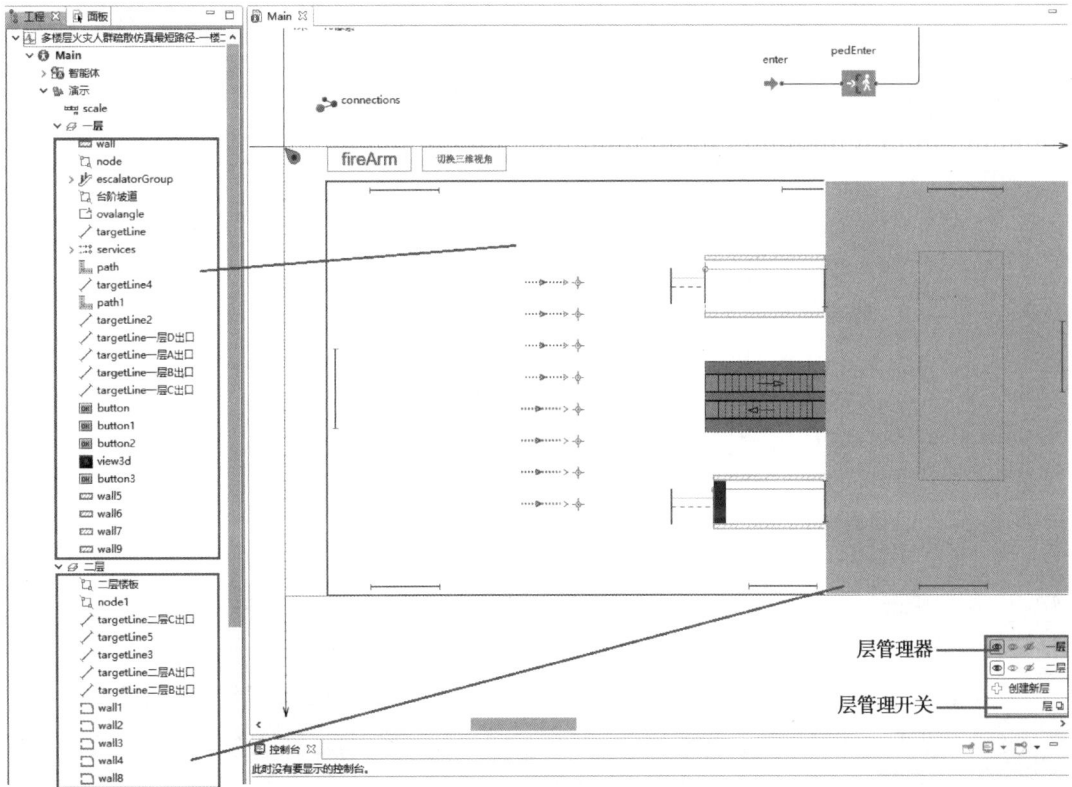

图 2-2-3　模型分层管理

您可以用层管理器管理层和属于层的形状,根据需要可以将层设置为总是展示、非活动
时变暗和非活动时隐藏,如图 2-2-4 所示。

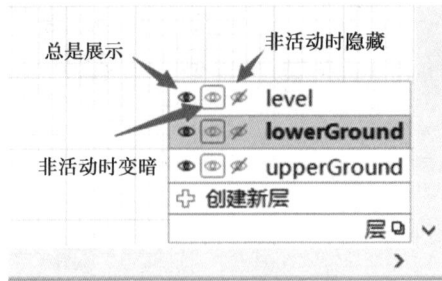

图 2-2-4 层管理器

2.2.4 模型时间

AnyLogic 支持的模型时间单位包括毫秒、秒、分钟、小时、天、星期、月、年。建议您在创建模型时选择模型时间单位,当然您也可以随时在项目的属性视图中修改模型时间单位,如图 2-2-5 所示。

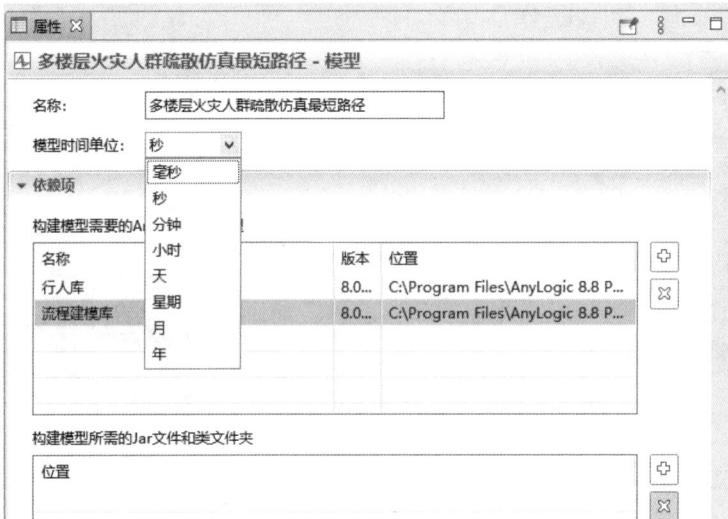

图 2-2-5 修改模型时间单位

AnyLogic 模型可以在真实时间或虚拟时间模式下运行,如图 2-2-6 所示。

在真实时间模式下,需要设定 AnyLogic 模型时间与真实时间的映射关系,即指定真实的 1 秒对应多少个模型时间单位,常常用此模式分析真实事件。

在虚拟时间模式下,模型以最大速度运行,模型时间单位和天文时间秒之间没有映射关系。需要长时间模拟模型时,常常选择此模式。

在真实时间模式下,您可以通过更改比例来增加或降低模型模拟速度。AnyLogic 默认的 1×比例表示模型使用当前仿真实验属性中定义的模型仿真速度进行模拟,2×表示模型仿真速度是指定模型仿真速度的两倍。

图 2-2-6　模型运行时间

2.2.5　图形编辑器

AnyLogic 在图形编辑器中添加面板元素通常有 3 种方式：

①直接拖曳。该方式适用于所有的面板元素，您可以对生成的元素默认形状进行调整，如图 2-2-7 所示。

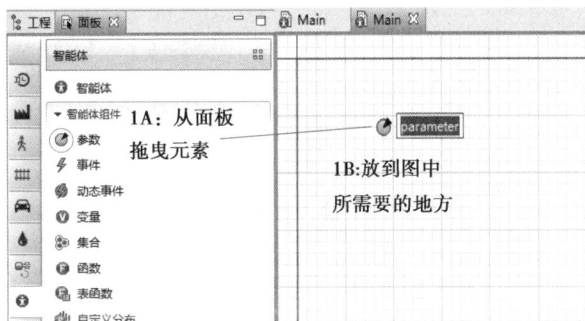

图 2-2-7　直接拖曳方式示意

②拖曳编辑。该方式适用于形状大小可以调整的元素,如状态、矩形、椭圆形和圆角矩形,操作示意如图2-2-8所示。

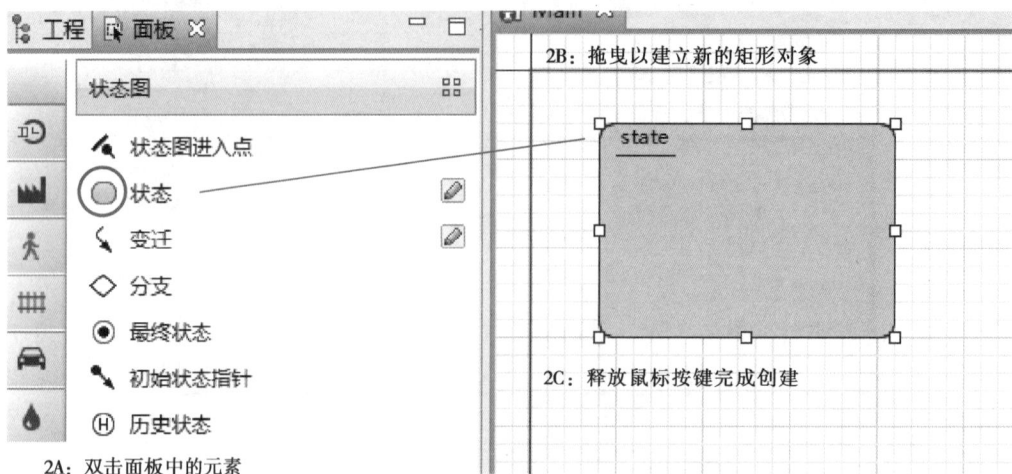

图2-2-8 拖曳编辑操作示意

③多点创建。该方式适用于多点组成的元素,如折线、曲线、变迁和连接器等,操作示意如图2-2-9所示。

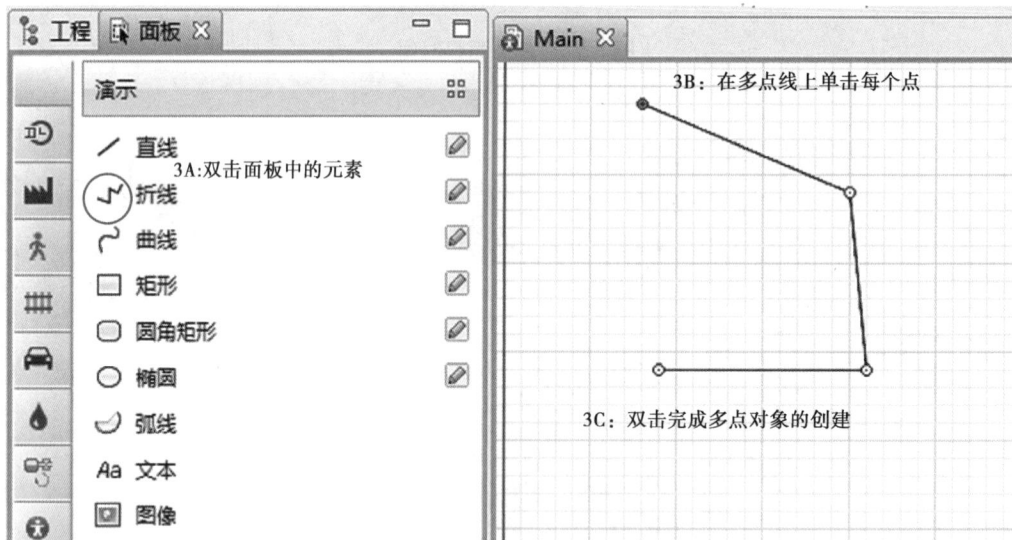

图2-2-9 多点创建操作示意

☆操作小技巧

双击直线、折线和曲线等图形元素的指定位置可以增加节点,如图2-2-10所示。

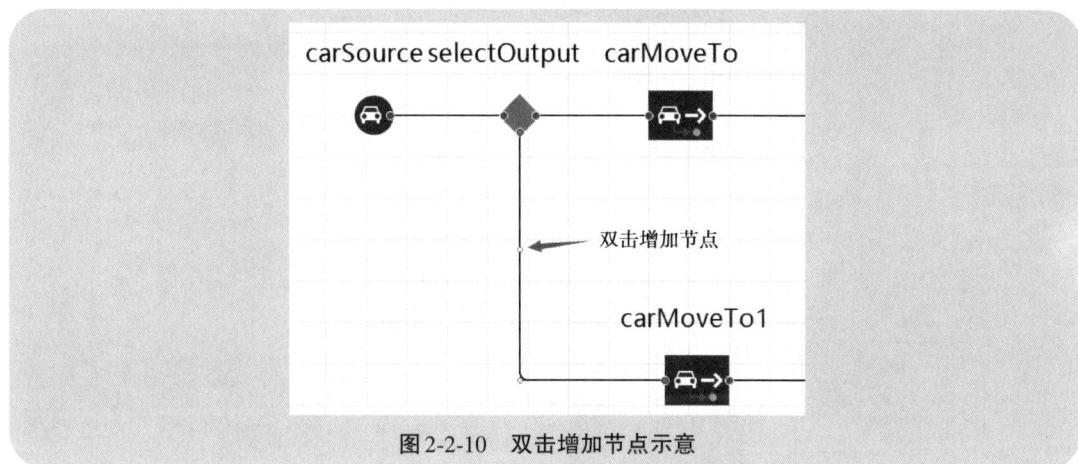

图 2-2-10　双击增加节点示意

2.2.6　图形比例尺

您可以通过比例尺进行空间尺寸和屏幕尺寸的比例设置,即长度单位与屏幕像素的关系,AnyLogic 提供了两种比例定义方式。

①图形化定义,即指定比例尺图形长度和标尺长度,如图 2-2-11 所示。

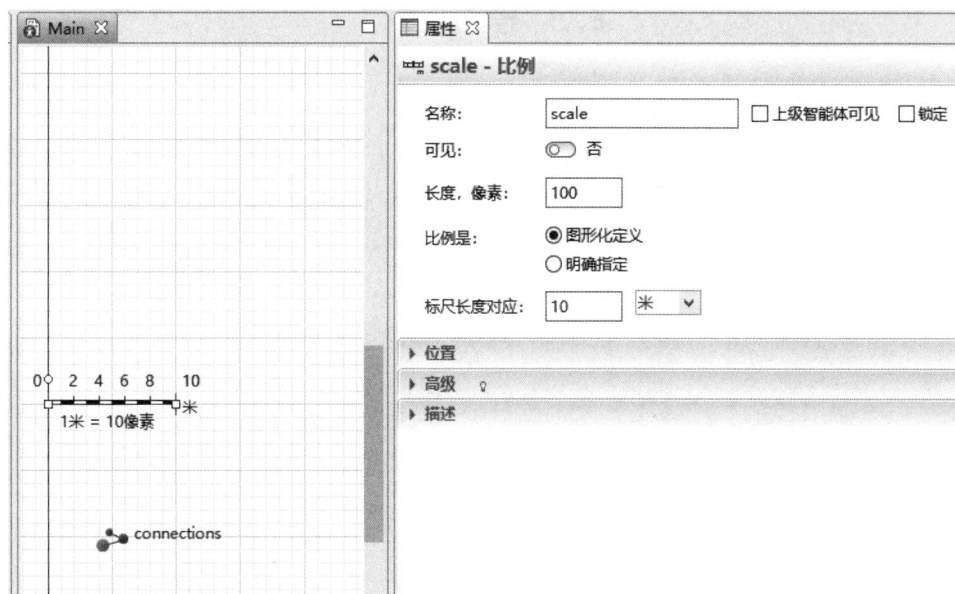

图 2-2-11　图形化定义比例尺示意

②明确指定定义,即直接定义长度和像素的比例关系,如图 2-2-12 所示。

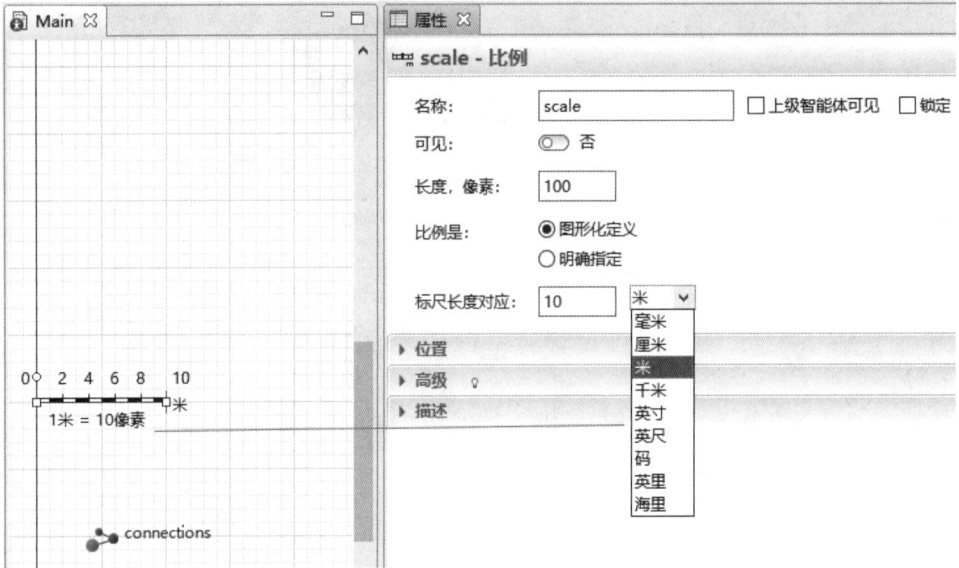

图 2-2-12　明确指定定义比例尺示意

2.3　模型运行

模型运行实际上是一个模拟实验。在默认情况下,每个模型都有一个名为Simulation的模拟实验,单击模型结构树的Simulation:Main节点,可以查看Simulation的属性,并进行相应实验的属性设置,如图2-3-1所示。

图 2-3-1　实验的属性设置

运行实验有两种方式。方式一：单击工具栏运行按钮，选择要运行的实验，如图2-3-2所示。

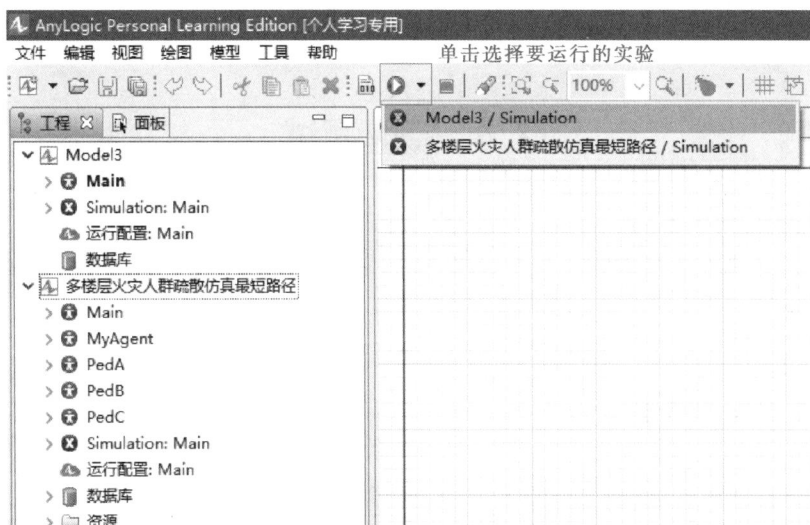

图2-3-2 工具栏运行实验示意

方式二：单击选择要运行的模型，通过右键菜单运行实验，如图2-3-3所示。

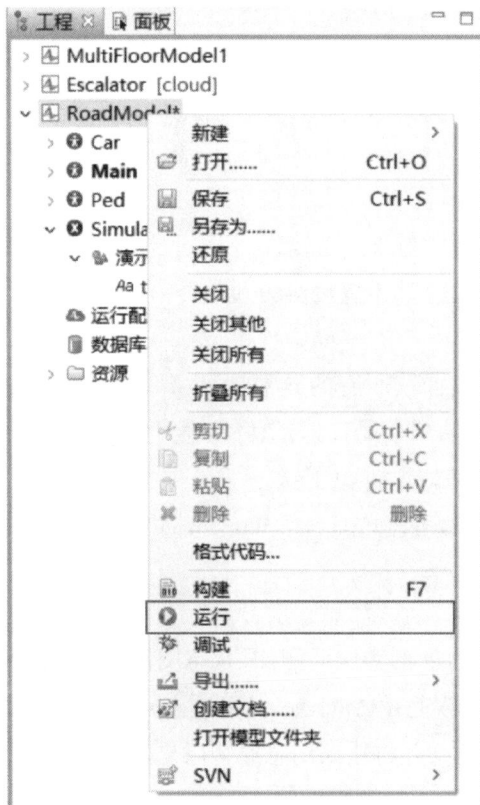

图2-3-3 右键菜单运行实验

☆操作小技巧

在运行软件前可以通过构建模型(按F7键)进行模型语法检查。

2.4　模型调试

模型调试是仿真非常重要的一个环节,通过调试可以发现模型运行中存在的问题及错误的逻辑关系。

2.4.1　检查模型语法

AnyLogic支持对类型、参数和图表语法进行实时检查,将在代码生成和编译过程中发现的错误显示在问题视图中。问题视图对于每个错误都会显示相应的描述和位置。

2.4.2　运行错误

模型运行过程中可能会出现各种错误,运行时的错误可以分为两种类型:Java异常和仿真错误。

(1)Java异常

用户编写的Java代码可能包含无意错误,如表达式中的计算错误(除以零或负值的平方根)、访问空指针等。Java运行时环境会检测到此类错误,如果发生此类错误,Java就会输出异常。

AnyLogic在运行时可以捕获所有的异常,发生异常时,AnyLogic会停止模型运行,用消息框通知用户,并将异常转储到全局日志,您可以通过检查日志找出哪里出现了错误。

对Windows系统而言,日志文件位于:

C:\Users\XXXXX\.AnyLogicProfessional\Workspace8.7.1\.metadata\.log

(2)仿真错误

仿真错误是模型运行的逻辑错误。例如,状态图因为所有出口都已关闭而无法退出分支,则为仿真错误。仿真错误是由AnyLogic而不是Java运行环境检测的。当发生仿真错误时,AnyLogic会停止模型运行,并将错误消息通知用户。

☆操作小技巧

您可以在运行时针对不同不良事件的反应,输出错误并终止模型运行,AnyLogic经常通过使用Engine类的error()函数来输出运行时的错误,实现模型调试。

2.4.3　跟踪仿真

您可以在模型运行期间输出文本信息。您还可以使用跟踪仿真通过在不同事件上写入特定文本来跟踪模型运行。跟踪仿真也可以用作调试工具,例如,以了解模型执行不同对象的操作顺序。这种可能性便于跨多个模型运行输出信息,因为您编写的信息不会在模型运行之间重置。

日志在控制台视图中显示为只读文本,可以复制到剪贴板上。在默认情况下,当您运行模型时,控制台视图会在应用程序窗口的底部打开。

您使用函数trace()和traceln()写入日志。traceln是trace line的简写,该函数打印指定对象的文本,并在末尾添加行分隔符在控制台中显示。

2.4.4　自定义错误处理函数

您可以通过重写onError()函数,根据需要自定义错误处理程序。

每次抛出异常时(在过渡、事件、动态事件等的任何操作中),模型运行都会停止,并将引擎切换到错误状态,同时调用处理程序。

自定义错误处理函数应遵循以下步骤:

①双击打开模型结构树的Simulation:Main节点。

②以拖曳方式将智能体面板的 🕦 函数添加到图形编辑器。

③将函数名称修改为onError。

④在参数列表中添加类型是java.lang.Throwable的参数,如参数名称为err。

⑤在onError()函数体中添加执行语句,例如:

traceln("输出错误:"+err);

close();

⑥将函数的访问方式更改为:公开。

自定义错误处理函数示例如图2-4-1所示,控制台显示的错误信息如图2-4-2所示。

图2-4-1　自定义错误处理函数示例

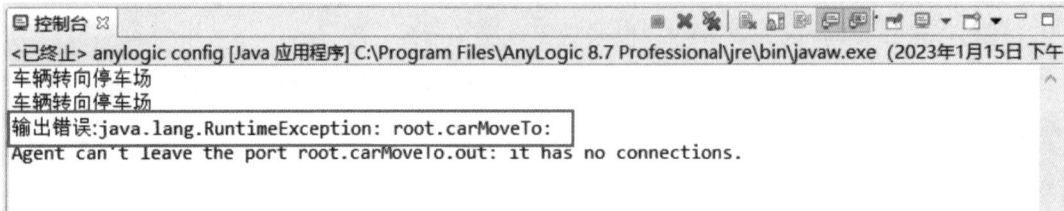

图2-4-2　控制台显示的错误信息示例

2.4.5　调试模型

您可以在调试模式下启动模型、暂停和恢复程序，并使用调试器检查变量和语句。

在调试模式下启动模型一般遵循以下步骤：

①可以分别采用快捷键（F6）、工具栏按钮、程序菜单和鼠标右键菜单4种方式进入模型的调试模式，如图2-4-3所示。

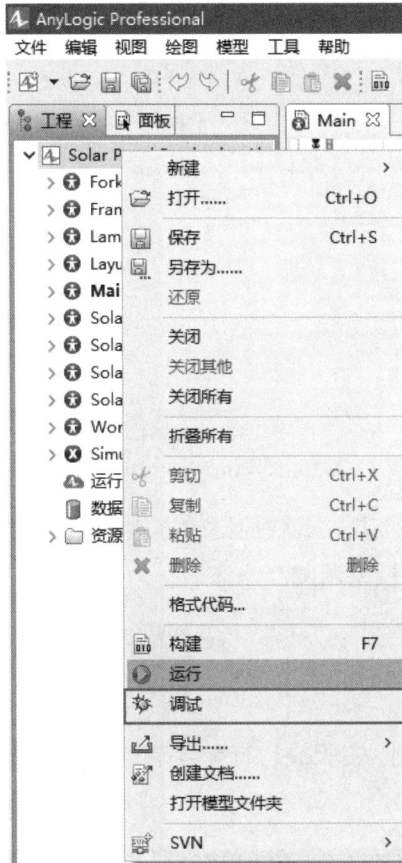

图 2-4-3　启动模型调试模式

②该模型以调试模式启动后,会出现如图2-4-4所示的调试视图,程序中的每个进程都显示为树中的节点,您可以通过调试视图管理模型实际的Java程序调试或运行。

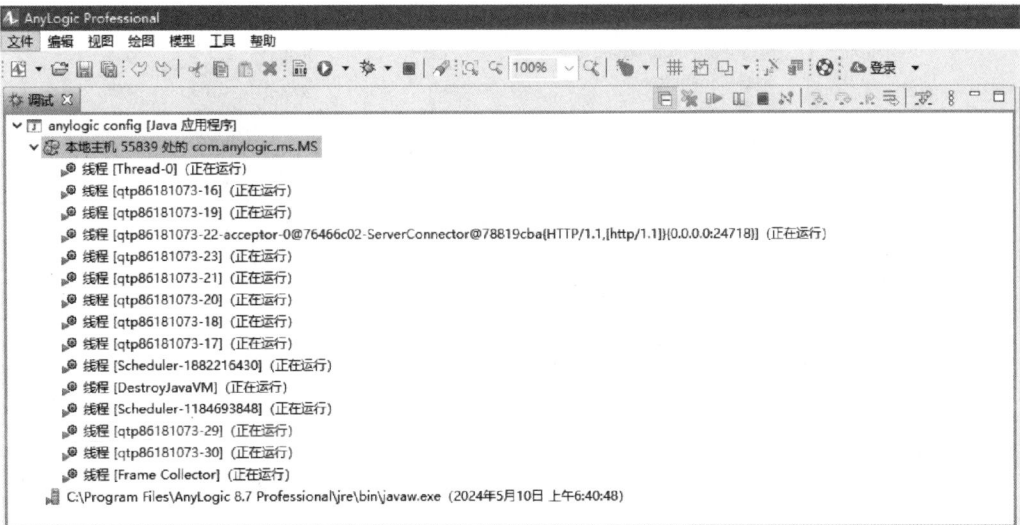

图 2-4-4　调试视图示意

③模型将在断点处暂停执行，同时激活 IDE 窗口，您可以设置断点，监视变量和表达式，如图 2-4-5 所示。

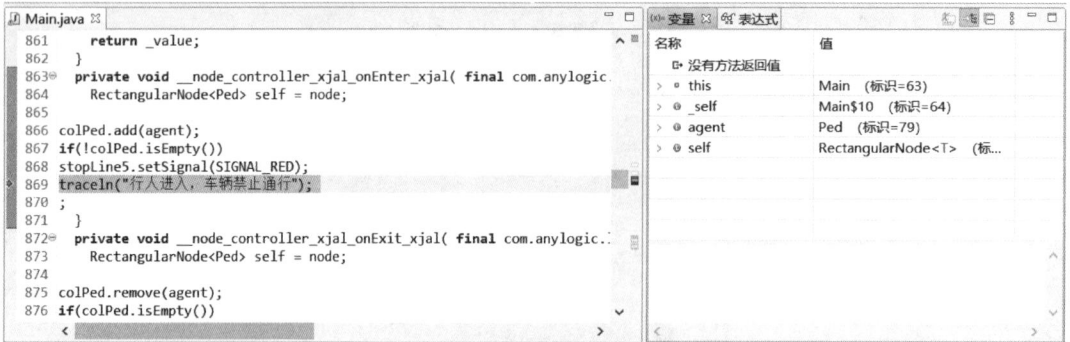

图 2-4-5　AnyLogic IDE 窗口

④您可以通过采用菜单、工具栏或快捷键的方式，进行逐过程（F12）、逐语句（F11）、跳出（Shift+F11）、恢复（F9）和停止模型调试。

2.4.6　管理断点

选择模型结构树的智能体、实验或运行配置节点，通过鼠标右键菜单打开 Java 编辑器，如图 2-4-6 所示。

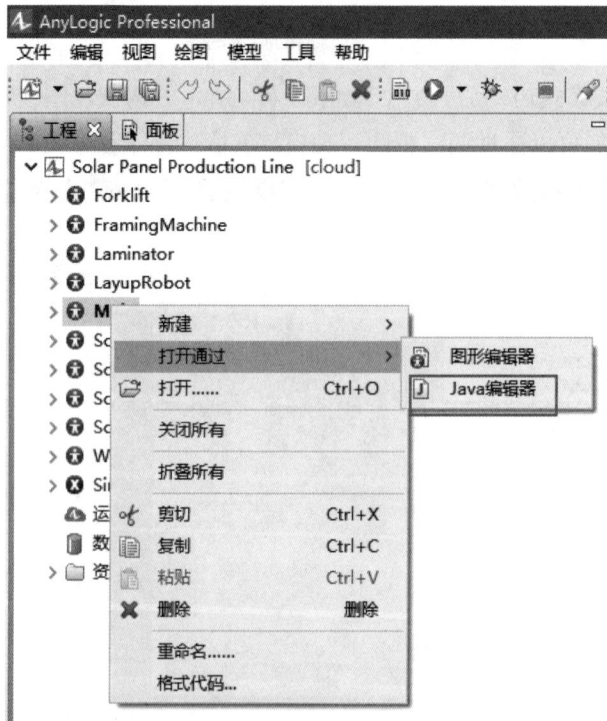

图 2-4-6　打开 Java 编辑器

您可以双击Java编辑器的指定行号设置或取消断点,如图2-4-7所示,启用的断点用"●"符号表示,禁用的断点用"○"符号表示。

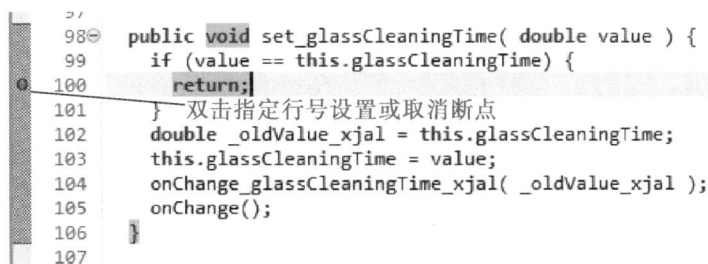

```
  97
98⊖   public void set_glassCleaningTime( double value ) {
  99       if (value == this.glassCleaningTime) {
○ 100          return;
 101       }——双击指定行号设置或取消断点
 102       double _oldValue_xjal = this.glassCleaningTime;
 103       this.glassCleaningTime = value;
 104       onChange_glassCleaningTime_xjal( _oldValue_xjal );
 105       onChange();
 106   }
 107
```

图2-4-7 设置或取消断点示意

断点视图列出了当前工作区中设置的所有断点,您可以双击断点条目实现断点行的快速定位,也可以用工具栏进行启用或禁用断点、删除断点、添加新断点或设置命中计数等操作,如图2-4-8所示。

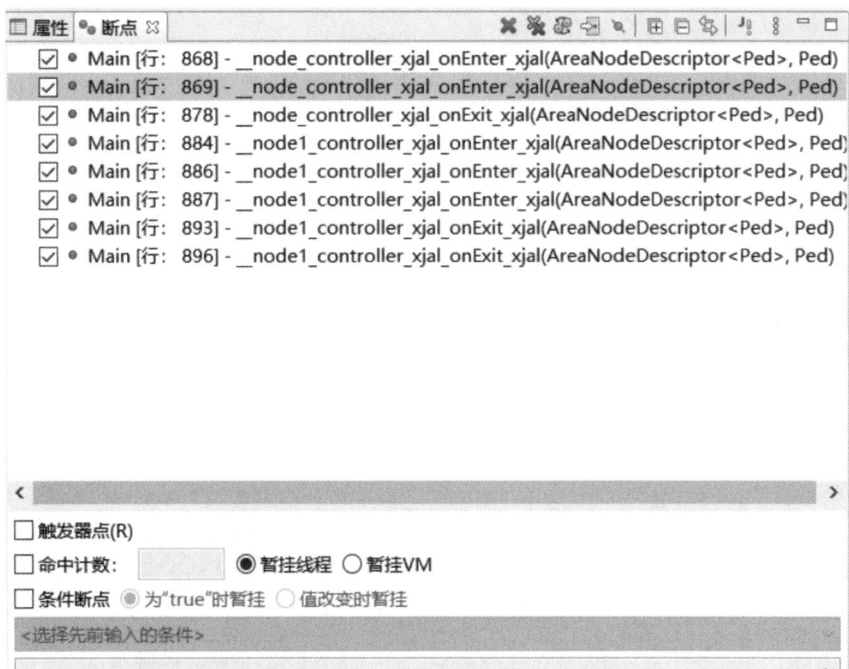

```
🔲属性 ●●断点 ✕                        ✖ 🗶🗶 📇 📄📄 | ⊞ ⊟ 🗐 | ⫼ § ▭ ⬜
☑ ● Main [行: 868] - __node_controller_xjal_onEnter_xjal(AreaNodeDescriptor<Ped>, Ped)
☑ ● Main [行: 869] - __node_controller_xjal_onEnter_xjal(AreaNodeDescriptor<Ped>, Ped)
☑ ● Main [行: 878] - __node_controller_xjal_onExit_xjal(AreaNodeDescriptor<Ped>, Ped)
☑ ● Main [行: 884] - __node1_controller_xjal_onEnter_xjal(AreaNodeDescriptor<Ped>, Ped)
☑ ● Main [行: 886] - __node1_controller_xjal_onEnter_xjal(AreaNodeDescriptor<Ped>, Ped)
☑ ● Main [行: 887] - __node1_controller_xjal_onEnter_xjal(AreaNodeDescriptor<Ped>, Ped)
☑ ● Main [行: 893] - __node1_controller_xjal_onExit_xjal(AreaNodeDescriptor<Ped>, Ped)
☑ ● Main [行: 896] - __node1_controller_xjal_onExit_xjal(AreaNodeDescriptor<Ped>, Ped)




<                                                                          >
🔲触发器点(R)
🔲命中计数:  [      ]  ⦿暂挂线程 ○暂挂VM
🔲条件断点 ⦿为"true"时暂挂 ○值改变时暂挂
<选择先前输入的条件>                                                      ⌄
```

图2-4-8 断点视图

单击调试工具栏的 � 按钮,程序从当前断点执行到下一个断点,如图2-4-9所示。

```
🗕 🗶 ▶ ⏸ ⏹ ⬈ | 🔄 🔄 🔄 🗐 | 🔄 | § ▭ ⬜
```

图2-4-9 调试工具栏

2.4.7 查看变量

当程序运行到断点位置时,您可以在变量视图查看当前变量,可以通过"视图"菜单打开和关闭变量视图,如图2-4-10所示。

图 2-4-10　变量视图

当您要查看指定变量时,采用变量视图的方式就会缺乏便捷性,如图2-4-10所示,变量loadedRes没有直接显示在变量视图中,您需要展开this节点查看loadedRes的当前值,如图2-4-11所示。

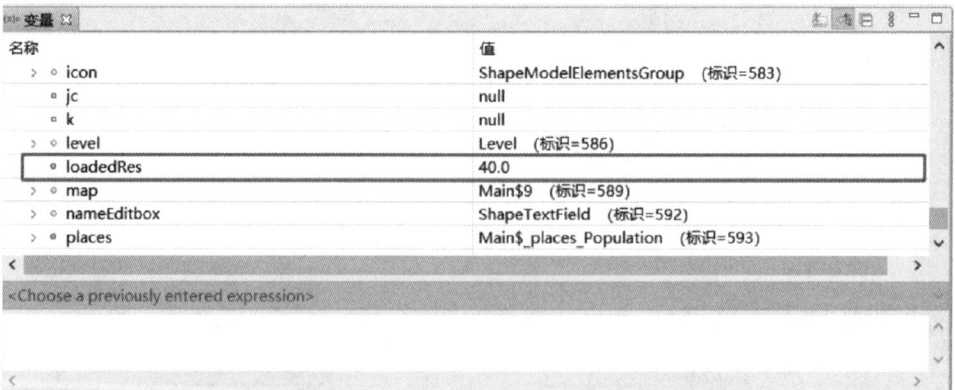

图 2-4-11　采用变量视图查看指定变量值

此时您可以采用表达式的方式,将指定变量以表达式的方式显示在表达式视图中,在"视图"菜单打开"表达式"视图,单击 ⚙ 按钮添加表达式,如图2-4-12所示。

图 2-4-12　添加表达式

在"新建观察表达式"窗口中输入指定变量的表达式,此时表达式视图会显示指定变量的当前值,如图 2-4-13 所示。

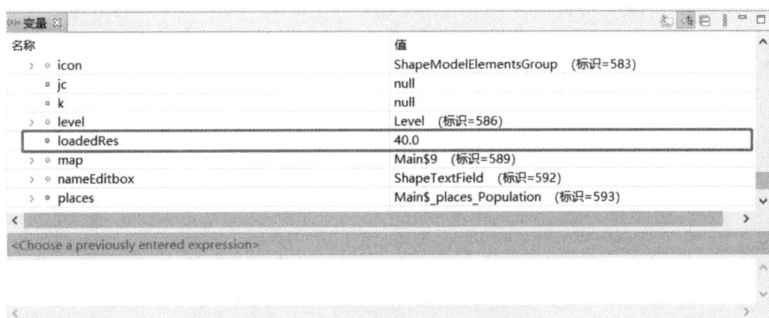

图 2-4-13　添加指定变量的表达式

2.5　本章小结

AnyLogic 以最新的复杂系统设计方法论为基础,是第一个将 UML 语言引入模型仿真领域的工具,也是唯一支持混合状态机这种能有效描述离散和连续行为语言的商业化软件。

本章首先介绍了 AnyLogic 用户界面和软件操作,使用户对软件有一个初步了解,再对模型运行和模型调试等做了详细讲解,本章是后续 3 章的基础。

第3章

多楼层人群疏散仿真实践

AnyLogic是一款全球知名的多方法仿真软件,其行人库(Pedestrian Library)是专门为模拟和分析各种行人系统设计的。这包括公共场所如商场、机场、火车站等,以及各种突发情况下的人流疏散模拟。

AnyLogic行人库提供了一系列复杂的行为模型,能够准确地模拟人群的行走动态,从而在仿真中呈现出逼真的人群行为。这些模型基于底层的物理规则和社会心理学原理,例如,避障、保持个人空间、跟随他人和集群行为等。

行人库包含了一系列预定义的模型元素,如区域、通道、楼梯、扶梯、电梯等,用户可以通过拖曳和设置这些元素,快速建立复杂的行人流动环境。同时,行人库中还提供了各种行人行为的控制元素,如寻路、集结、排队、检查等,用户可以通过这些元素,设置行人的目标、路线、速度等行为属性。

除了基本的行人流动模拟,AnyLogic行人库还支持高级的模拟需求。例如,用户可以模拟各种紧急情况下的疏散行为,如火灾、地震、恐怖袭击等。行人库中的疏散元素可以模拟人群的恐慌行为,以及疏散的路径选择、疏散的速度和效率等。

同时,行人库还支持行人和其他系统元素的交互模拟,如行人和车辆、行人和公共设施、行人和服务人员等。这些交互可以模拟人群在复杂环境中的行为和反应,如过马路、使用公共设施、排队等待服务等。

在模型运行后,用户可以使用AnyLogic提供的数据分析和可视化工具,对模型的运行结果进行统计与分析。例如,用户可以计算人流量、人流密度、排队时间、疏散时间等指标,可以绘制人流动态图、热力图、等待图等,以直观的方式理解和呈现模型的运行情况。

在实际应用中,AnyLogic行人库被广泛用于人流管理、设施设计、疏散规划、安全评估等多个领域。通过仿真模拟,用户可以预测新的设施或规则对人流的影响,评估人群密度和拥挤程度,优化疏散路径和策略,提高公共设施的使用效率和安全性。

AnyLogic行人库是一个强大而灵活的工具,可以帮助用户理解和解决复杂的人流问题。通过行人库,用户可以构建详细和真实的人群模型,进行深入的分析和优化,为人流系统的设计和管理提供科学的决策支持。

3.1　学习目标

①掌握行人库的空间标记和模块的使用方法。
②掌握流程建模库常用模块的使用方法。
③初步了解Java语言开发AnyLogic的过程。

3.2　新建模型

单击菜单栏中的"文件"选项卡,选择"新建"下的"模型",将模型名称改为"多楼层人群疏散仿真",模型时间单位设置为"秒",完成模型创建,如图3-2-1和图3-2-2所示。

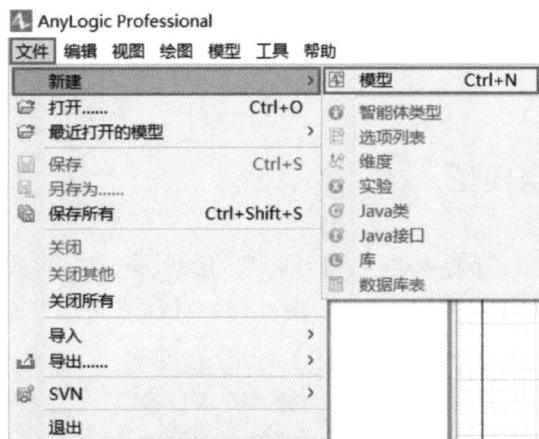

图 3-2-1　新建模型菜单

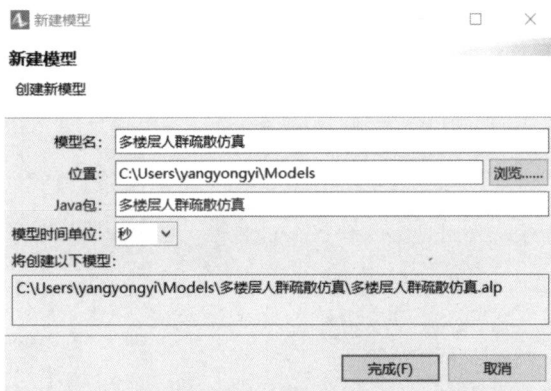

图 3-2-2　新建模型对话框

选择模型结构树Main→演示→scale节点,将模型比例尺设置为1米=10像素,如图3-2-3所示。

图3-2-3 模型比例尺属性

3.3 楼层建模

3.3.1 创建一层模型

双击模型结构树Main智能体类型,打开相应的图形编辑器,选择面板视图的"行人库",双击"矩形墙",在图形编辑器中绘制矩形墙体,将墙体填充类型修改为"无填充"、Z-高度修改为"30"像素(对应实际高度为3米),如图3-3-1所示。

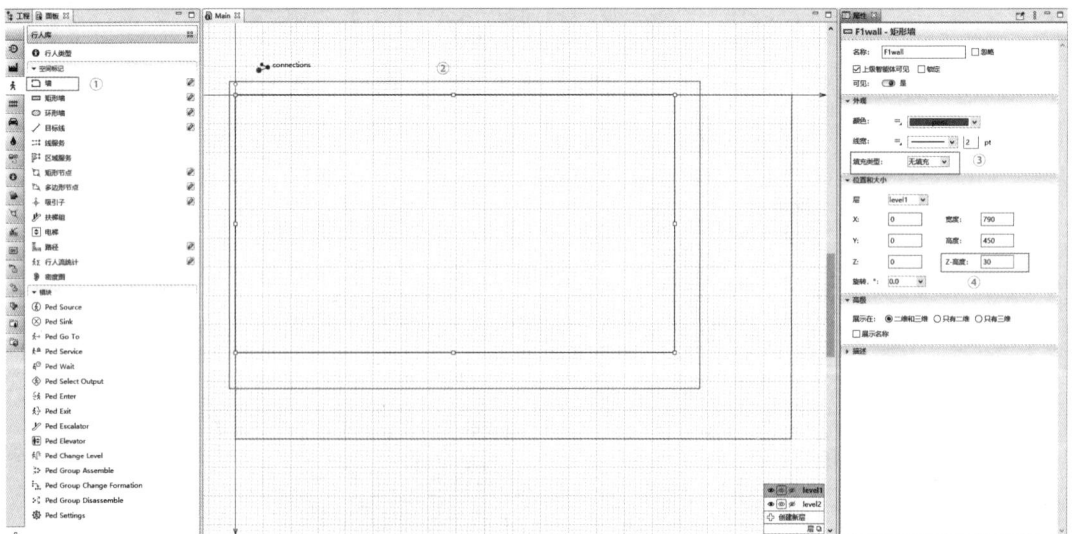

图3-3-1 创建一层墙体模型

3.3.2　创建二层模型

打开层管理器创建新层,如图 3-3-2 所示,您可以通过在对象属性窗口中单击层组合框的[新建层]列表来创建新层。

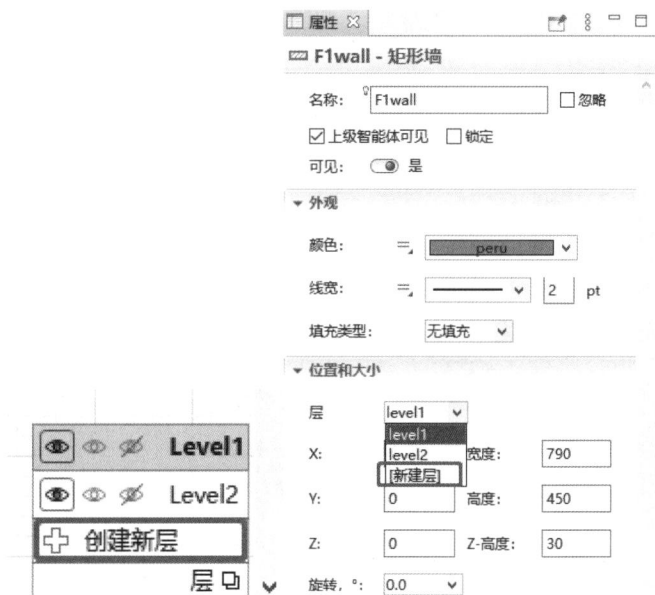

图 3-3-2　创建新层

为了便于后期模型管理,通过属性窗口将 level 名称修改为"level1"、level1 名称修改为"level2",如图 3-3-3 所示。二层位于一层墙体顶部,因此将二层的 Z 值修改为"30"像素,即一层墙体高度,如图 3-3-4 所示,双击层管理器的二层将其设置为当前层。

图 3-3-3　层名称设置

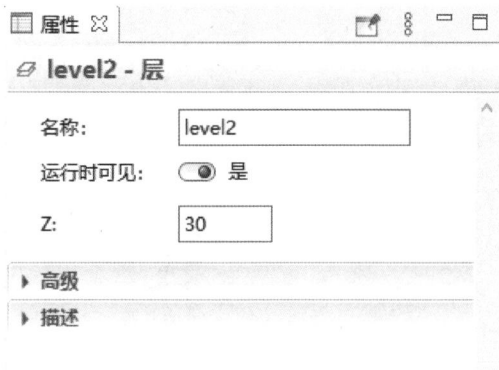

图 3-3-4　层 Z 值设置

选择面板视图的"空间标记"库,双击"矩形节点",采用在图形编辑器中绘制矩形节点的方式创建二层楼板,命名为"F2Slab",为了方便观察,设置楼板的颜色和透明度,如图 3-3-5 所示。

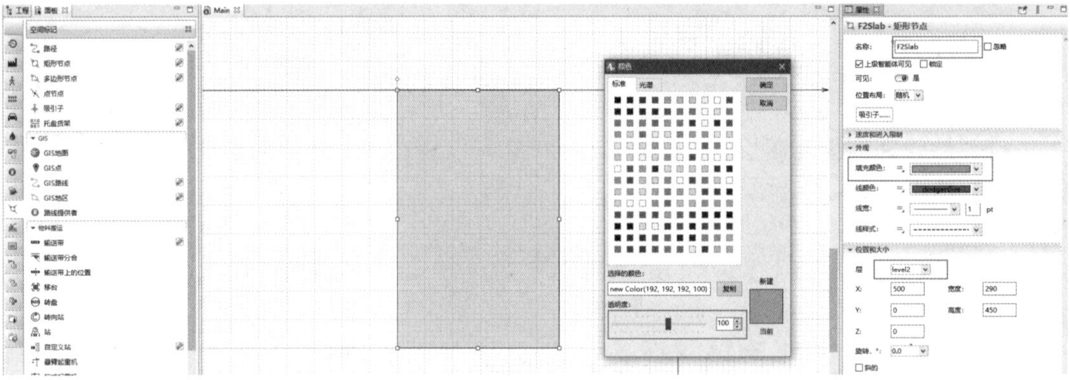

图 3-3-5 创建二层楼板

参照一层墙体模型创建方法,这里采用绘制多段线的方式创建二层墙体模型,示例参数如图 3-3-6 所示。

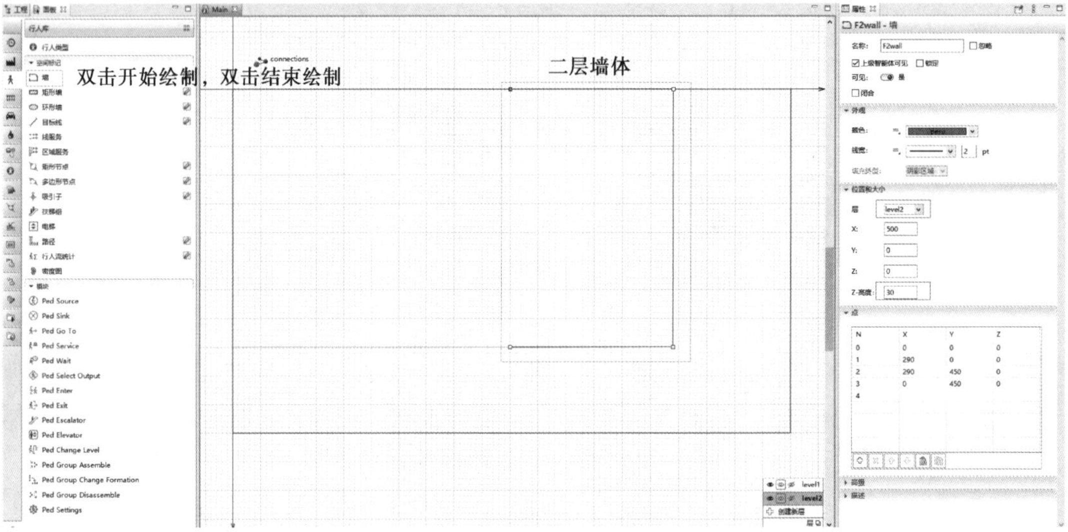

图 3-3-6 二层墙体模型示意

☆操作小技巧

您可以采用拖曳模型结构树节点的方式,快速修改指定模型的层,如图 3-3-7 所示。

图 3-3-7 快速修改指定模型的层

3.3.3　创建坡道模型

选择面板视图的"空间标记"库，双击"矩形节点"，在图形编辑器中绘制矩形节点，为了便于区分，将"填充颜色"修改为"绿色"，勾选"位置和大小"的"斜的"选项，如图3-3-8所示。

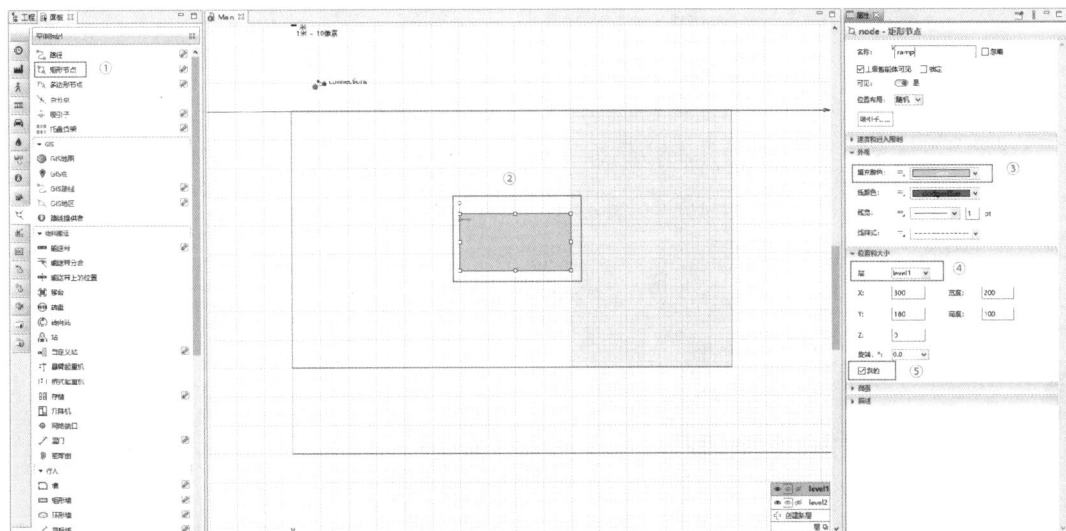

图3-3-8　创建坡道

选择矩形节点的方向箭头，修改矩形节点的斜坡属性，如图3-3-9所示。为了方便计算坡道参数，"定义斜坡为"切换为"指导线"，坡道的高差"dZ"修改为"30"像素，即一层和二层的高差，如图3-3-10所示。

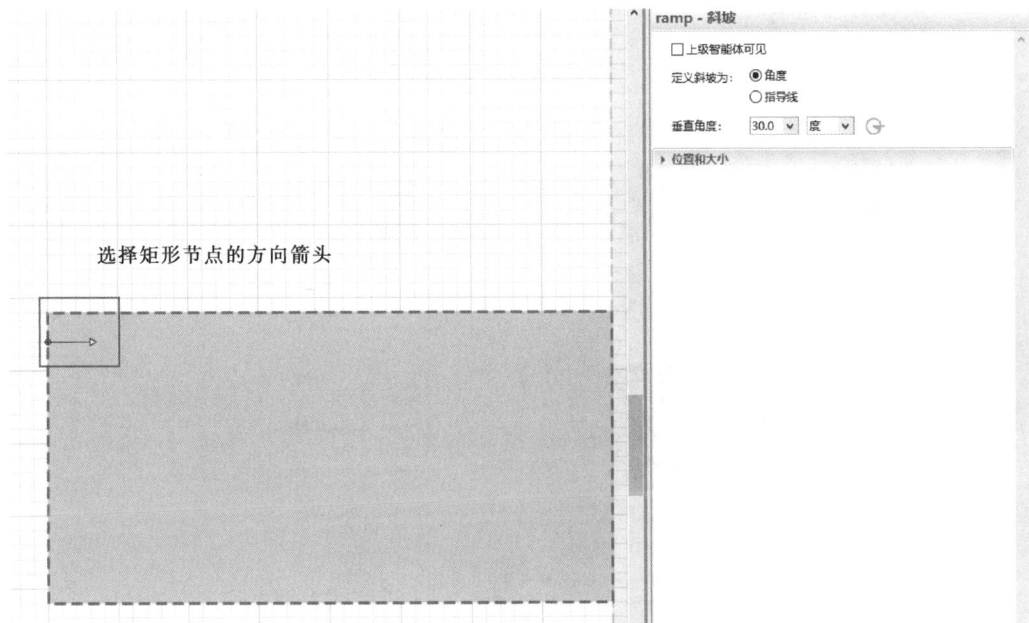

图3-3-9　打开矩形节点斜坡属性窗口

图 3-3-10　修改斜坡属性

3.3.4　创建扶梯组模型

选择面板视图的"行人库",拖曳"扶梯组"到图形编辑器,创建扶梯组,修改扶梯组的属性,将"上层"修改为"level2","定义斜坡为"切换为"上升","上升"值修改为"30",如图3-3-11所示。

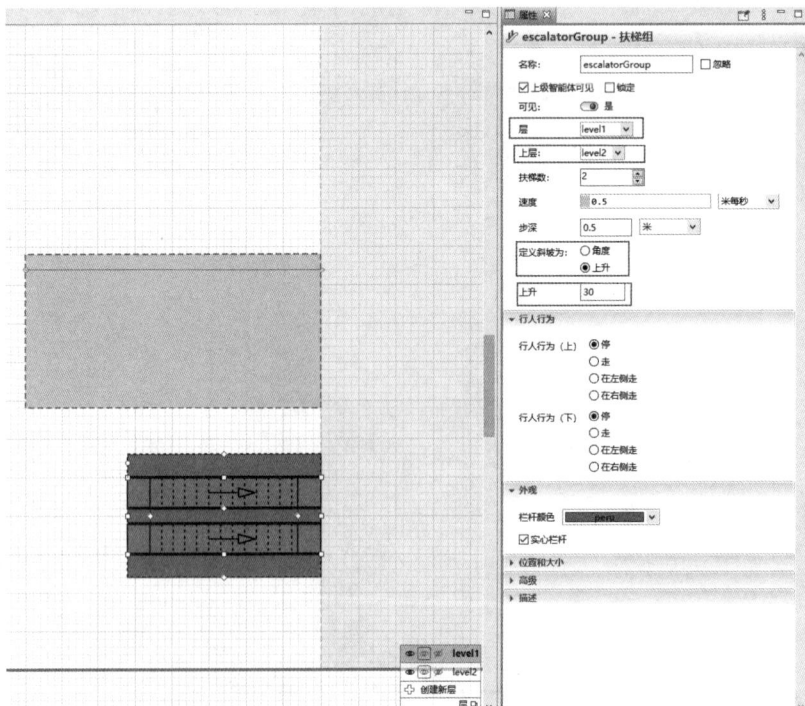

图 3-3-11　修改扶梯组的属性

选择指定扶梯的方向箭头,修改扶梯的运行方向,如图3-3-12所示。

图 3-3-12　修改扶梯的运行方向

3.3.5　创建楼梯模型

在 AnyLogic 中用坡道(矩形节点)连接不同楼层,采用在不同位置重复踏步的方式来实现楼梯外形。

创建如图3-3-13所示的坡道模型,此处将矩形节点的"填充颜色"设置为无色。

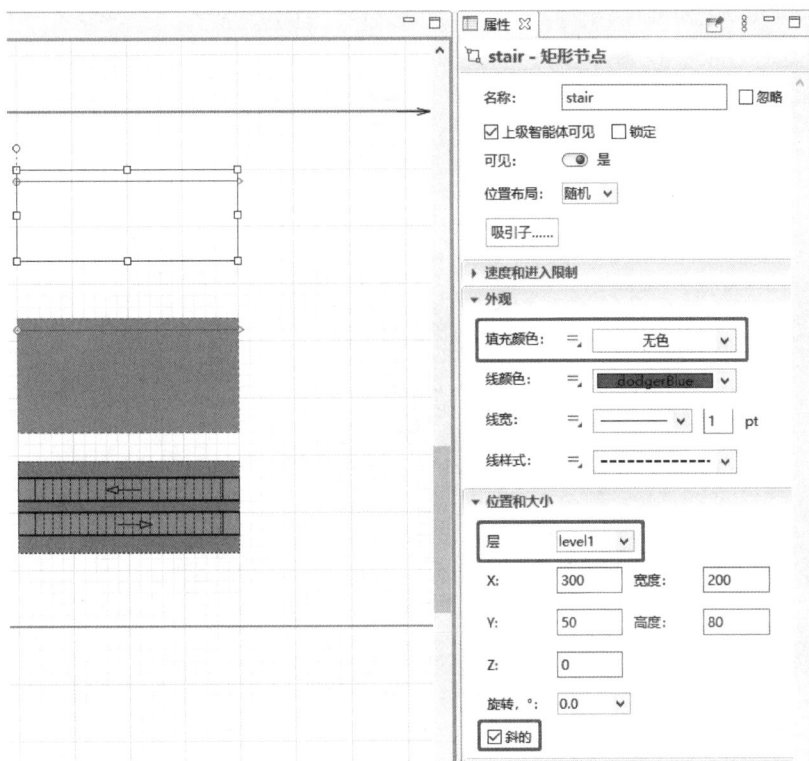

图 3-3-13　坡道模型参数示例

AnyLogic中用设置矩形厚度来模拟单个台阶,选择面板视图的"演示",双击"矩形",在图形编辑器中绘制矩形,命名为"step",如图3-3-14所示。

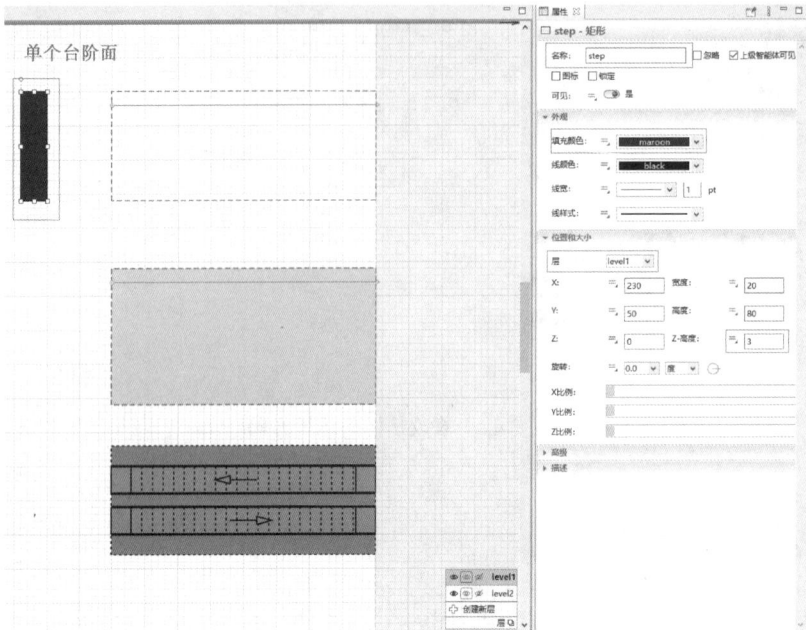

图3-3-14 绘制单个台阶

矩形具有内置的属性index,当设置矩形的重复值为正整数n时,您可以通过设置矩形位置的动态值来控制矩形的重复规律,进而形成步行台阶楼梯,如图3-3-15所示。

图3-3-15 台阶属性设置

3.3.6　添加三维窗口

至此,完成了楼层、坡道、扶梯组和楼梯的建模。您可以在三维窗口直观地检查建筑模型的物理正确性。

拖曳"三维窗口"到图形编辑器并调整到合适的尺寸和位置,如图 3-3-16 所示。

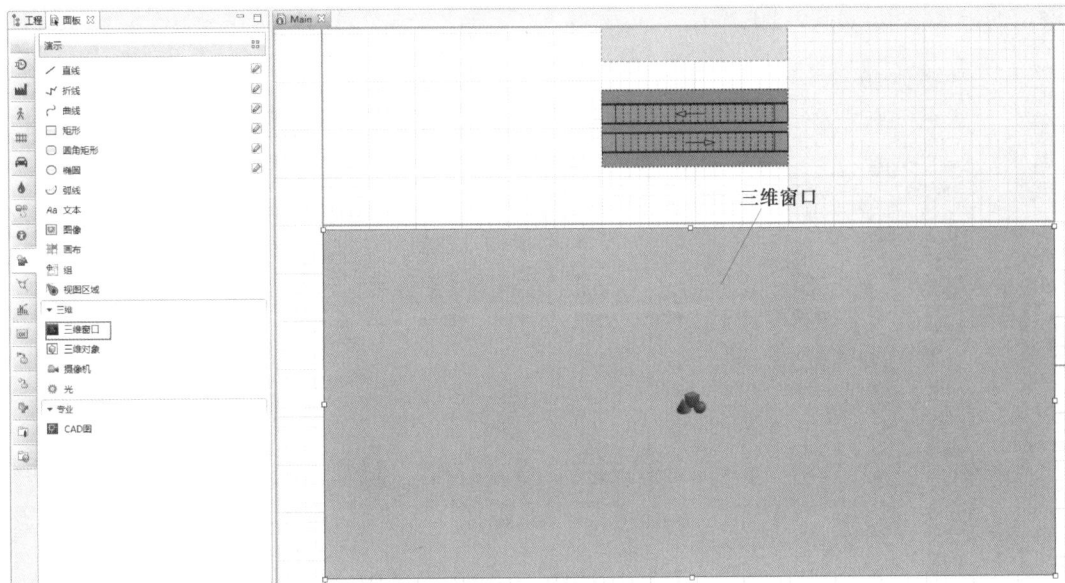

图 3-3-16　三维窗口

仿真模型运行效果,如图 3-3-17 所示。

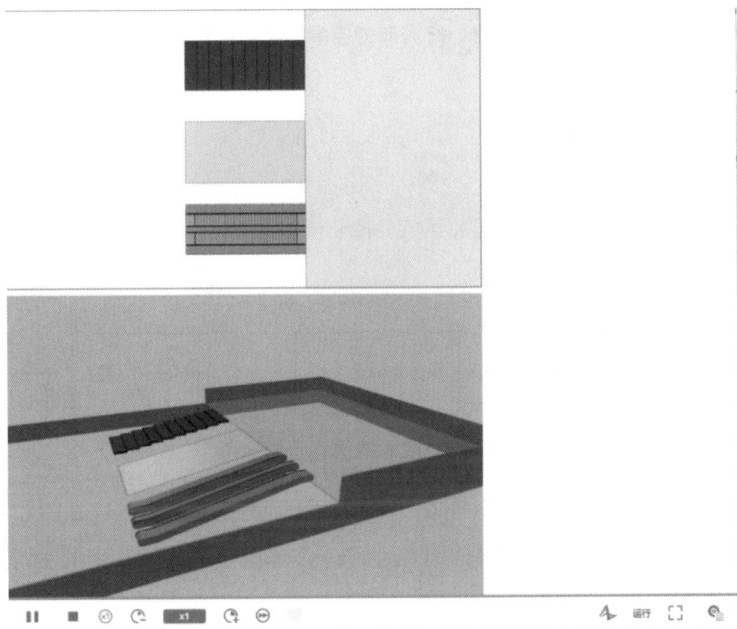

图 3-3-17　仿真模型运行效果

3.4 创建行人逻辑模型

对行人库而言,用模块组合来实现逻辑关系,通过定义空间标记和模块的关系实现逻辑模型的仿真模拟,如图3-4-1所示。

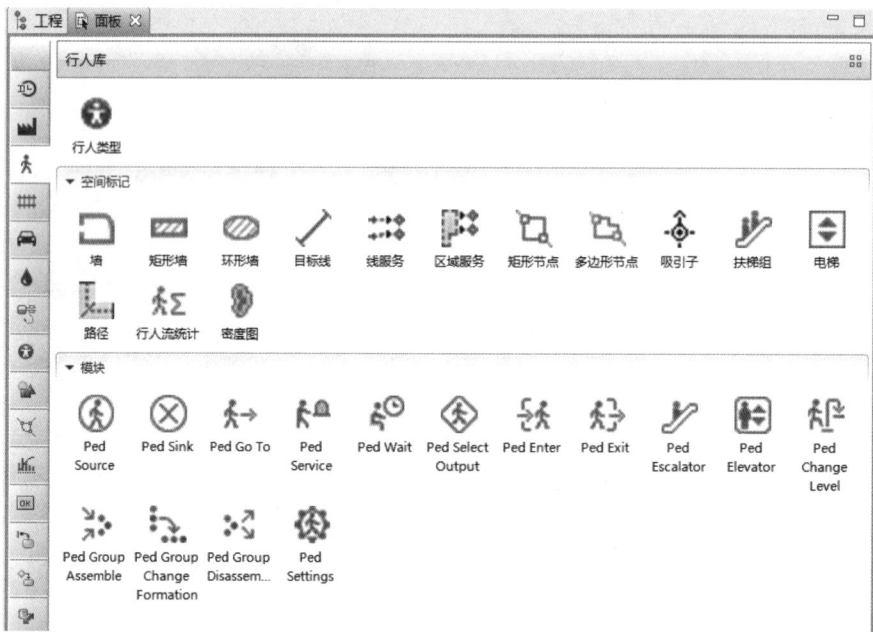

图3-4-1 行人库的空间标记和模块

3.4.1 扶梯组行人模拟

本小节模拟行人从一层进入、排队等候、乘坐扶梯上二层、在等待区域休息、从二层出口离开的过程,具体流程如图3-4-2所示。

图3-4-2 扶梯组仿真模拟流程

模拟离散行人流应以Ped Source模块为行人流的起始点,以Ped Sink模块为结束点,为了实现该流程需要用到行人库的目标线、线服务、扶梯组、矩形节点空间标记,如图3-4-3所示,创建时应注意空间标记所属的层。

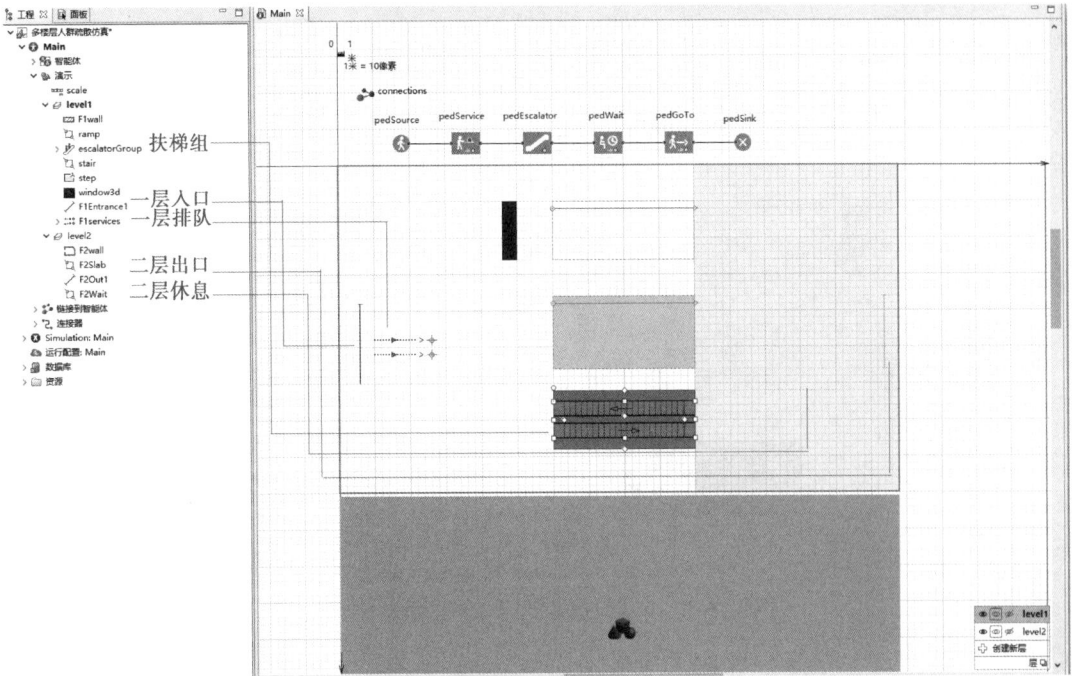

图3-4-3　扶梯组模拟的空间标记

根据图 3-4-2 模拟的流程选取 pedSource、pedService、pedEscalator、pedWait、pedGoTo、pedSink 模块建立扶梯行人模拟逻辑关系，如图3-4-4所示。打开指定的模块属性窗口，选择模块关联的空间标记，此处以 pedService 智能体为例进行说明，具体操作如图3-4-5所示。

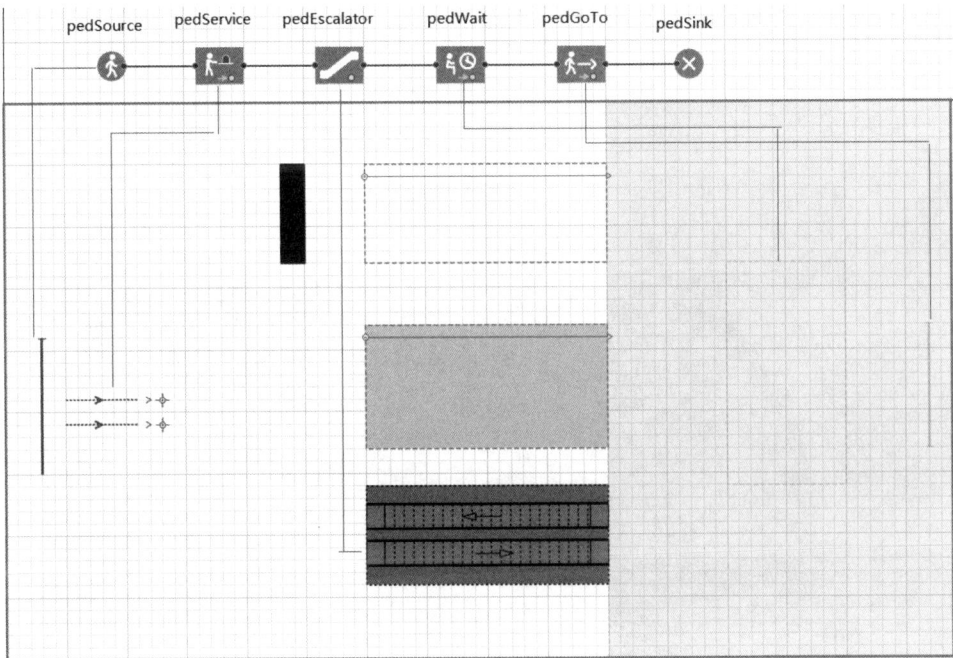

图3-4-4　扶梯行人模拟逻辑关系

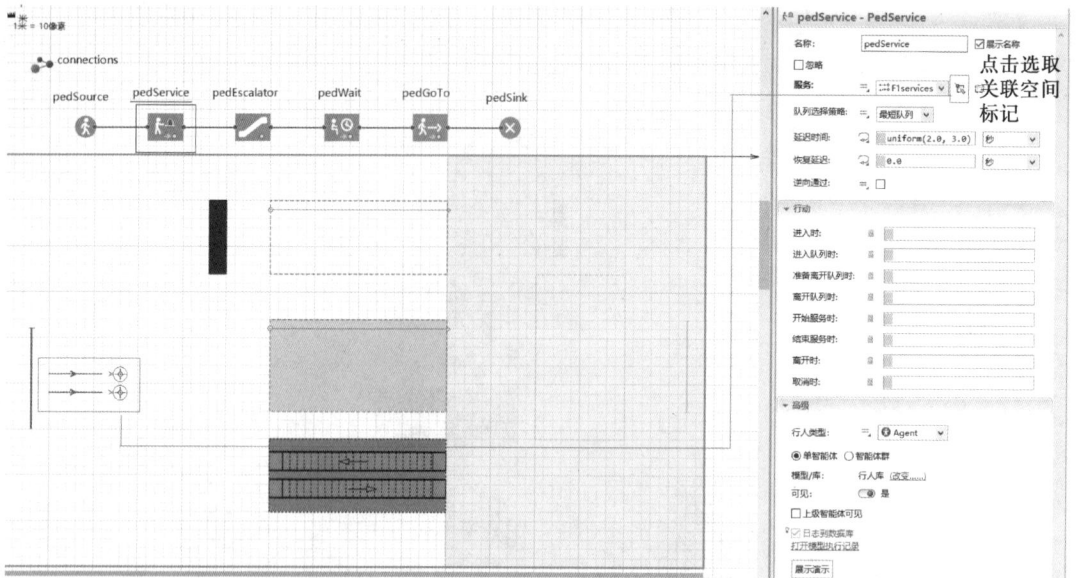

图3-4-5 选择模块关联的空间标记操作示意

运行模型,仿真结果如图3-4-6所示。

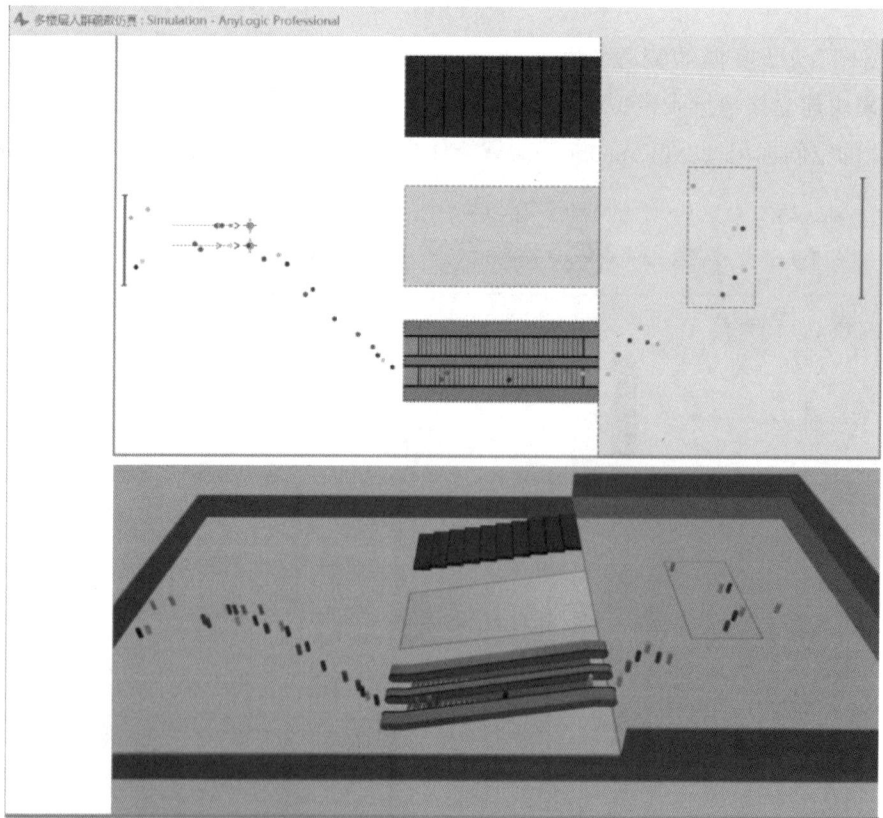

图3-4-6 扶梯组行人模拟仿真结果示意

3.4.2　坡道行人模拟

本小节模拟行人从一层进入、排队等候、从坡道上二层、在等待区域休息、从二层出口离开的过程,具体流程如图3-4-7所示。

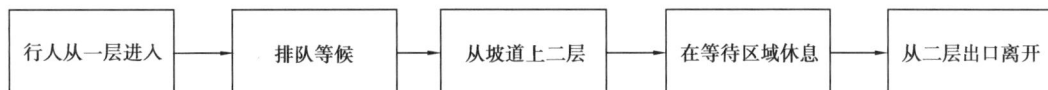

图3-4-7　坡道仿真模拟流程

与扶梯组模拟相比,坡道位于一层,当行人由坡道顶部进入二层时,需要用到PedChangeLevel模块进行层间转换,因此需要在坡道的顶部绘制一条目标线(该目标线位于一层),在二层坡道入口处绘制一条目标线(该目标线位于二层),如图3-4-8所示。为了避免行人运动的顿挫,两条目标线应重合于坡道顶部与二层的交界处。

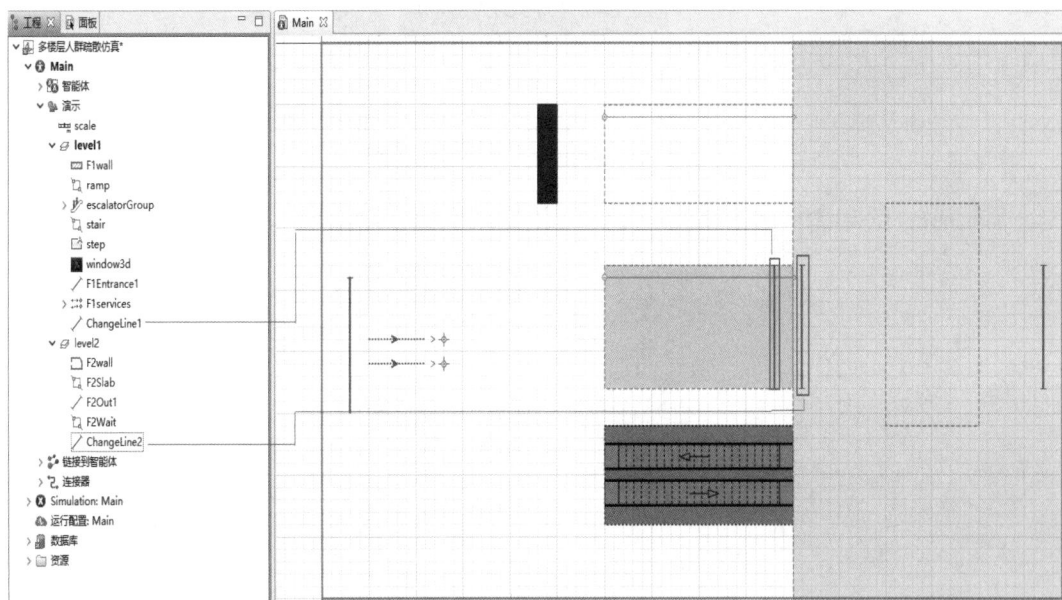

图3-4-8　层间转换目标线

坡道行人模拟的模块逻辑关系如图3-4-9所示。

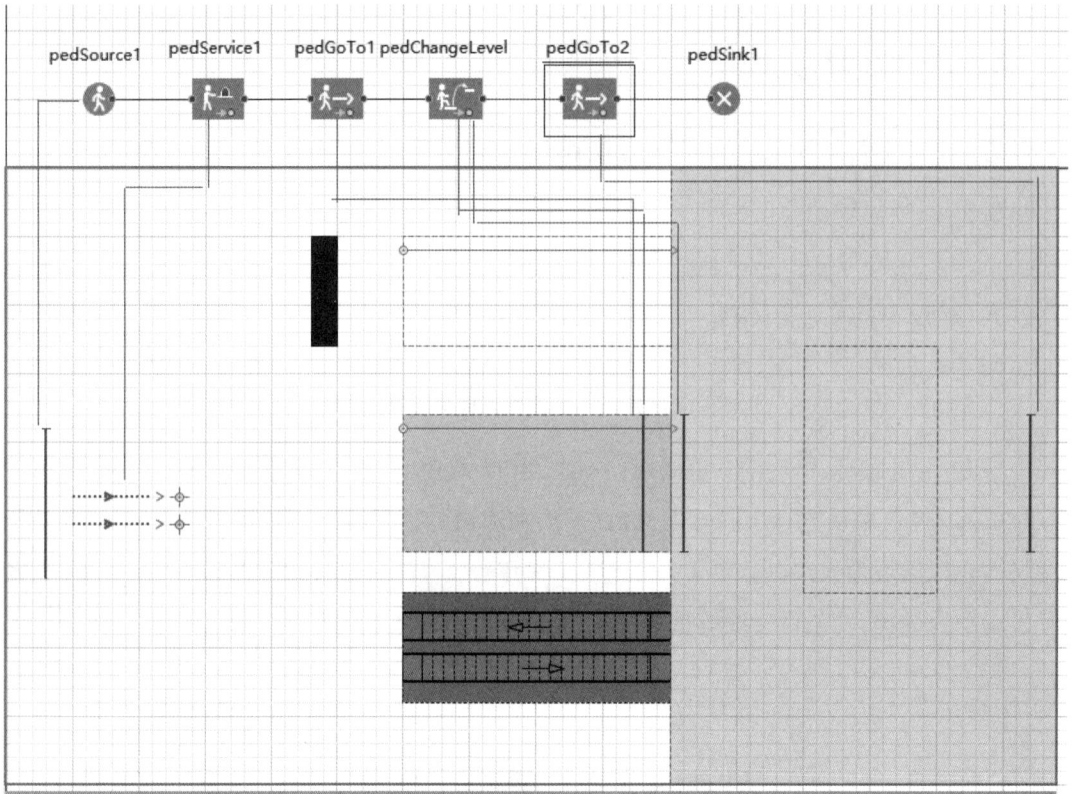

图3-4-9 坡道行人模拟逻辑关系

pedChangeLevel智能体关联的空间标记定义如图3-4-10所示。

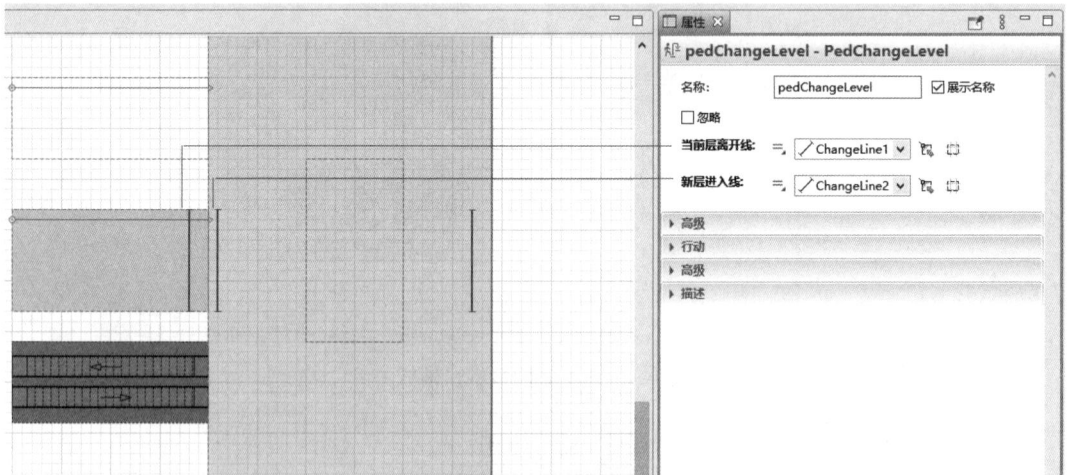

图3-4-10 pedChangeLevel智能体关联的空间标记示意

运行模型,仿真结果如图3-4-11所示。

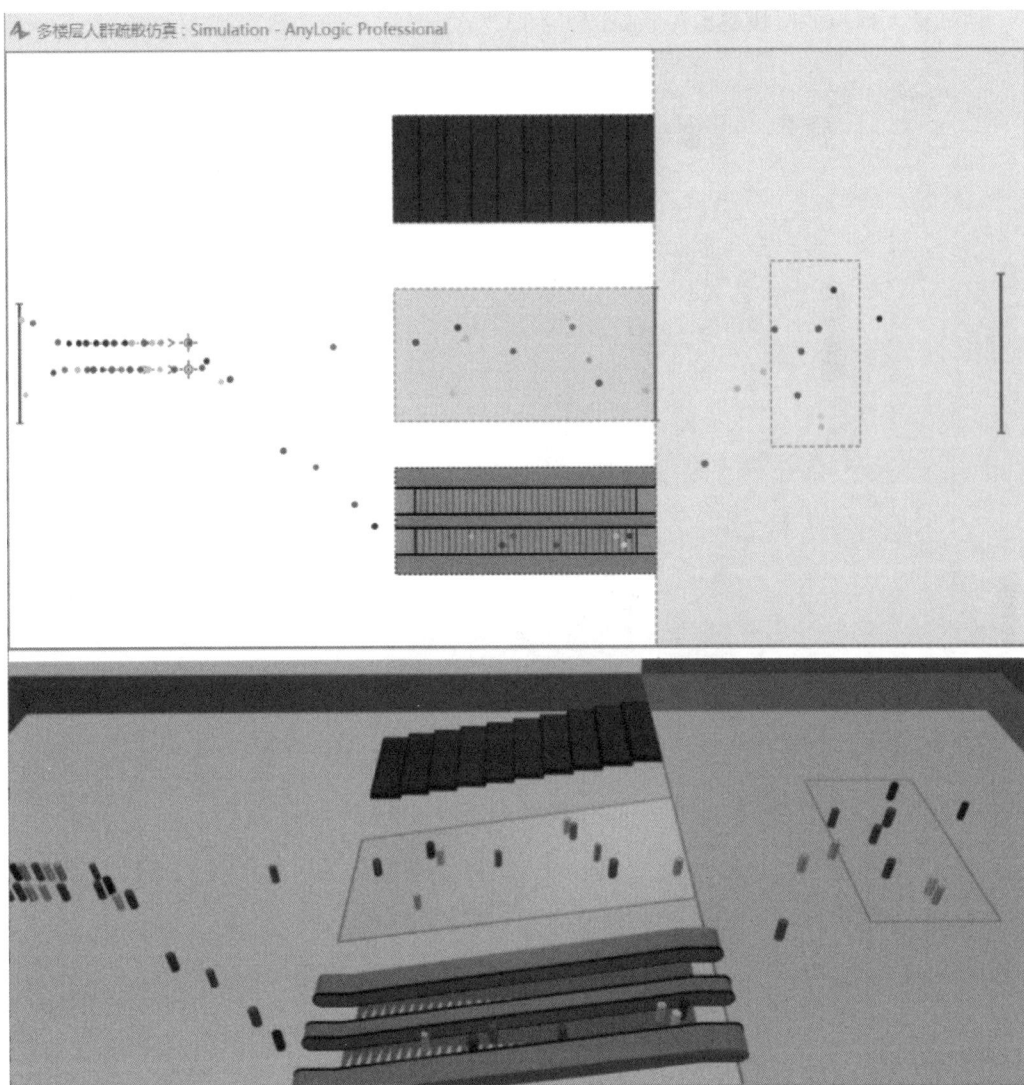

图 3-4-11　坡道行人模拟仿真结果示意

3.4.3　楼梯行人模拟

　　本小节模拟行人从一层进入、排队等候、沿指定路径行走、经楼梯上二层、在等待区域休息、从二层出口离开的过程,具体流程如图 3-4-12 所示。

图 3-4-12　楼梯行人模拟流程

楼梯行人模拟的模块逻辑关系如图3-4-13所示。

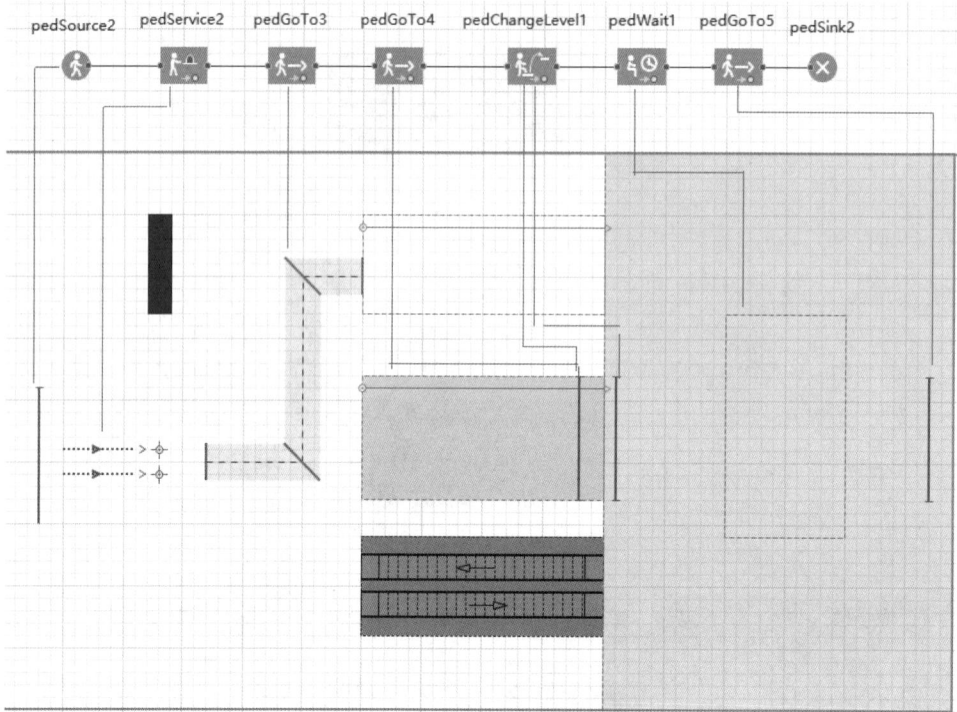

图3-4-13　楼梯行人模拟逻辑关系

使行人沿指定路径行走时,需要将pedGoTo智能体的模式设置为"跟随路线",并选择相应的路径空间标记,如图3-4-14所示。

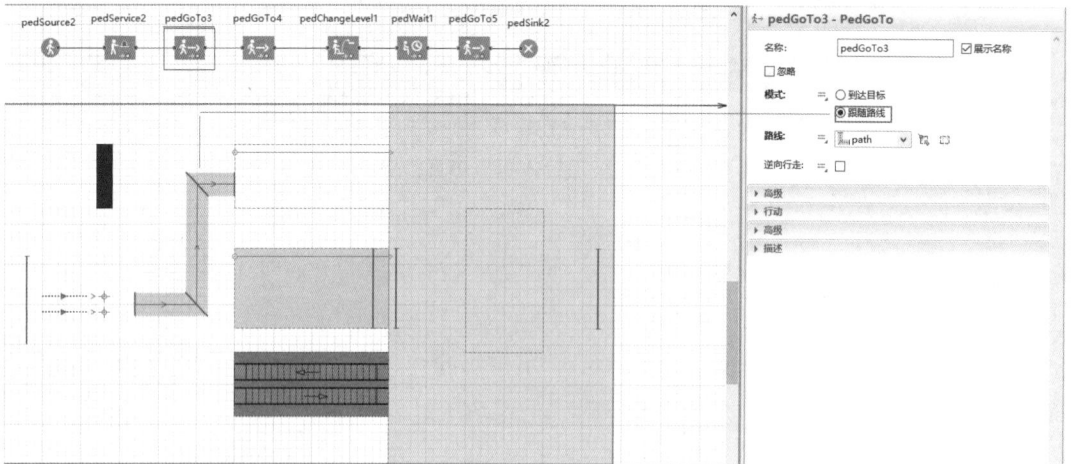

图3-4-14　pedGoTo智能体关联的空间标记示意

运行模型,仿真结果如图3-4-15所示。

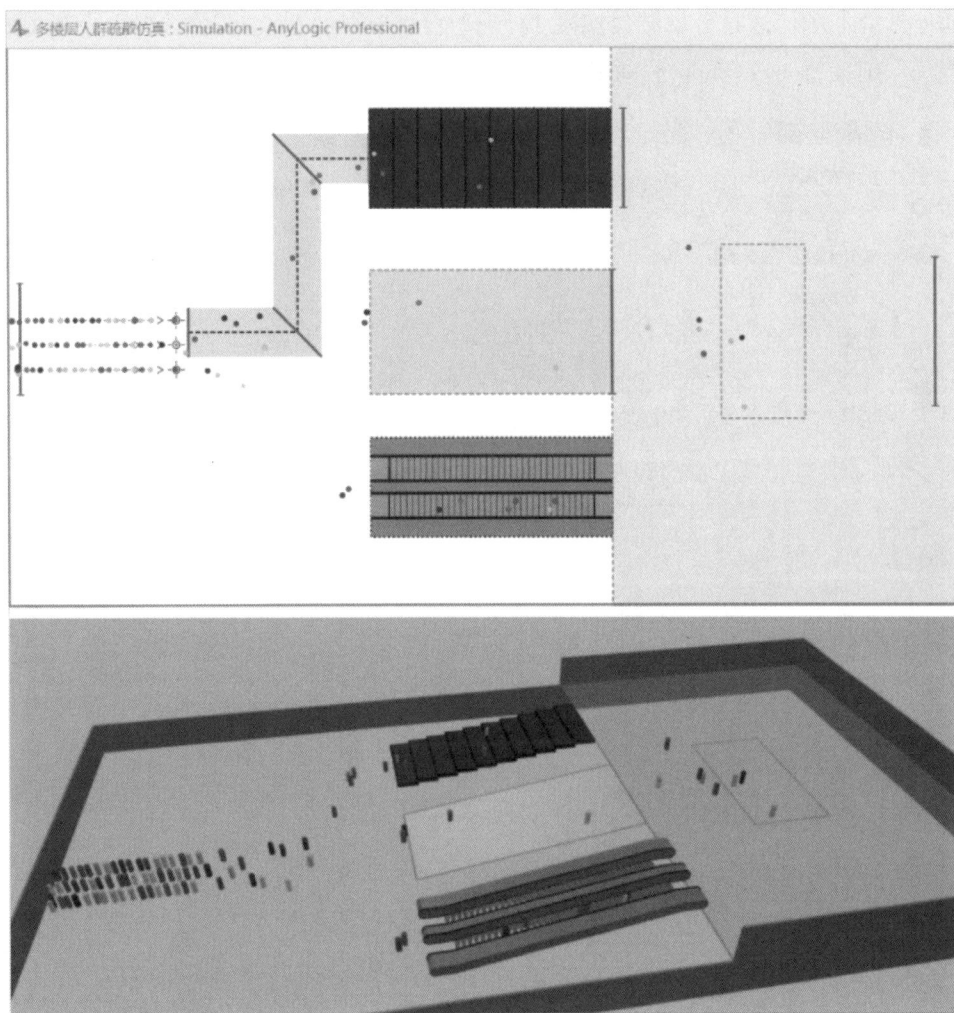

图3-4-15　楼梯行人模拟仿真结果示意

3.4.4　分支结构控制行人模拟

前面3个小节分别针对扶梯组、坡道和楼梯进行了行人模拟,3个模拟流程是相互独立的,如图3-4-16所示。

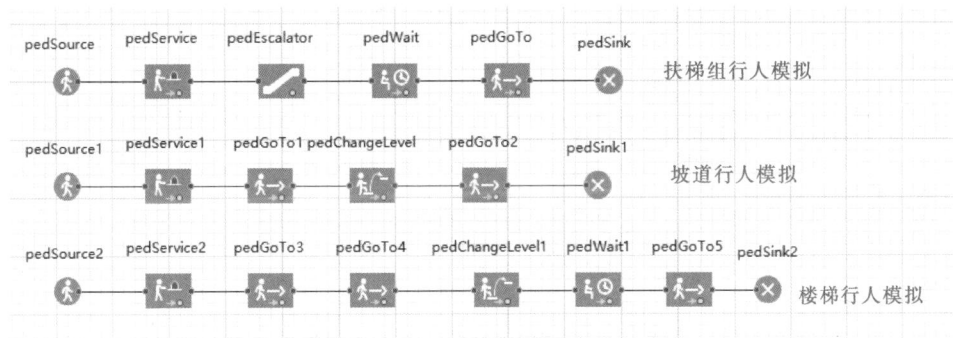

图3-4-16　扶梯组、坡道和楼梯行人模拟

本小节介绍如何通过分支结构实现3种类型行人模拟的有效控制,选择面板视图的"流程建模库",拖曳"Select Output5"到图形编辑器,如图3-4-17所示。

图3-4-17   流程建模库

合并3种类型逻辑关系中的公共智能体(一层入口、一层排队、二层等待区域、二层中间出口),如图3-4-18所示,您可以通过分支结构对不同的逻辑流程进行控制,如图3-4-19所示。

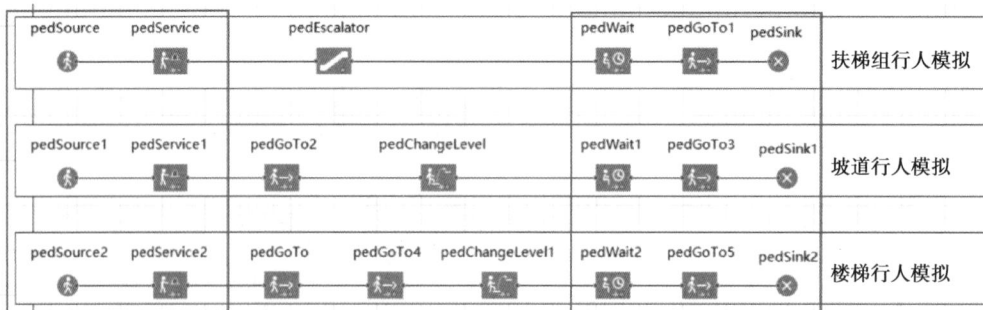

图3-4-18   合并公共智能体

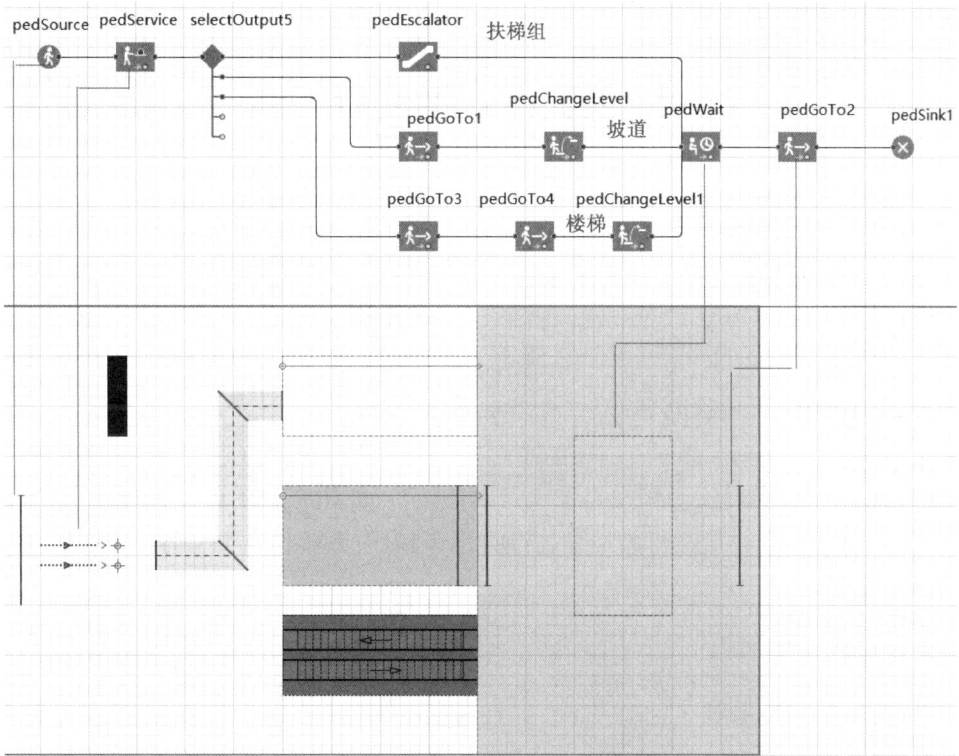

图3-4-19　分支结构控制不同的流程

当采用概率方式控制各个流程时,没有出口分支的概率一定要为"0",如图3-4-20所示。

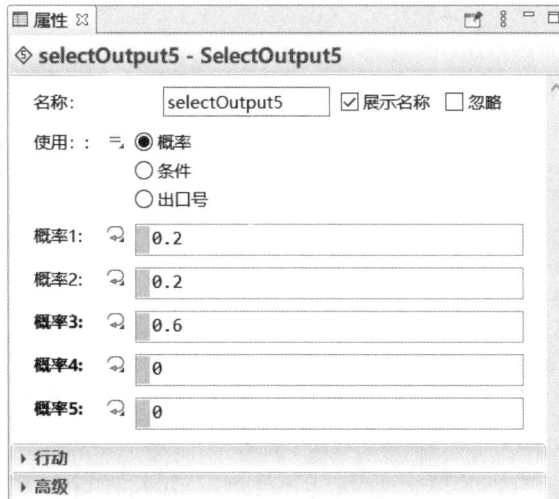

图3-4-20　分支结构参数设定示意

3.5 创建行人类型智能体

前述模拟中以不同颜色的圆柱体表示行人,这种表现方式不够直观,本小节介绍通过创建行人类型智能体来展示行人的3种方法,分别是创建单一类型行人、创建多种类型行人(选学)、创建行人组(选学)。

3.5.1 创建单一类型行人

原理:PedSource类提供了用户自定义行人的接口,如果您想生成具有自定义动画或属性的行人,可创建一个自定义行人类型,并通过从列表中选择行人类型名称完成设置,如图3-5-1所示。

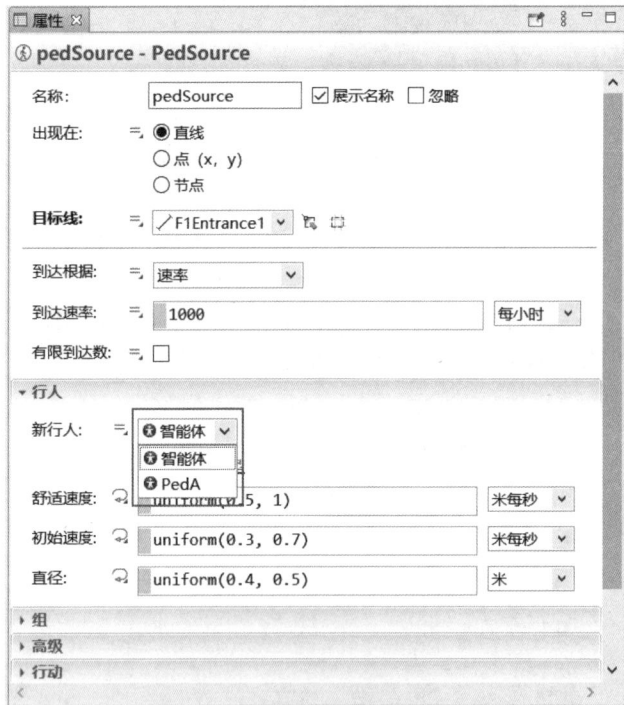

图3-5-1 用户自定义行人设置

选择工程,通过鼠标右键菜单新建"智能体类型",或者将"行人库"的"行人类型"拖曳到Main图形编辑器中,如图3-5-2所示。

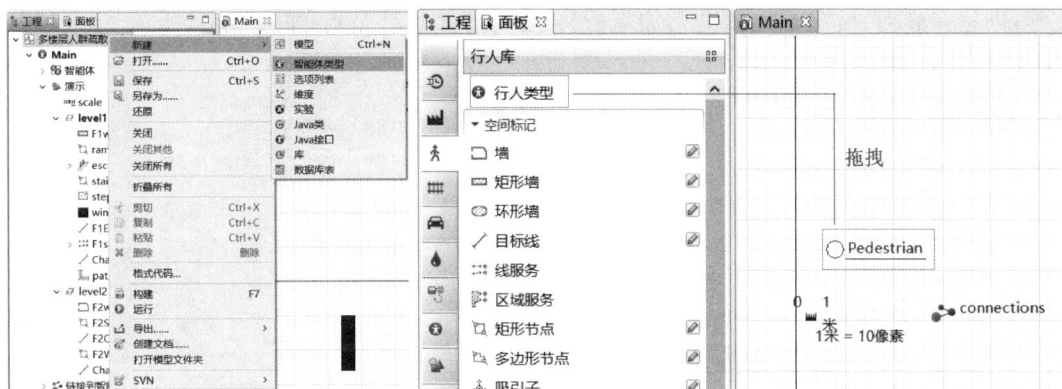

图 3-5-2 新建行人智能体类型

依照创建智能体类型向导一步一步完成创建工作,如图 3-5-3 所示,本例智能体类型名称为"PedA"。

图 3-5-3 创建智能体类型步骤

创建完成后,模型结构树会增加新的 PedA 智能体类型节点,如图 3-5-4 所示,您可以修改三维物体的颜色、位置等属性。

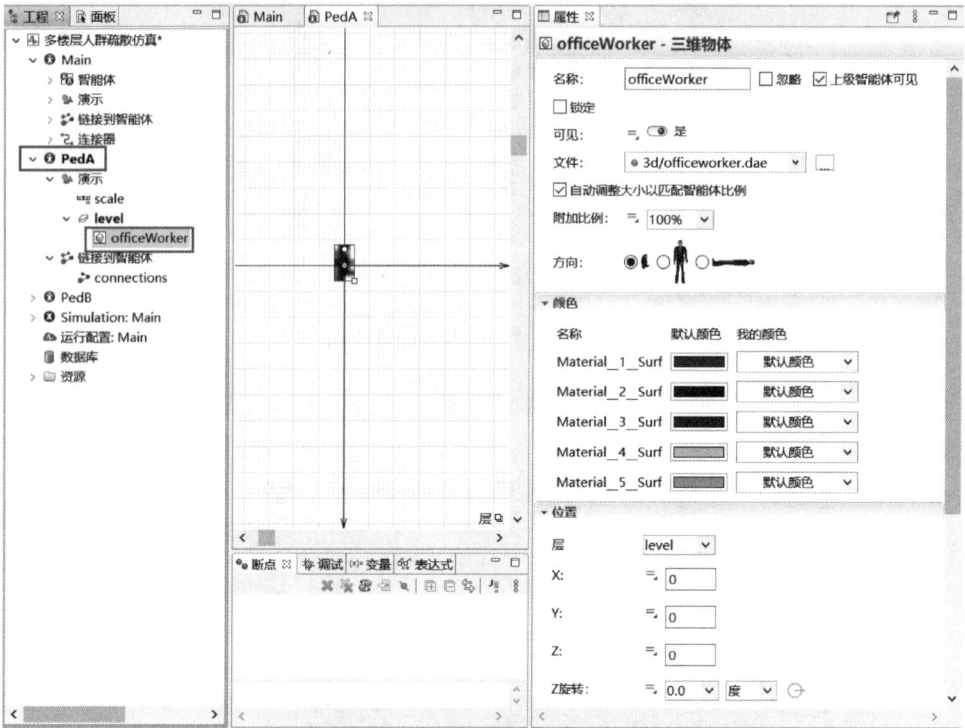

图 3-5-4　PedA 智能体类型节点

打开 pedSource 智能体属性窗口,在"新行人"下拉列表中选择"PedA",如图 3-5-5 所示。

图 3-5-5　定义新行人类型

修改pedSource智能体的"新行人"属性,运行模型,结果如图3-5-6所示。

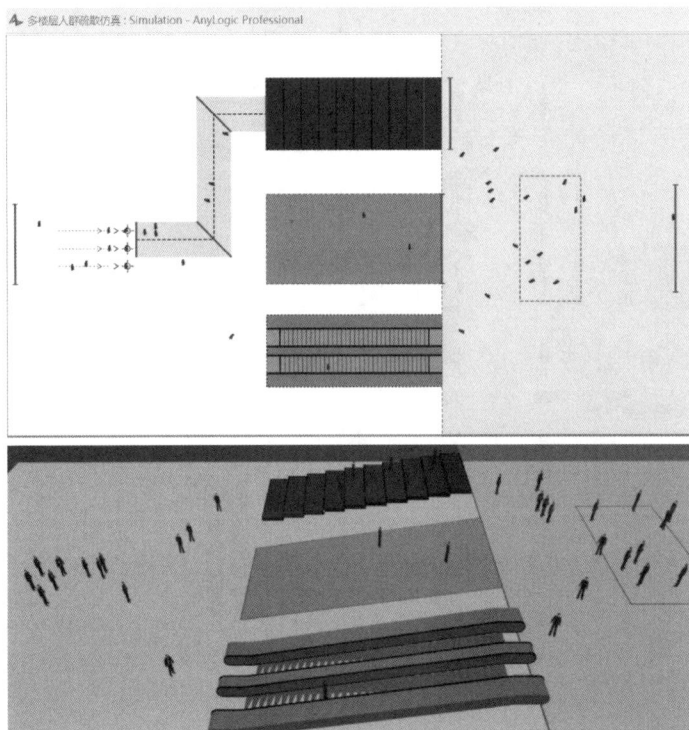

图3-5-6　模型运行结果

3.5.2　创建多种类型行人(选学)

现实的社会就像大街上的行人,形形色色,男女老少皆有。本小节举例说明如何创建包含多种类型行人的智能体类型。

原理:智能体类型的层可以包含多个三维物体,每个三维物体都有不同的索引值,AnyLogic提供了控制三维物体可见性的接口,因此,可以利用随机数,当产生的随机数与指定三维物体的索引值相同时,该三维物体显示,这就实现了多种类型行人的显示,具体流程如3-5-7所示。

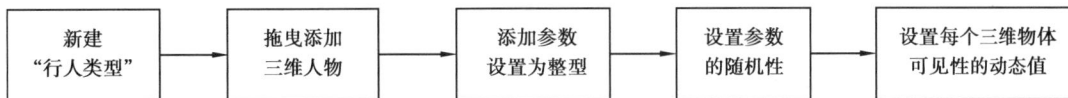

图3-5-7　创建多种类型行人流程

参照上小节方法,创建名称为"PedB"的智能体类型,如图3-5-8所示。

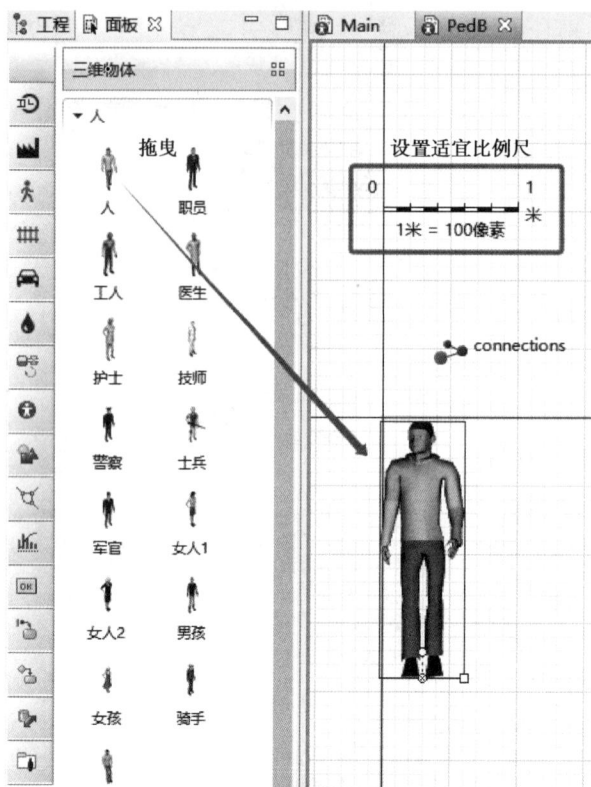

图3-5-8　新建的智能体类型

选择拖曳"三维物体"面板的"人"到PedB图形编辑器中,如图3-5-9所示。

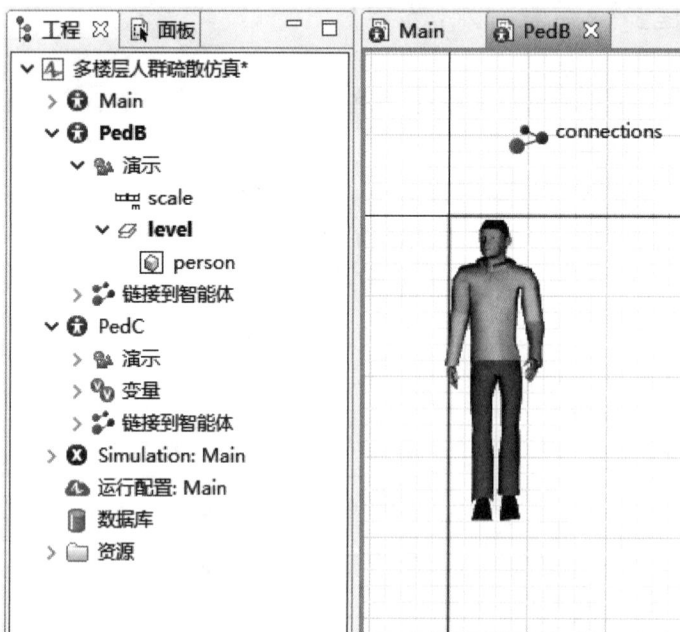

图3-5-9　拖曳"人"到PedB图形编辑器中

图3-5-10举例说明了PedB智能体类型包括5个三维物体,这5个三维物体在图形编辑器中以重叠方式显示。

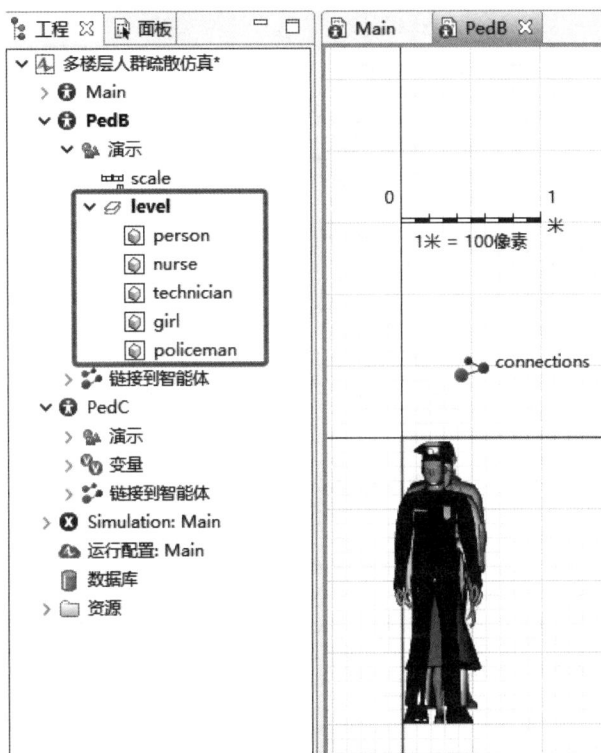

图3-5-10 包括多个三维物体的智能体类型示例

选择拖曳"系统动力学"面板的"参数"到PedB图形编辑器中,创建参数,修改参数类型为"int"型(整型)。将参数的默认值修改为产生随机整数,此处用到AnyLogic的一个函数uniform_discr,该函数有重载函数,其中一个为:

public int uniform_discr(int min,int max)。

函数返回值为[min,max]区间的随机整数,参数定义如图3-5-11所示。

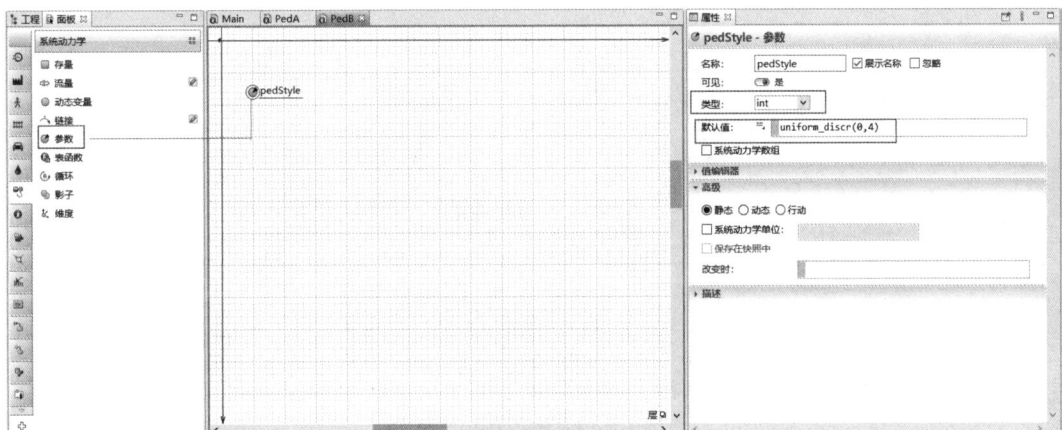

图3-5-11 创建随机整数参数

我们还需要在pedStyle产生的随机整数和不同三维物体可见性间建立对应关系，这种关系通过设置三维物体可见性的动态值来实现，如图3-5-12所示。

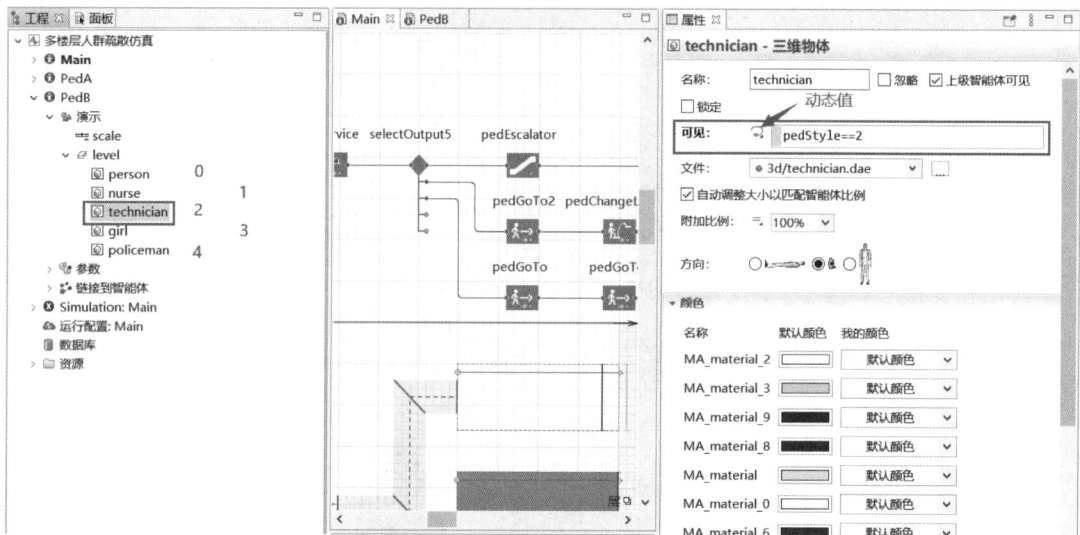

图 3-5-12　设置三维物体可见性的动态值

修改 pedSource 智能体的"新行人"属性，运行模型，结果如图3-5-13所示。

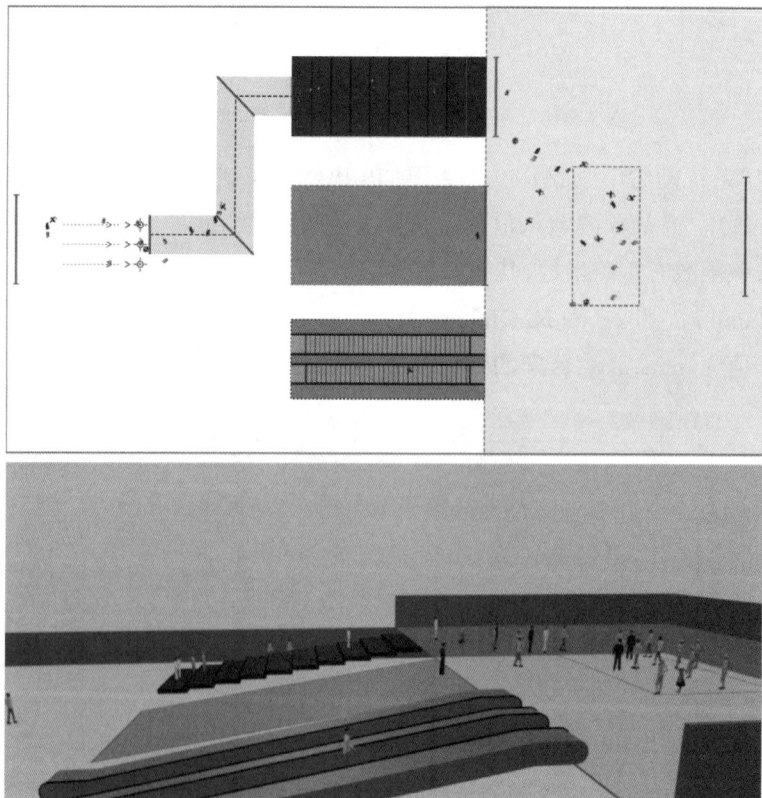

图 3-5-13　模型运行结果

3.5.3　创建行人组（选学）

AnyLogic可以分别设置三维物体在二维空间和三维空间的显示效果，本小节介绍通过组来管理行人，通过添加函数的方式设置行人出现的规律和效果，如图3-5-14所示。

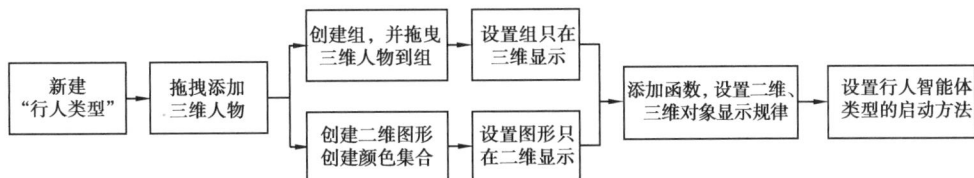

图3-5-14　基于组的随机行人显示流程

创建名称为"PedC"的智能体类型并拖曳三维人物，如图3-5-15所示。

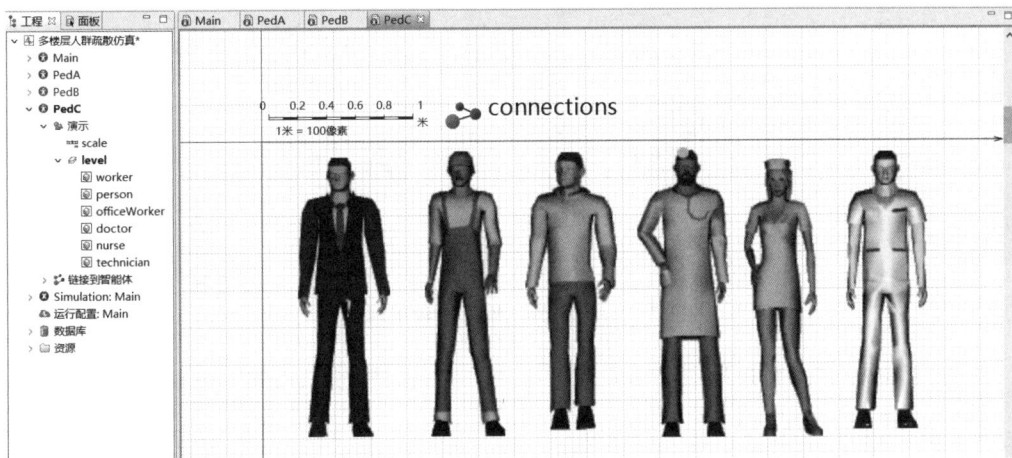

图3-5-15　拖曳创建多种三维人物

注：可以在PedC中调节"scale"比例为1米=100像素以显示完整人物。

拖曳"演示"面板的"组"到PedC图形编辑器中，创建组（默认组的名称为"group"），该组用于管理已创建的各种三维人物，如图3-5-16所示。

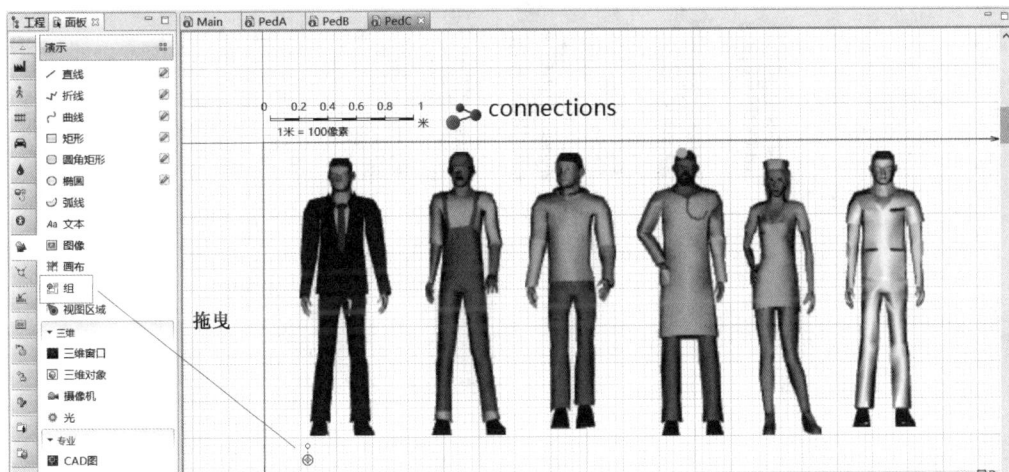

图3-5-16　创建行人组

拖曳每个三维人物到组,修改组对象的名称,设置组对象及成员属性"展示在"为"只有三维",如图3-5-17所示。

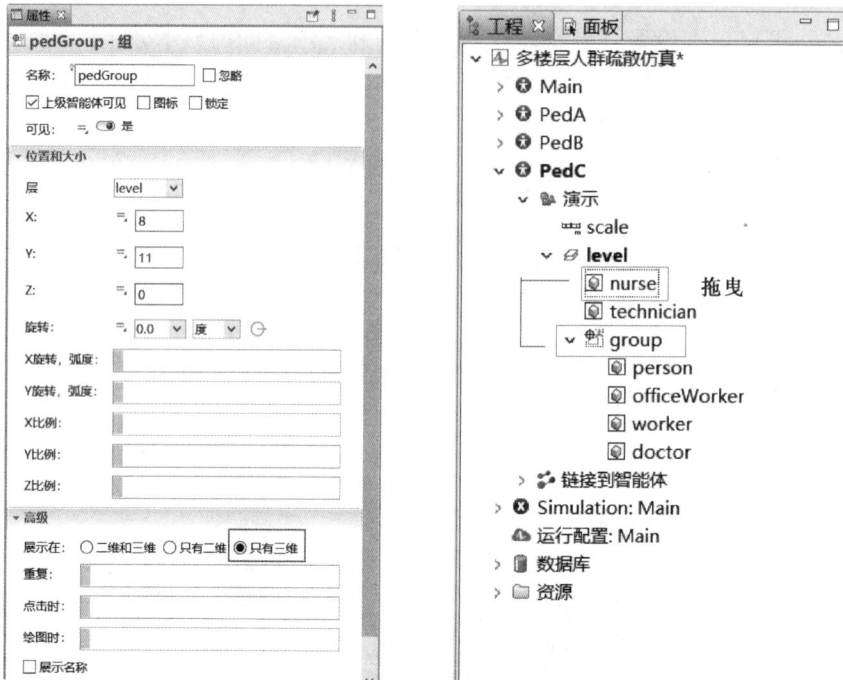

图3-5-17　拖曳三维人物到组对象

拖曳"演示"面板的"矩形"到PedC图形编辑器中,创建矩形,设置其属性"展示在"为"只有二维",如图3-5-18所示。

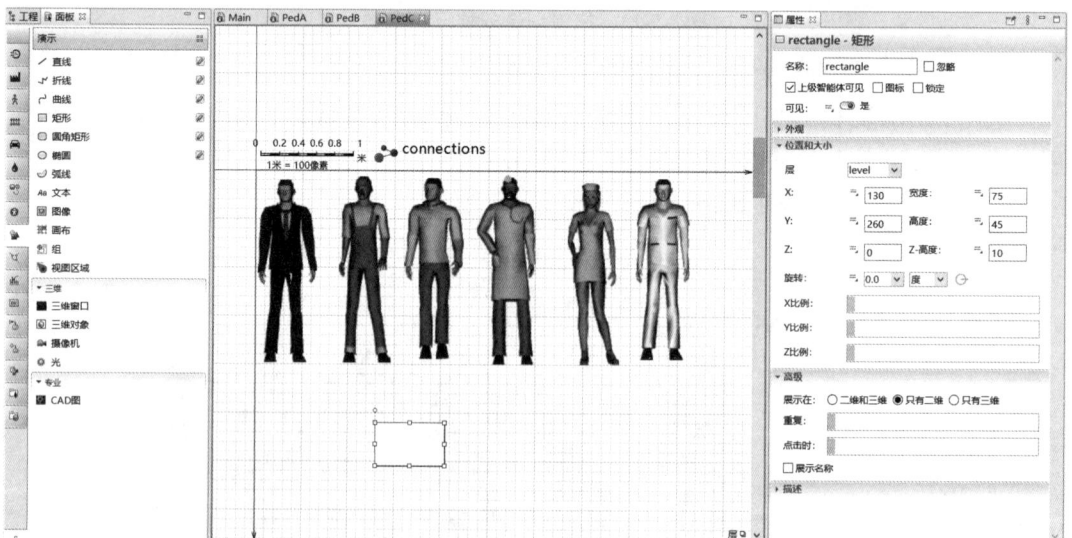

图3-5-18　创建矩形

拖曳"智能体"面板的"集合"到 PedC 图形编辑器中,创建集合,将集合名称改为"colors",并将初始内容输入方式设置为"静态值",设置"元素类"为"Color",设置不同三维人物的二维图形颜色,如图 3-5-19 所示。

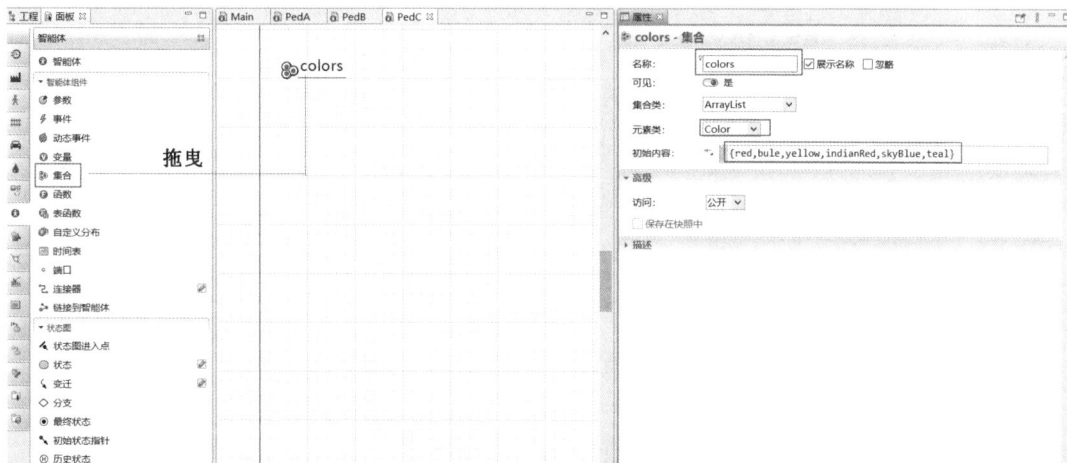

图 3-5-19　创建三维人物的二维图形颜色集合

拖曳"智能体"面板的"函数"到 PedC 图形编辑器中,创建函数,将函数名称改为"setPedAnimation"。该函数的作用是根据输入的[0,pedGroup.size()−1]区间的随机数,显示相应的三维人物并设置人物的二维图形颜色。因此上面的过程可以写成下面的 Java 函数:

```
void setPedAnimation( int pedIndex ){
    for (int i = 0; i < pedGroup.size(); i++){
        Shape shape = (Shape)pedGroup.get(i);
        if (i == pedIndex)
            shape.setVisible(true);
        else
            shape.setVisible(false);
    }
    rect.setFillColor(colors.get(pedIndex));
}
```

根据以上代码修改 setPedAnimation 函数的属性,增加函数的整型参数(名称为"pedIndex"),编写函数体,如图 3-5-20 所示。

图 3-5-20　修改 setPedAnimation 函数的属性

　　由于模型是根据输入的 pedIndex 参数确定三维人物,因此生成随机行人需要在 PedC 智能体类型启动时产生指定区间的随机整数,如图 3-5-21 所示。

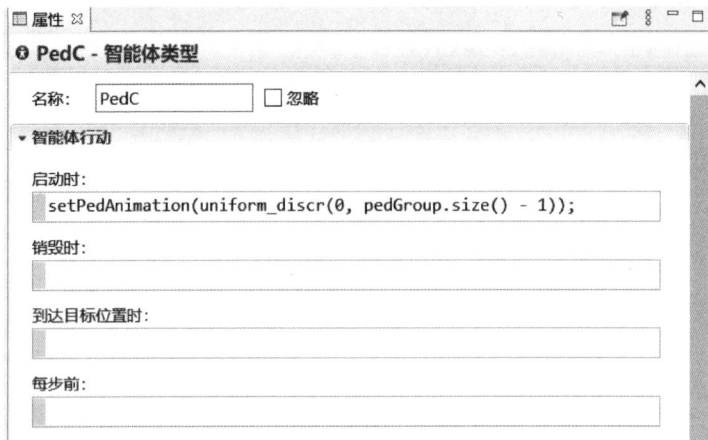

图 3-5-21　PedC 智能体类型启动

　　修改 pedSource 智能体的"新行人"属性,运行模型,结果如图 3-5-22 所示。

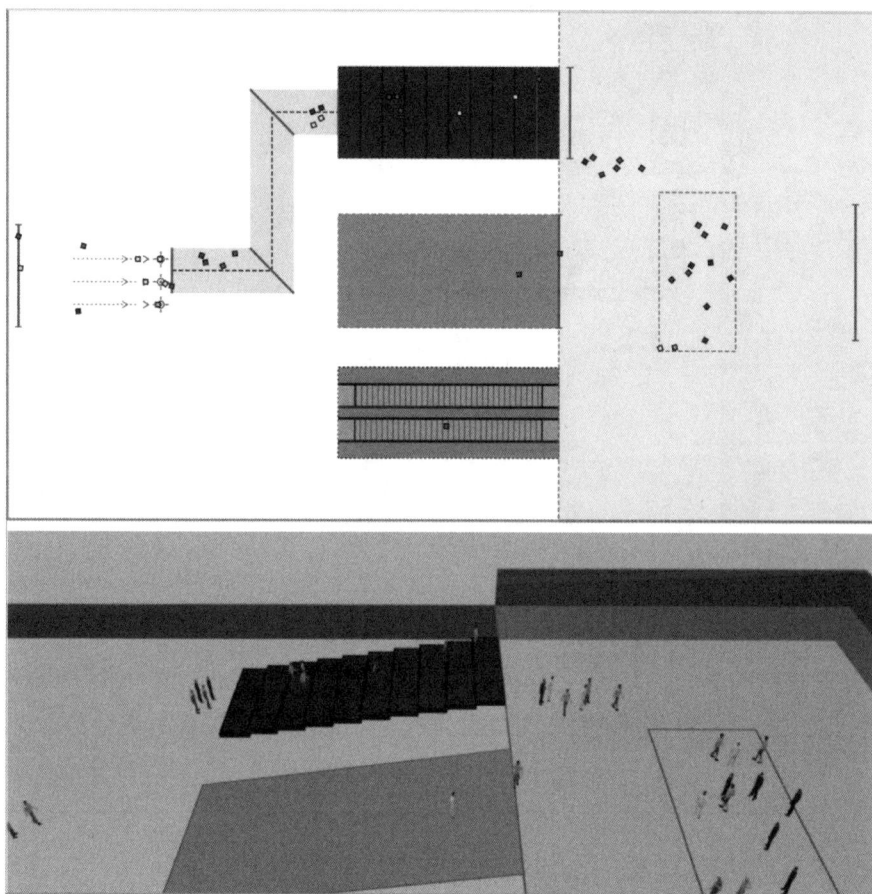

图 3-5-22　模型运行结果

3.6　设置突发事件和行人疏散模拟

3.6.1　设置突发事件

本小节您将学习如何采用控件设置突发事件,并对 AnyLogic 控件形成初步的认识。

AnyLogic 提供了一系列常用控件,您可以在模型中加入各种控件(按钮、滑块、进度条等),并设置控件的响应函数,使模型具有一定的交互性。控件可以在模型运行之前设置参数,也可以在模型运行中加以改变。

您可以在"控件"面板中找到可用的控件,如图 3-6-1 所示,它们的创建、编辑与形状的操作相同。

图 3-6-1 "控件"面板

控件具有自己的属性和方法,当您激发控件的动作时,可以通过该动作调用模型的调度事件、发送消息、调用函数、停止模型等方法,表 3-6-1 给出了常用控件的类型和说明。

表 3-6-1 常用控件的类型和说明

控件	值类型	连接类型	说明
按钮			用来执行自定义的即时动作。当用户单击按钮时,将立即执行"行动"中的代码
复选框	布尔	布尔	
编辑框	字符串	字符串或任意数值型	除了将编辑框与变量连接,还可以自定义代码来处理用户的输入
单选按钮	整数	整数	在某些项目中有若干个选项,其标志是前面有一个圆环,当我们选中某个选项时,出现一个小实心圆点表示该项被选中
滑块	双精度	字符串或任意数值型	定义输入的最小值和最大值
组合框	字符串	字符串	可以编辑或修改选择自定义的模式
列表框	字符串	字符串	在单个或多个选择模式下工作
文件选择器	字符串		显示打开或保存文件的对话框
进度条	双精度	双精度或任意数值型	在确定模式下显示给定的进度

下面将以按钮控件为例,说明其使用过程。

①创建按钮对象。从"控件"面板拖曳"按钮"控件,创建按钮对象,并修改按钮对象的名称和标签,如图3-6-2所示。

图3-6-2 创建按钮对象

②编写响应函数。从"智能体"面板拖曳创建函数,修改函数名称,编写函数体(为了测试方便,此处仅向控制台输出文字),如图3-6-3所示。

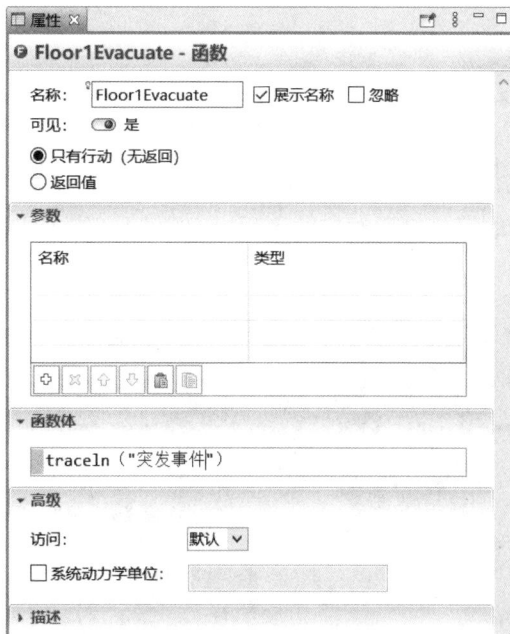

图3-6-3 编写响应函数

③设置按钮行动响应函数为Floor1Evacuate(),如图3-6-4所示,控制台输出结果如图3-6-5所示。

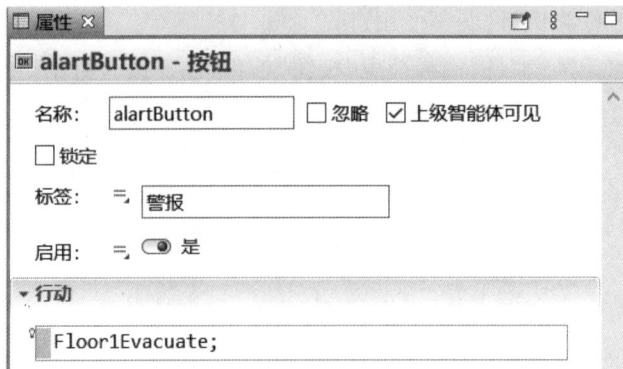

图3-6-4 设置按钮行动响应函数

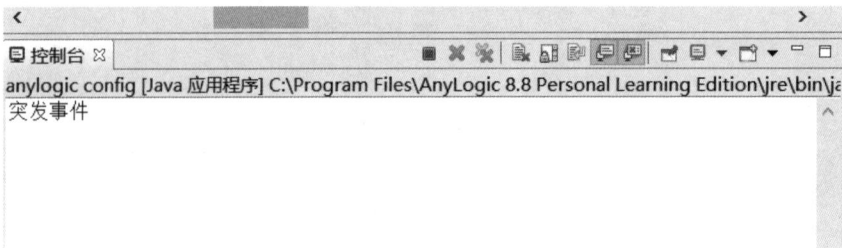

图3-6-5 控制台输出结果

3.6.2 行人疏散

大部分智能体都具有输入、输出和取消接口,其中当智能体调用cancelAll()函数时,取消接口被激活,流程转到该接口,如图3-6-6所示。因此,当突发事件发生时,您可以利用该功能中断现有流程,转到取消接口所对应的流程,实现行人疏散模拟。

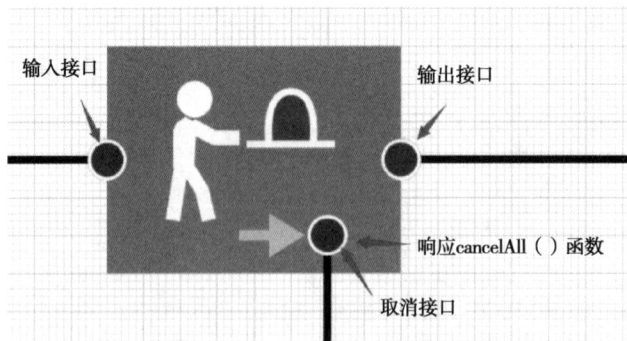

图3-6-6 智能体的3个接口

当触发"突发事件"时,本小节假设按照图3-6-7所示的流程进行人员疏散。其中,一层所有人员、坡道、扶梯组和楼梯人员从一层出口疏散,二层所有人员从二层出口疏散。

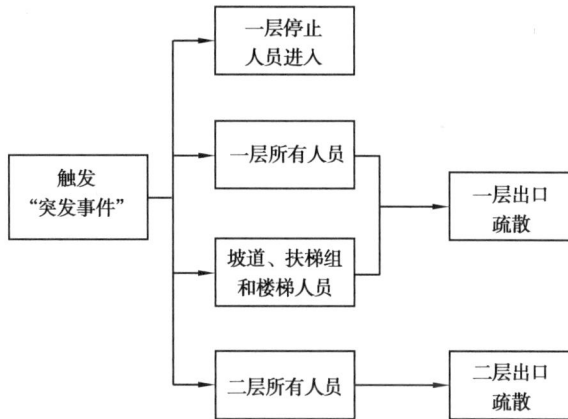

图 3-6-7 人员疏散流程

根据假设的人员疏散流程,绘制一层出口目标线,命名为"F1Out1",如图 3-6-8 所示,同时定义一层、二层智能体的取消接口流程,并建立人员疏散逻辑模型,如图 3-6-9 所示。

其中"pedGoTo5"应该选择目标线"F1Out1"。

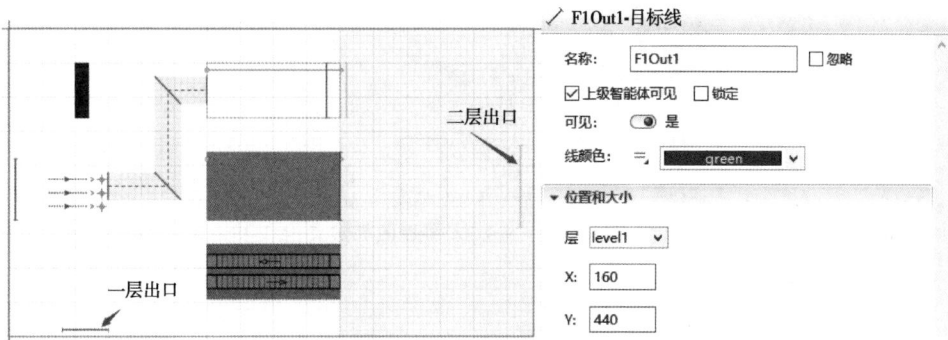

图 3-6-8 一层出口目标线

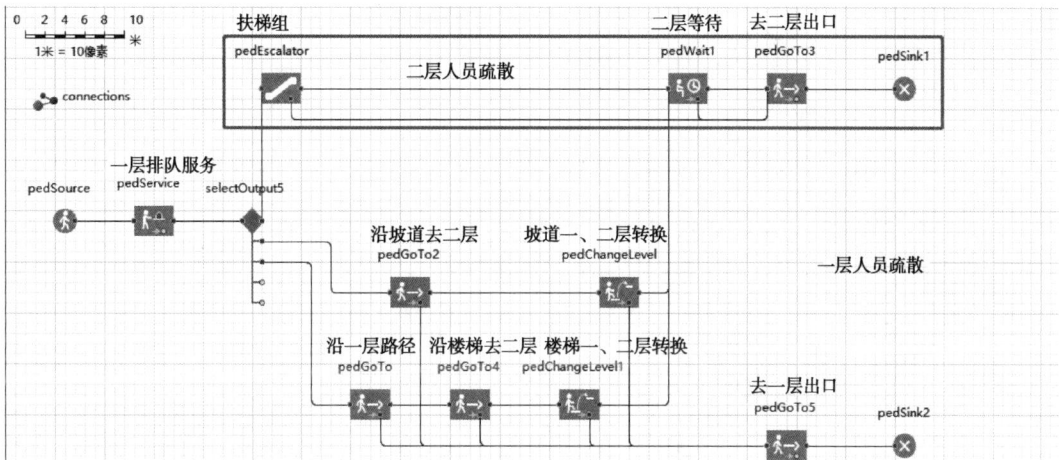

图 3-6-9 人员疏散逻辑模型

编写一层人员疏散函数Floor1Evacuate()的函数体和相应一层智能体的cancelAll()函数,如图3-6-10所示。同理,添加二层人员疏散函数Floor2Evacuate(),并编写相应函数体,如图3-6-11所示。

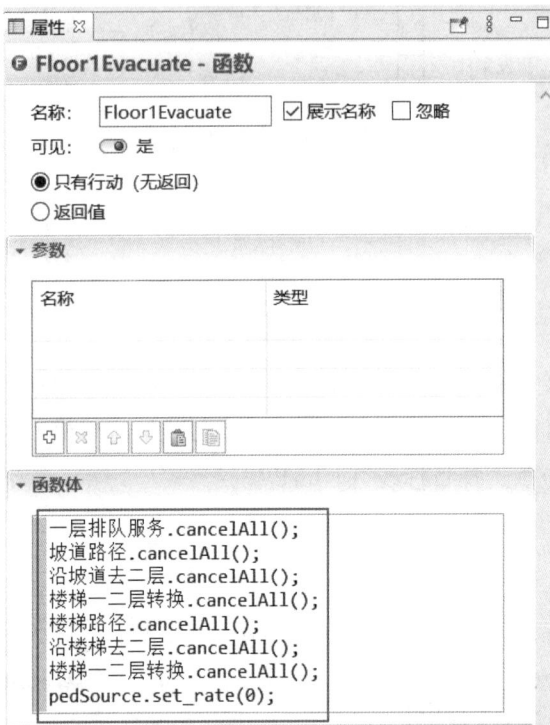

图3-6-10　一层人员疏散函数

图3-6-11　二层人员疏散函数

在alertButton(警报)按钮的行动中添加一层和二层人员疏散函数,如图3-6-12所示。

图3-6-12 在alertButton按钮的行动中添加人员疏散函数

运行模型,仿真结果如图3-6-13所示。

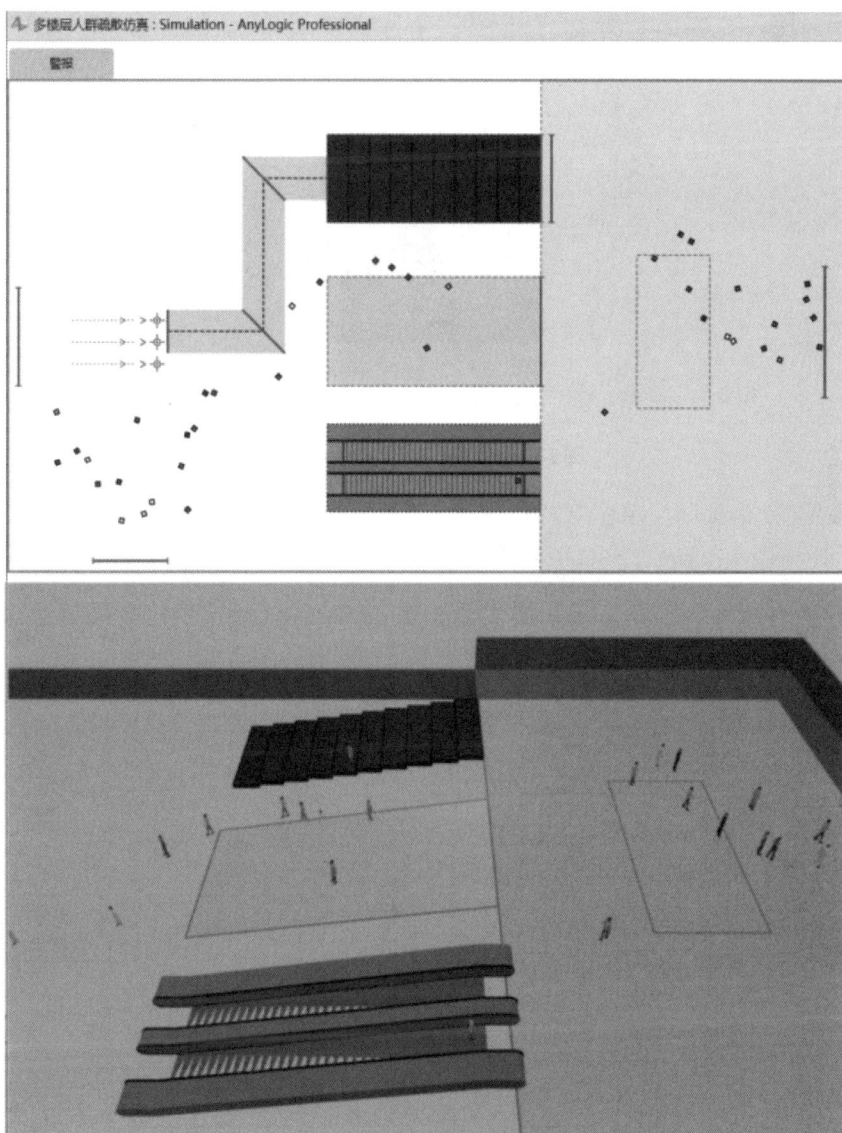

图3-6-13 仿真结果示意

3.6.3 最近路径疏散(选学)

上小节针对每层只有一个出口的情况进行了人员疏散分析。本小节将说明对于每层有多个出口的情况,如何从最近出口疏散,以及人员通过出口进行楼层间的转换的建模问题。首先,我们利用前面学习的知识,在上小节模型的基础上补充如图3-6-14所示的出口目标线。

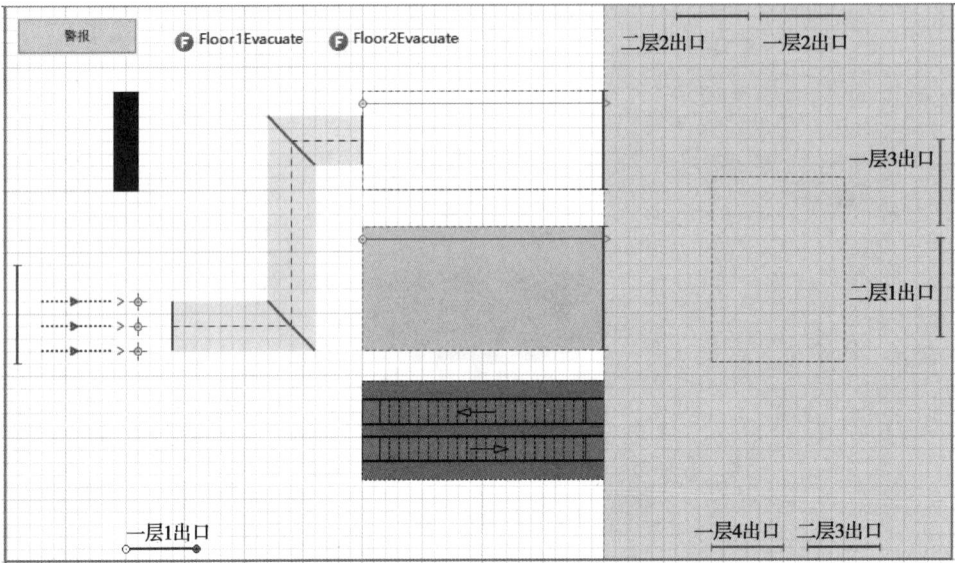

图3-6-14 一、二层出口目标线

当触发"突发事件"时(单击"警报"按钮),二层人员会通过距离自己最近的二层出口撤离到相应的一层出口(如二层2出口对应一层2出口、二层1出口对应一层3出口、二层3出口对应一层4出口),一层人员从一层1、2、3、4出口中寻找最近的出口离开建筑物,如图3-6-15所示。

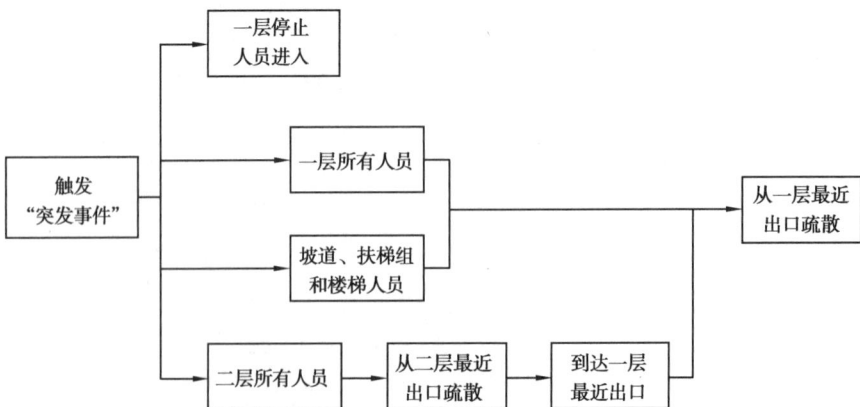

图3-6-15 仿真模拟流程

我们根据上述流程对上小节的模型进行修改,主要增加的部分包括根据行人位置寻找最近出口目标线、行人楼层转换等,修改后的AnyLogic逻辑模型如图3-6-16所示。

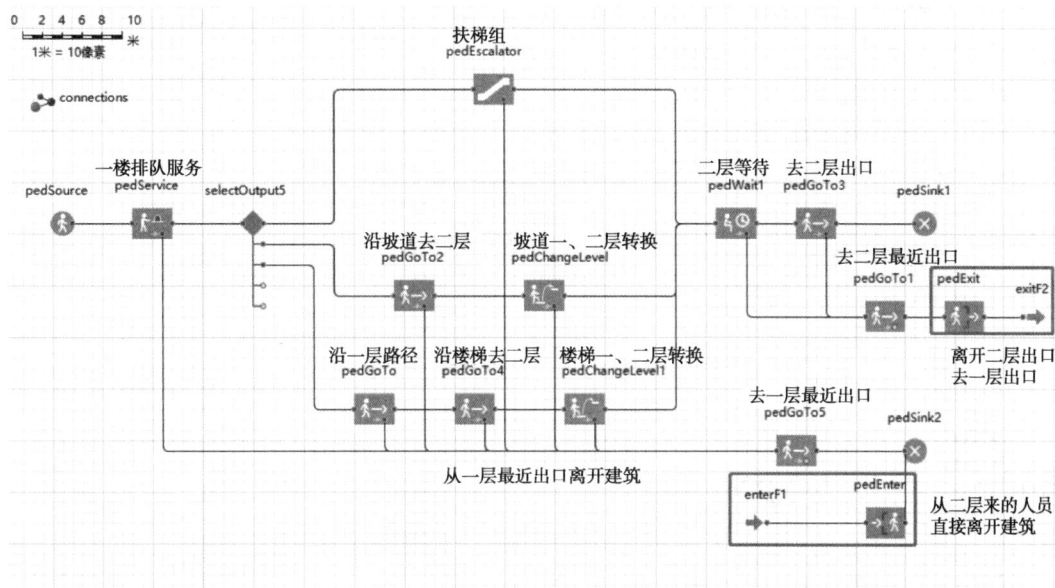

图3-6-16 行人疏散逻辑模型

建立如图3-6-16所示的逻辑模型,大体可分为如图3-6-17所示的5个步骤,下面将分小节详细地说明其实现过程。

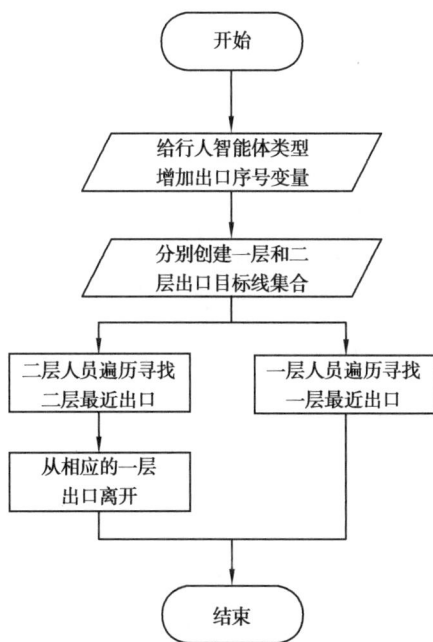

图3-6-17 建立仿真模型流程

3.6.3.1　添加行人智能体类型变量

行人是离散个体，为了实现二层行人经由二层出口到达相应一层出口的仿真过程，就需要记录行人离开的二层出口序号及该序号对应的一层出口序号。这里采用给行人智能体类型增加整型变量的方法。该整型变量用于记录行人离开二层出口的序号。

当前使用的行人类型是PedC，因此，拖曳"智能体"面板的"变量"到PedC图形编辑器中，添加变量，修改变量名称为"outIndex"、类型为"int"，如图3-6-18所示。

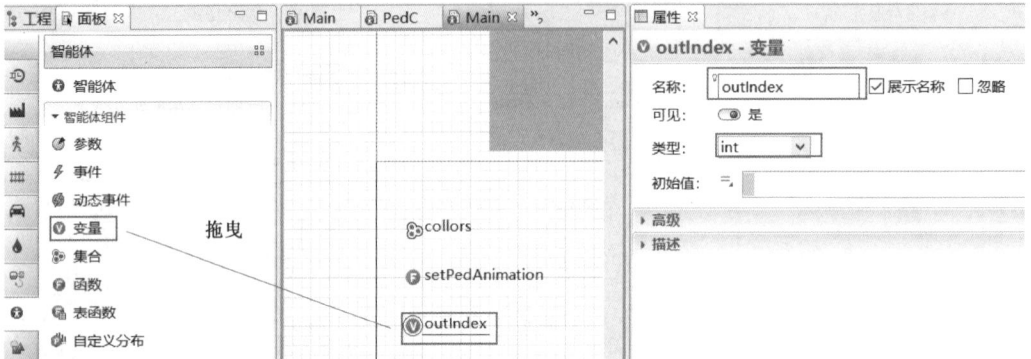

图3-6-18　给行人智能体类型添加整型变量

3.6.3.2　创建楼层出口目标线集合

拖曳"智能体"面板的"集合"到Main图形编辑器中，分别添加一层和二层的出口目标线集合，修改"集合类"为"ArrayList"，"元素类"为"其他""TargetLine"，一层出口目标线集合如图3-6-19所示，二层出口目标线集合如图3-6-20所示。

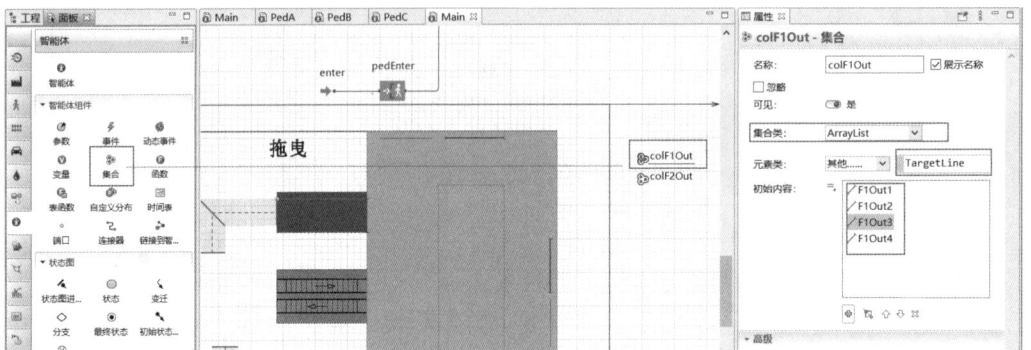

图3-6-19　创建一层出口目标线集合

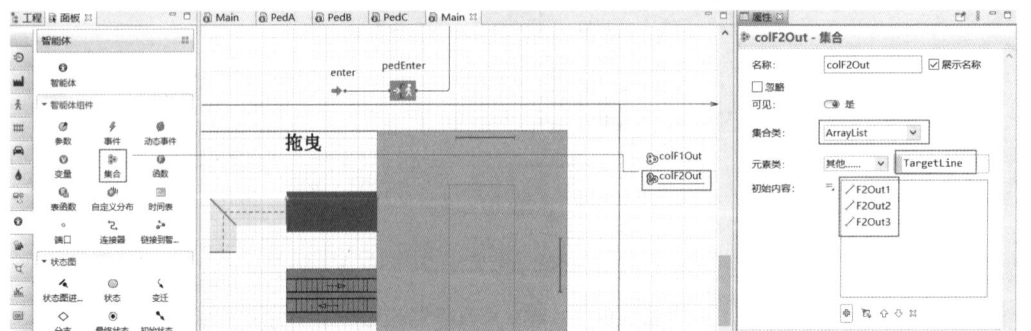

图3-6-20　创建二层出口目标线集合

3.6.3.3　寻找二层最近出口

二层行人都是 PedC 类型的对象,当单击"警报"按钮时,行人开始疏散,此时每个行人对象都有各自的坐标,我们只需要针对每个行人,遍历所有的出口,找出距离最近的出口,并设置该出口为指定行人的目标线。

下面介绍 3 种编程实现的方式,这 3 种方式从生成的代码角度来看,本质上是一致的,都是定义 Java 函数。

(1)以图形为主、代码为辅

该方法应用"行动图"面板的一系列模块,如图 3-6-21 所示,采用拖拉的方式,补充代码实现程序开发。

图 3-6-21　"行动图"面板

获取距离指定行人二层最近出口的行动图,如图 3-6-22 所示,该行动图的输入参数是 PedC 类型的变量 ped,返回值为整型,是最近出口在 colF2Out 集合中的序号(从 0 开始)。

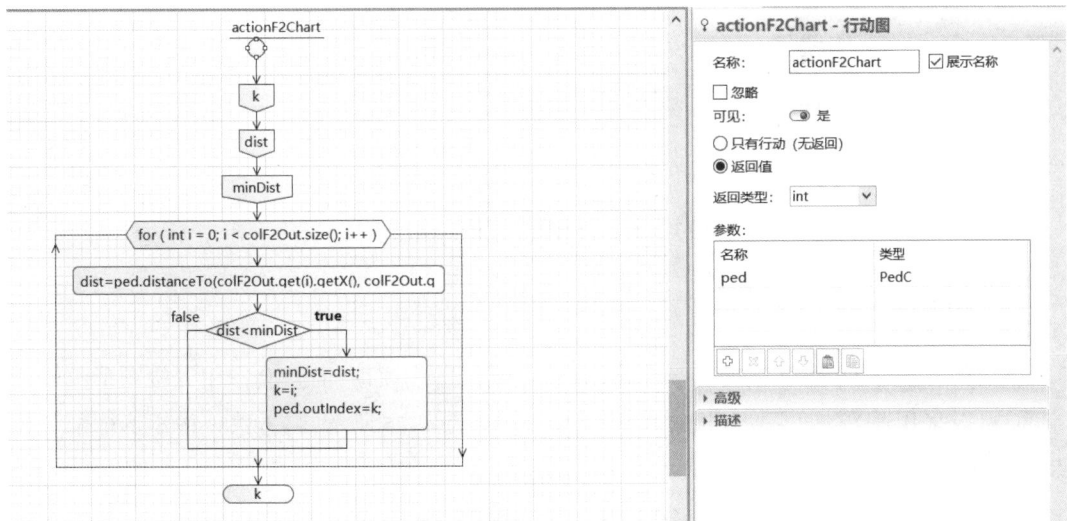

图 3-6-22　获取二层最近出口行动图

其中变量"dist"和"minDist"分别是距离和最短距离简写,二者的数据类型为"double",且"minDist"的初始值应该足够大,此处设置为"99999"。

获取二层最近出口序号后,还需要将"去二层最近出口"目标线属性改为动态值,其值为计算得到的出口目标线,如图3-6-23所示。

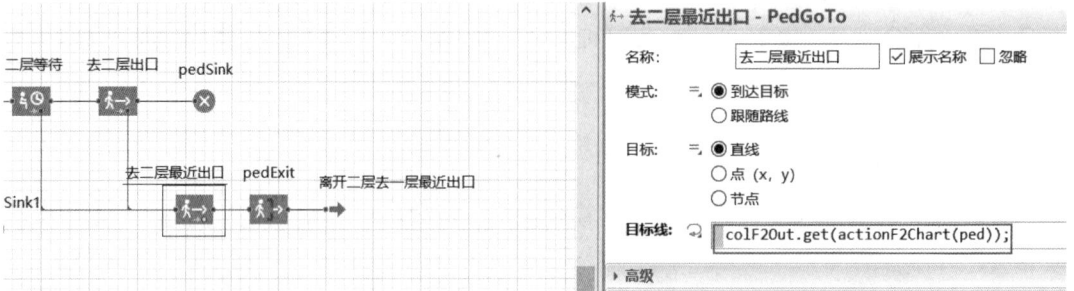

图3-6-23　修改目标线属性

右键单击"目标线"中的代码,打开Java编译器,行动图生成的Java代码如图3-6-24所示,该代码是主程序的一个函数。

```
1020 int  actionF2Chart( PedC ped ) {
1021
1022 int  k = 0;
1023
1024 double  dist = 0.0;
1025
1026 double  minDist = 0.0;
1027     for (
1028 int i = 0 ;
1029 i < colF2Out.size() ;
1030 i++  ) { // forLoop
1031       { // code

1033 dist=ped.distanceTo(colF2Out.get(i).getX(), colF2Out.get(i).getY());
1034       } // code
1035     if (
1036 dist<minDist ) { // decision
1037         { // code1
1038
1039 minDist=dist;
1040 k=i;
1041 ped.outIndex=k;
1042         } // code1
1043     } // decision
1044   } // forLoop
1045   return
1046 k ; // returnStatement
1047   }
```

图3-6-24　行动图生成的Java代码

(2)以图形为辅、代码为主

对有一定程序开发基础的人员而言,方法一不仅操作烦琐,而且会占用大幅图形编辑器空间,可以采用适当减少图形、增加代码的方法,如图3-6-25所示,将方法一中矩形框部分封装为方法二的一段代码,具体代码如图3-6-26所示。

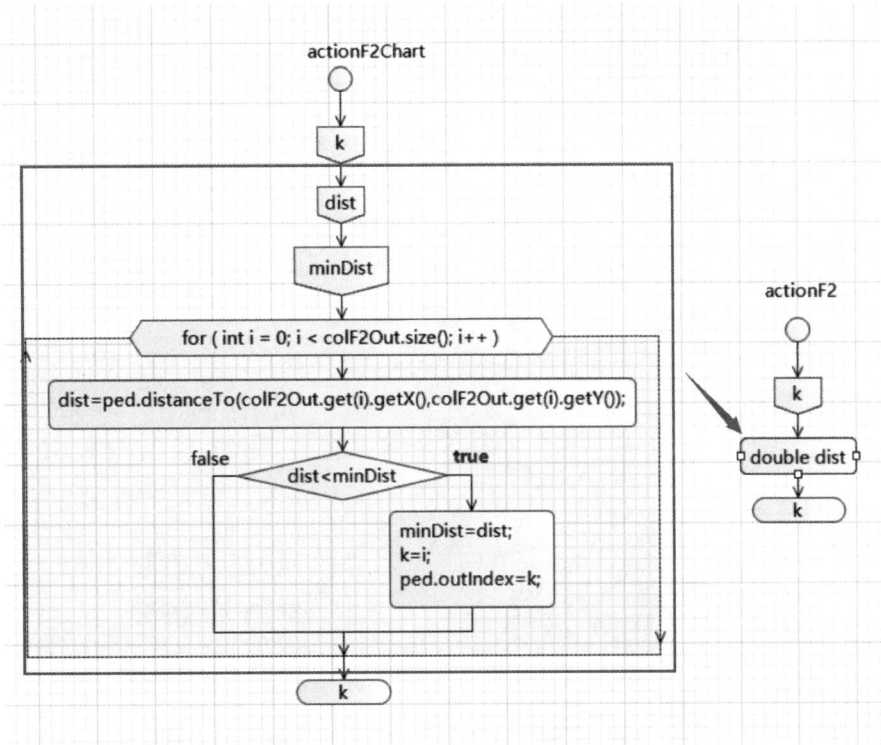

图 3-6-25 减少图形、增加代码

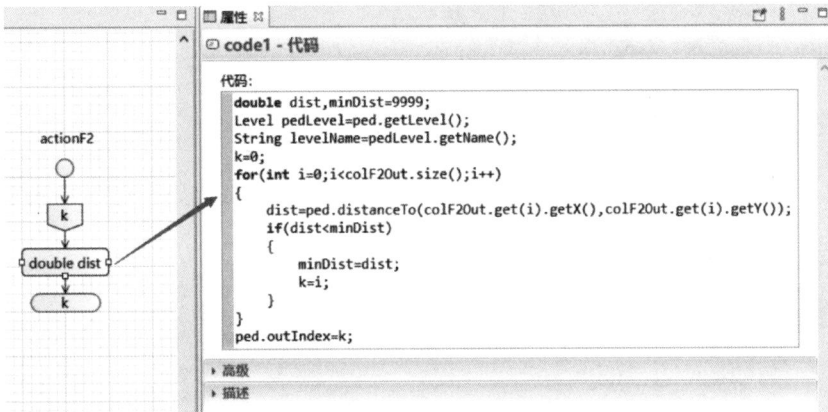

图 3-6-26 代码封装

(3)函数定义

更为精简的方法是直接进行函数定义,拖曳"智能体"面板的"函数"创建获取二层最近出口函数,如图 3-6-27 所示,函数输入、输出和函数体定义如图 3-6-28 所示,函数的返回值是最近目标线对象。

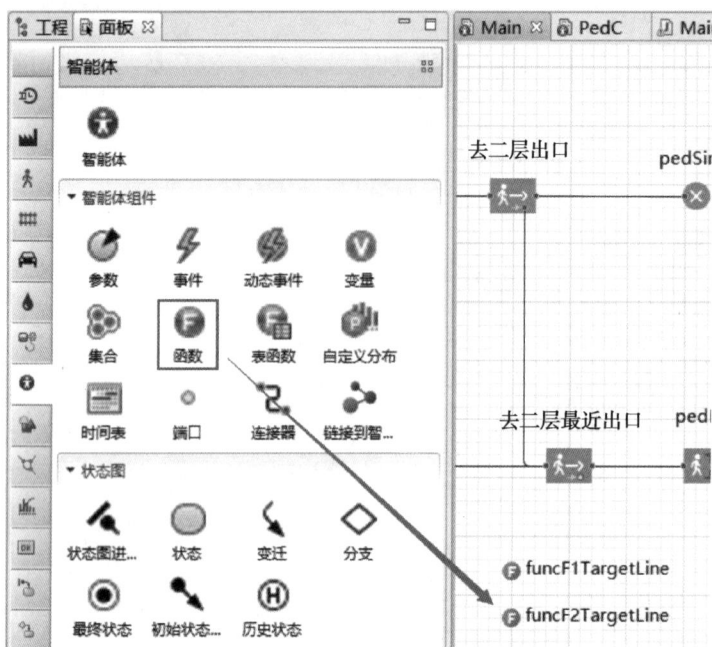

图 3-6-27 创建获取二层最近出口函数

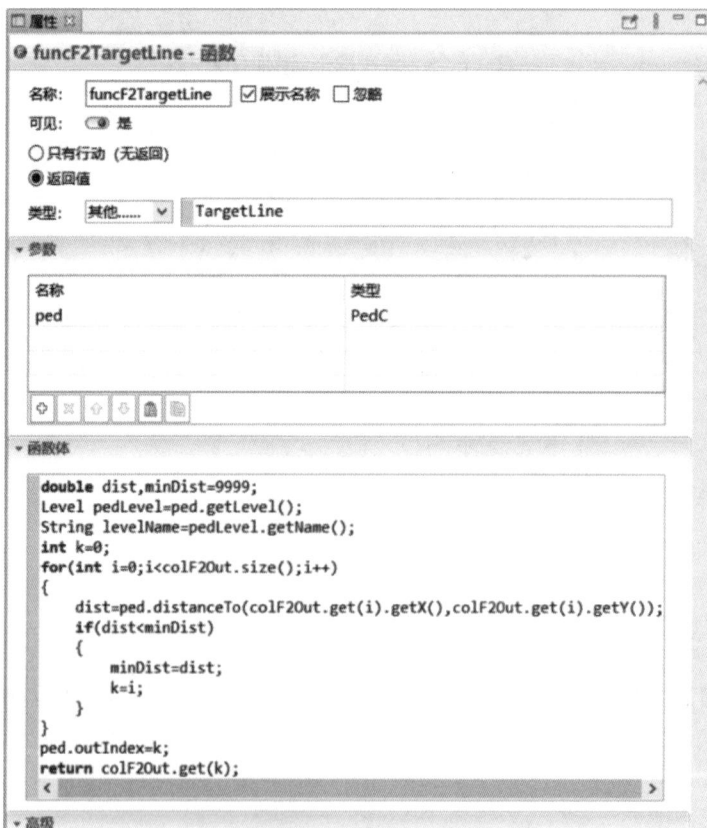

图 3-6-28 获取二层最近出口函数定义

3.6.3.4　行人楼层转换

实现行人楼层转换需要用到"行人库"的 _{Ped Enter} 和 _{Ped Exit} 模块及"流程建模库"的 _{Enter} 和 _{Exit} 模块,逻辑模型如图3-6-29所示。

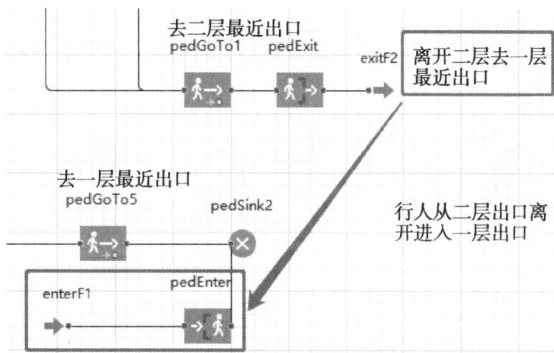

图3-6-29　行人楼层转换逻辑模型

①定义"离开二层去一层最近出口"对象(Exit类型)离开时的行动:"this.enterF1.take(agent);",该语句的用途是二层离开的智能体(行人)进入"enterF1"对象(Enter类型),其中,this是Main对象。"离开二层去一层最近出口"对象定义如图3-6-30所示。

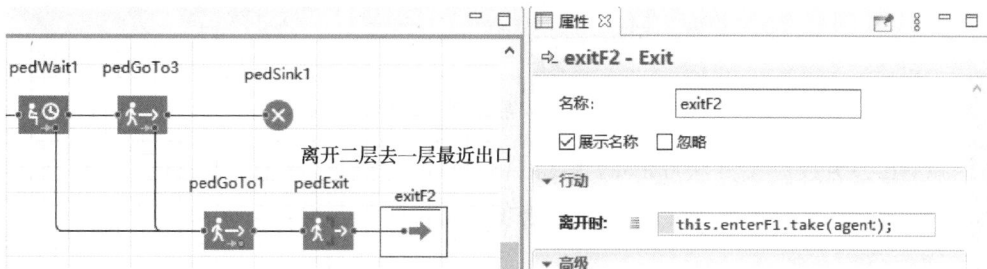

图3-6-30　行人离开二层出口时行动定义

②定义行人进入一层后的"pedEnter"对象(PedEnter类型)的目标线,目标线为动态值:"colF1Out.get(ped.outIndex)",如图3-6-31所示。

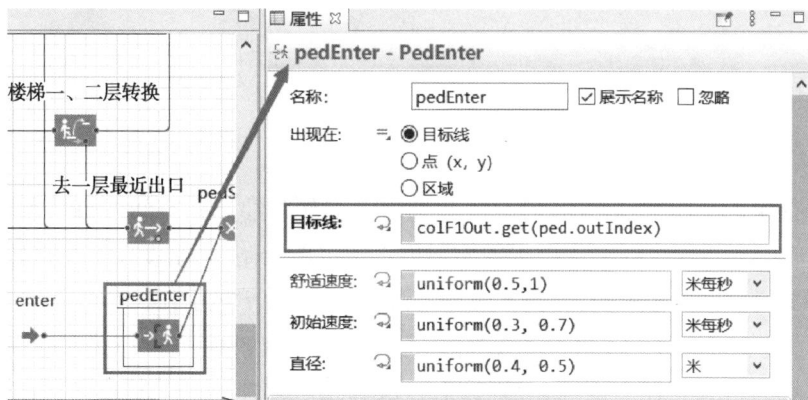

图3-6-31　行人进入一层目标线定义

3.6.3.5 寻找一层最近出口

参照"寻找二层最近出口"编写"寻找一层最近出口"代码,此处仅给出函数定义方法的结果,如图3-6-32所示。

图3-6-32 寻找一层最近出口函数定义

注意,由于函数定义方法"funcF1TargetLine"的返回值是"其他—TargetLine"类型,因此pedGoTo5(去一层最近出口)的目标线为动态值:"funcF1TargetLine(ped);"。

3.7 仿真结果处理

3.7.1 行人密度图

当行人在模拟空间中移动时,布局会逐渐以不同颜色绘制。空间的每个点的颜色对应该特定区域中的人流密度。密度图根据实际值不断重新绘制:当密度在某个点发生变化时,颜色会动态变化以反映这种变化;当区域行人密度为零时,不显示任何颜色。

拖曳"行人库"面板的"密度图"创建行人密度图,要注意的是密度图是层对象的子节点,只会表示该层的行人密度。因此,分别针对一层和二层创建"密度图"空间标记,如图3-7-1所示。

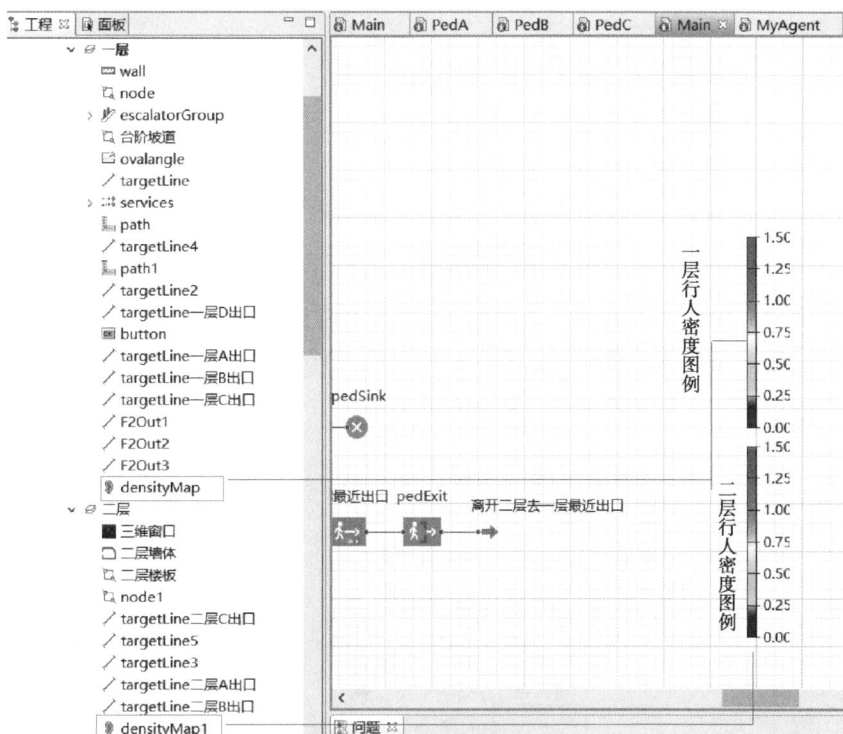

图 3-7-1　一层和二层行人密度图

运行模型,在二维视图以不同颜色的图例表示不同区域的行人密度,如图 3-7-2 所示。

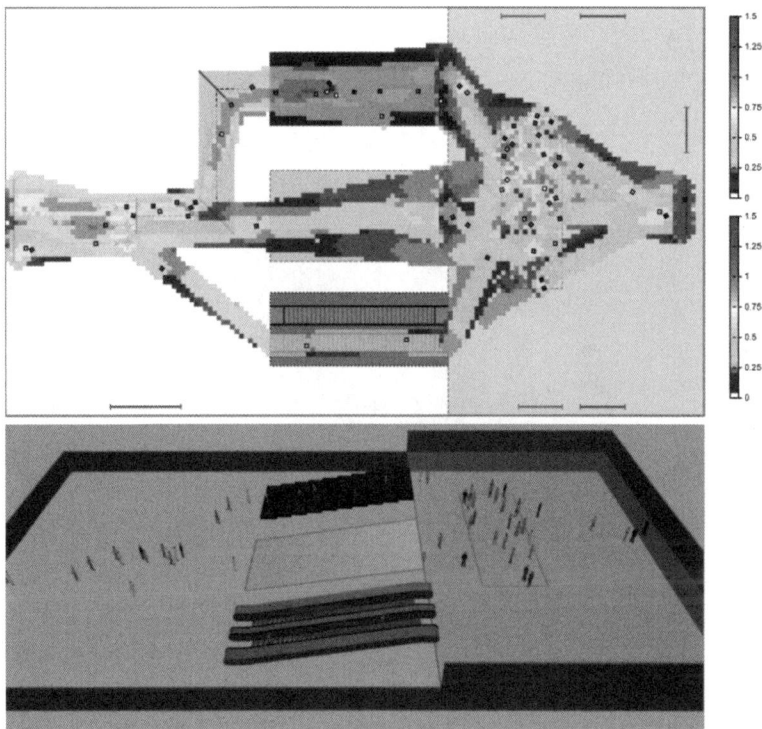

图 3-7-2　行人密度

3.7.2 行人流量和密度统计

AnyLogic 提供了行人流统计空间标记,可以进行行人流量和密度的实时统计,如图 3-7-3 所示。

图 3-7-3 行人流统计空间标记

拖曳"行人库"面板的"行人流统计"创建如图 3-7-4 所示的行人流统计对象,这里要注意该对象隶属的层,A 口在一层,B 口和 C 口在二层,分别命名为"PedFlowStatisticsA" "PedFlowStatisticsB" "PedFlowStatisticsC"。

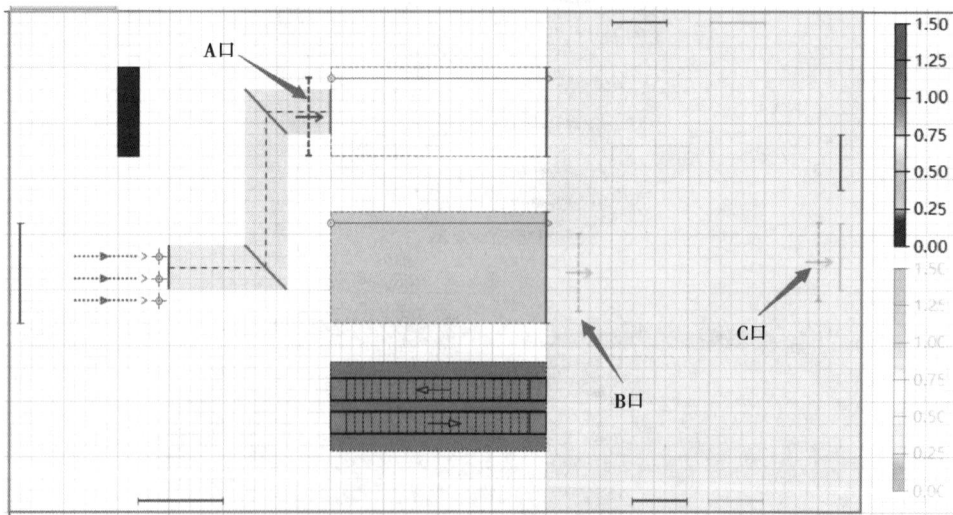

图 3-7-4 行人流统计对象示例

为了更加直观地实时显示指定位置的行人流量和密度,可以应用"分析"面板下的图表模块,此处以"时间折线图"为例对其使用进行说明。拖曳创建两个时间折线图对象,这里用到了 PedFlowStatistics 类的 intensity( )函数统计指定位置平均每小时·米的行人通过量,如图 3-7-5 所示。统计指定位置每小时通过的行人流量用到了 PedFlowStatistics 类的 traffic( )函数。

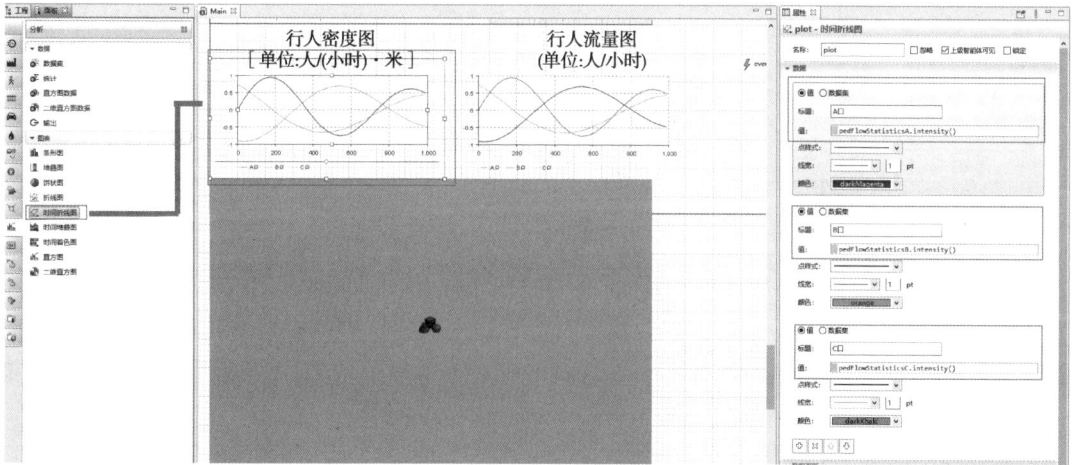

图 3-7-5　行人密度统计图

运行模型,结果如图 3-7-6 所示。

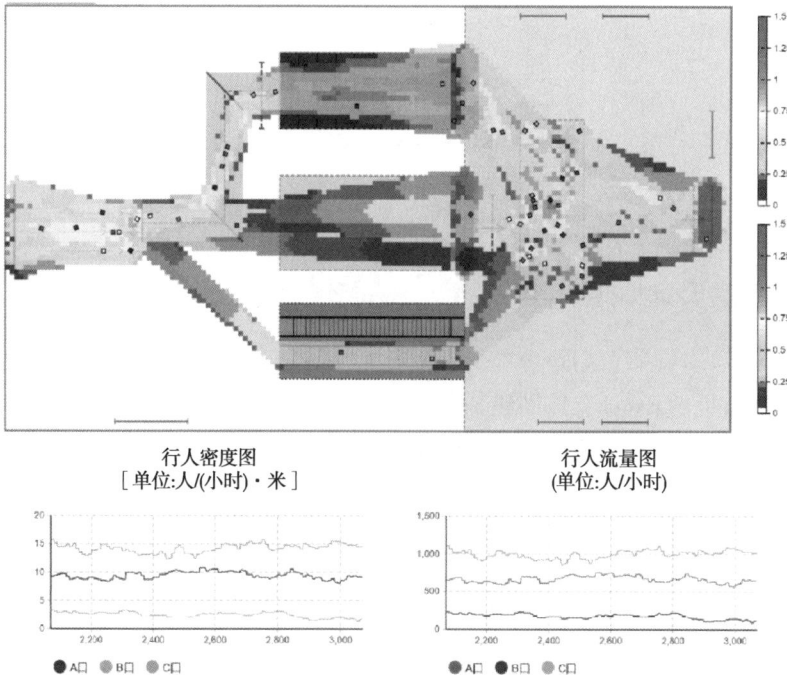

图 3-7-6　行人密度和流量实时统计图

3.7.3 数据输出(选学)

本小节将学习如何将指定层行人轨迹输出到Excel文件,由于涉及控件、事件、参数、集合、数据集、外部文件连接及相关的Java语言开发内容,具有一定的学习难度,技术流程如图3-7-7所示。

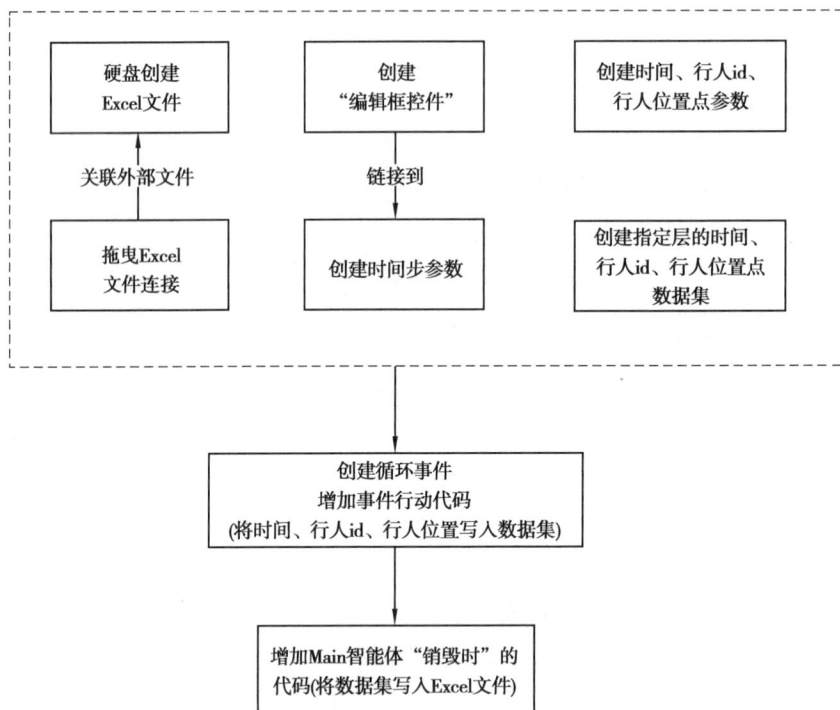

图 3-7-7　数据输出到 Excel 技术流程

3.7.3.1　创建Excel文件连接

打开模型文件夹,创建pedTrack.xlsx文件用于记录输出的行人轨迹,如图3-7-8所示。

拖曳"连接"面板的Excel文件创建Excel文件连接对象,如图3-7-9所示。

修改Excel文件连接对象属性,指定连接的外部Excel文件,如图3-7-10所示。

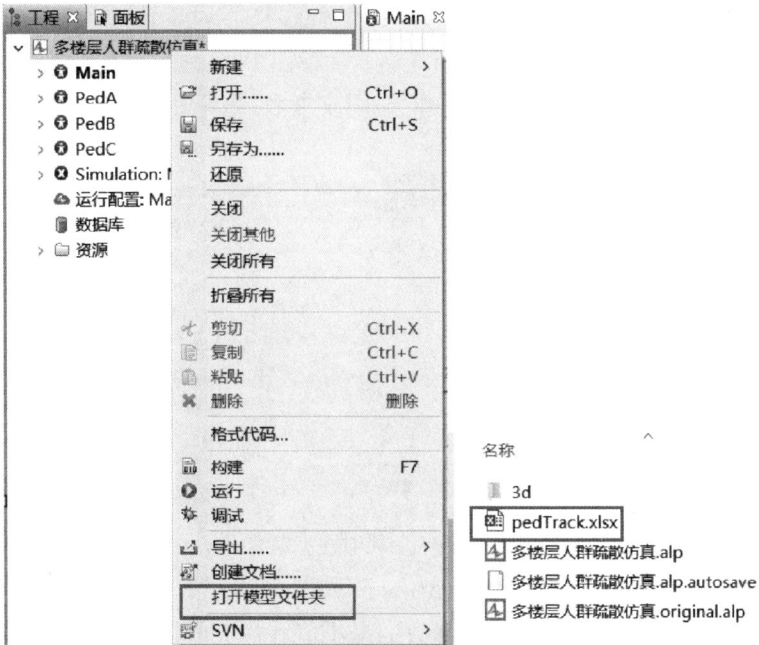

图 3-7-8　创建记录行人轨迹的 Excel 文件

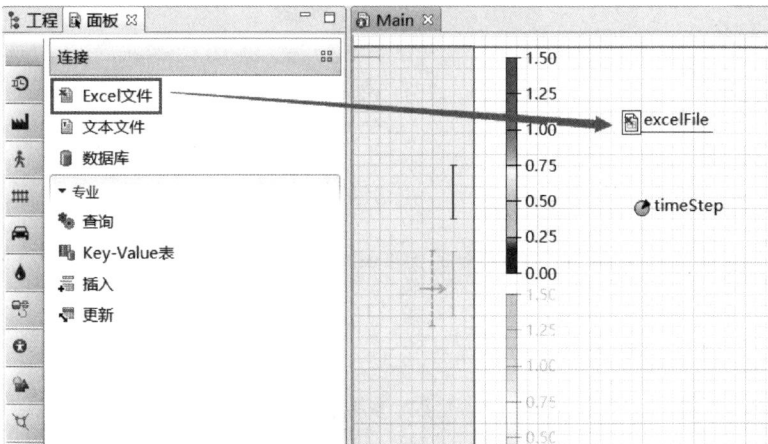

图 3-7-9　创建 Excel 文件连接

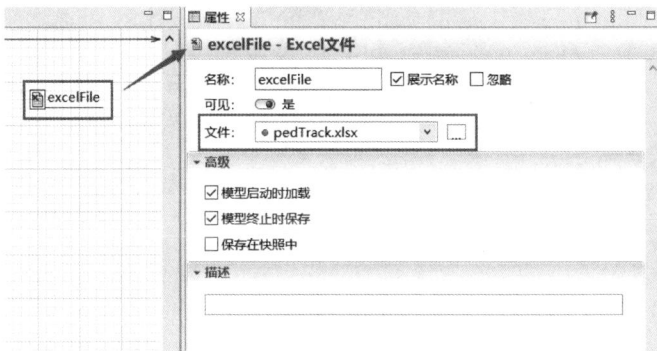

图 3-7-10　连接外部 Excel 文件

3.7.3.2　创建时间步参数

创建用于记录输出行人轨迹时间间隔的时间步参数,重新命名参数名称,并修改数据类型为"double",如图3-7-11所示。

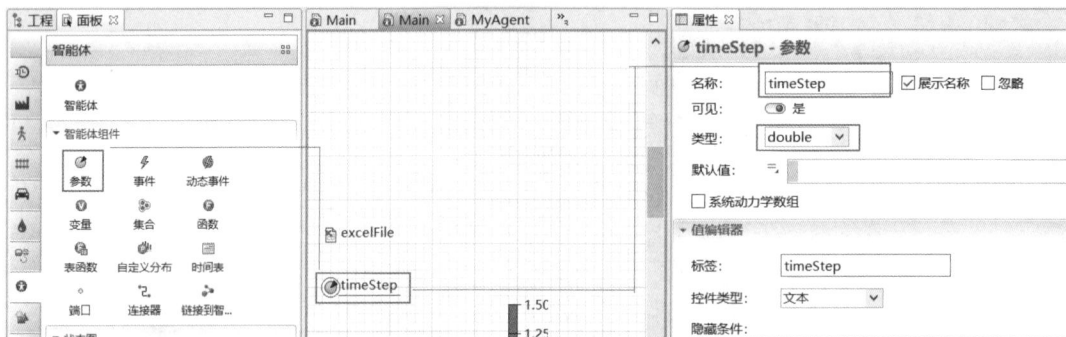

图3-7-11　创建时间步参数

拖曳创建时间步长编辑框(将名称改为"editboxTimeStep"),勾选"链接到"复选框,鼠标选择链接到的"timeStep"参数对象,输入参数的最小值和最大值,如图3-7-12所示。

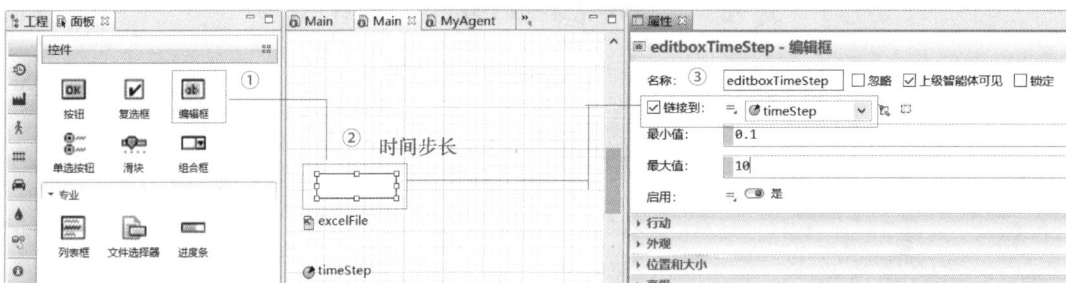

图3-7-12　创建时间步长编辑框并链接参数

3.7.3.3　创建行人参数和数据集

创建行人的时间、行人id、位置坐标参数,参数英文名称和类型见表3-7-1。

表3-7-1　行人参数英文名称和类型

参数项目	参数英文名称	参数类型
时间	t	double
行人id	id	int
行人x坐标	x	double
行人y坐标	y	double

创建记录时间和行人id的数据集datasetTID,以及记录行人位置的数据集datasetXY,如图3-7-13所示。

图 3-7-13　行人参数和数据集

3.7.3.4　创建循环事件

拖曳"智能体"面板中的"事件"创建事件对象,如图3-7-14所示。您可以设置事件的触发类型、触发模式,在"行动"中编写代码,当事件触发时,执行事件,就是执行这段代码。

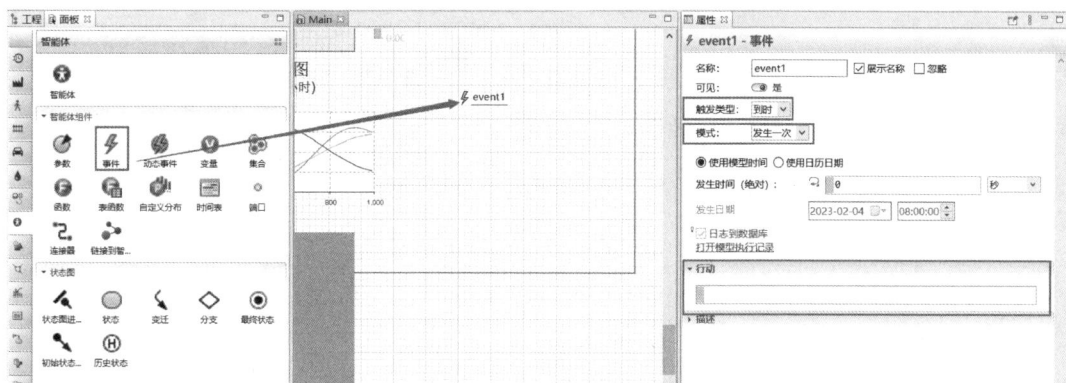

图 3-7-14　创建事件

触发类型和模式,是事件主要关注的地方,Anylogic提供了三种触发类型和相应的模式。其中,"到时"触发类型表示当过了设置的时间后,事件触发,该触发类型有用户控制、发生一次和循环三种触发模式。"速率"和"条件"触发类型没有触发模式,触发类型和模式表见表3-7-2。

表 3-7-2　触发类型和模式表

触发类型	触发模式	说明
到时(默认)	用户控制	需要手动在代码中通过调用restart( )方法来控制事件开始运行
	发生一次	当过了设置的时间后(或到了设定的日期时)事件发生一次
	循环	循环多次发生(每隔一定的时间,或是按照设定的日期,触发事件)
速率	—	每秒/分钟/小时/…发生 n 次(n 由用户设定)
条件	—	当设置的条件为true,触发事件

本例子设置"到时"触发类型,采用"循环"触发模式,指定循环时间,当触发事件时,执行行动代码,将行人的参数信息输出到数据集。以下代码获取了当前时间二层所有行人的位置信息,用到了Anylogic的内置函数time(),通过该函数可以得到当前的模型运行时间,事件的属性如图3-7-15所示。

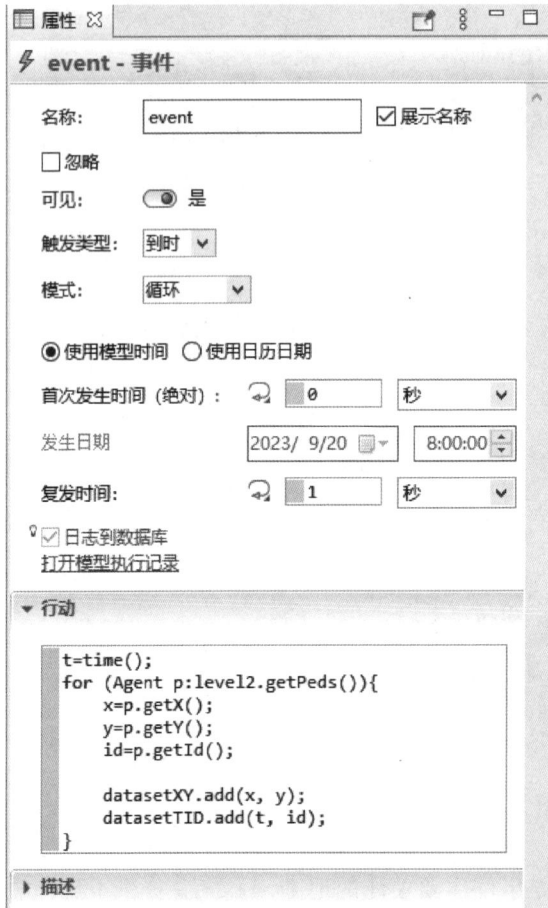

图3-7-15　事件属性

```
t = time ();
for (Agent p: leve2.getPeds ()) {
    x = p.getX ();
    y = p.getY ();
    id = p.getId ();

    datasetXY.add (x, y);
    datasetTID.add (t, id);
}
```

3.7.3.5　数据集输出到Excel文件

编写Main智能体类型"销毁时"的行动代码,当结束模型运行时,将数据集写入连接的Excel文件中,Main智能体类型属性如图3-7-16所示。

图3-7-16　输出数据集到Excel

这里用到了ExcelFile类的writeDataSet()函数,用于将数据集的数据写入连接的Excel文件中。该函数有三个重载函数,分别是:

➢ int writeDataSet(DataSet dataSet, int sheetIndex, int rowIndex, int columnIndex)将数据集输出到Excel文件,从指定序号的页(页序号从1开始)和给定的单元格开始。

➢ int writeDataSet(DataSet dataSet, java.lang.String cellName)将数据集输出到Excel文件,从指定完整名称的单元开始,图3-7-17举例说明了单元格的完整名称。

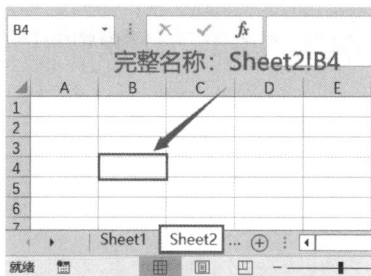

图3-7-17　单元格完整名称示例

➢ int writeDataSet(DataSet dataSet, java. lang. String sheetName, int rowIndex, int columnIndex)将数据集输出到Excel文件,从指定名称的页和给定的单元格开始。

运行模型，结束后打开 pedTrack.xlsx 文件，如图 3-7-18 所示，数据表明，程序开始运行 67 s后有行人进入二层。

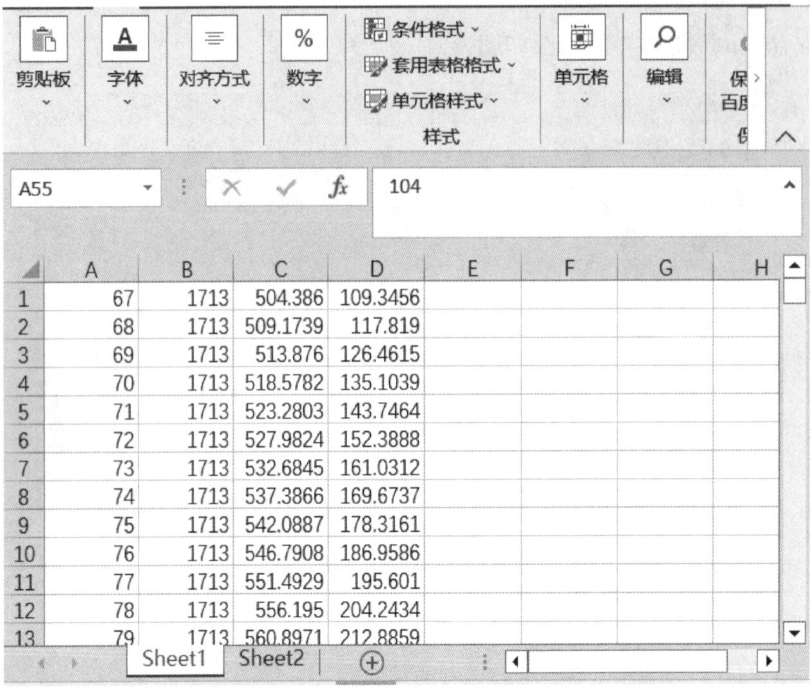

	A	B	C	D
1	67	1713	504.386	109.3456
2	68	1713	509.1739	117.819
3	69	1713	513.876	126.4615
4	70	1713	518.5782	135.1039
5	71	1713	523.2803	143.7464
6	72	1713	527.9824	152.3888
7	73	1713	532.6845	161.0312
8	74	1713	537.3866	169.6737
9	75	1713	542.0887	178.3161
10	76	1713	546.7908	186.9586
11	77	1713	551.4929	195.601
12	78	1713	556.195	204.2434
13	79	1713	560.8971	212.8859

图 3-7-18 结果 Excel 文件示例

3.8 本章小结

本章介绍了“行人库”的使用方法，利用“行人库”面板中的控件进行了多楼层人群疏散模拟仿真。仿真内容是一个循序渐进的过程，本章首先介绍了多楼层、坡道、扶梯组和楼梯的创建方法，其次基于社会力模型，进行了扶梯组、坡道和楼梯的行人运动模拟，最后通过设置突发事件，行人依据最近逃生原则，实现行人疏散模拟和仿真结果处理。

第4章

市政交通仿真实践

交通系统仿真的目的是模拟和预测现实世界中交通流动的变化与演化。由于城市交通系统具有极高的复杂性，单纯的数学模型往往无法精确描述其内在规律，因此，仿真技术成为理解和优化交通系统的有效工具。利用计算机技术进行仿真，可以在不干扰实际交通运行的情况下，研究交通流量、道路设计、交通规则、车辆性能等多种因素对交通系统性能的影响。

交通系统仿真的范围十分广泛，从微观的单车道车辆行驶模型，到中观的城市交通网络模型，再到宏观的区域交通系统模型，都可以通过仿真技术进行分析和预测。不同层次的模型有不同的应用场景和需求，因此需要选择合适的仿真方法和技术。微观仿真主要研究个体车辆的行驶和驾驶行为，中观仿真主要研究城市道路网络的运行状态，宏观仿真则关注整个区域的交通流动和模式。

交通系统仿真的方法和技术主要有以下几种：离散事件仿真、连续仿真、系统动力学仿真、智能体仿真和混合仿真等。离散事件仿真主要用于模拟交通信号灯的控制和车辆的排队行为，连续仿真主要用于模拟车流的连续流动，系统动力学仿真主要用于模拟交通系统的宏观行为，智能体仿真则模拟单个驾驶者或者行人的决策和行为，混合仿真则是上述各种方法的组合，可以综合模拟交通系统的各种行为和现象。

交通系统仿真的应用非常广泛，包括交通设计、交通管理、交通政策制定、交通安全评估、环境影响评估等多个方面。例如，可以通过仿真模拟来评估新的道路设计方案的效果，预测新的交通管理策略对交通流的影响，评估交通事故的风险和可能性，研究车辆排放对环境的影响等。同时，交通系统仿真也在智能交通系统、自动驾驶等新兴领域发挥着重要的作用。

未来，随着计算机技术、数据科学、人工智能等技术的发展，交通系统仿真将会越来越智能、精确和实用。我们可以期待更高效、更智能、更可持续的交通系统，为人类社会带来更大的福祉。

交通系统仿真是一个综合性极强的领域，需要理论知识和实践经验的相互结合。通过仿真技术，我们可以更深入地理解交通系统的内在规律，更有效地解决交通问题，更好地服务社会和人类。

4.1 学习目标

①掌握交通库对象和模块的使用方法。

②掌握行人上下车的方法。

③熟悉Java语言开发软件的流程。

4.2 道路交通库简介

AnyLogic交通库允许用户模拟一系列的交通场景,从简单的车道更改到复杂的城市交通网络,用户可以模拟车辆行驶、停车、等待、绕行等各种行为,以及交通信号、交通标志等控制设备的操作。

交通库提供了一系列预定义的对象和模块,包括道路、车辆、交叉口、停车场、等待区,以及各种交通控制设备。用户可以直接拖曳这些对象到模型中,并设置其属性和行为。例如,可以设置道路的宽度、长度、限速、方向,可以设置交叉口的类型、控制方式,可以设置车辆的类型、行驶速度、行驶路线等。

除了基本的交通模拟功能,AnyLogic交通库还提供了一系列高级功能。例如,用户可以利用路径选择功能,让车辆自动选择最佳的行驶路径。用户可以利用混合流量功能,模拟车辆、行人、自行车等多种交通参与者的交互行为。用户还可以利用统计和分析工具,对模型的运行结果进行详细的统计和分析。

AnyLogic交通库的另一个重要特性是灵活性和可定制性。用户可以通过编程扩展库中的预定义对象和行为,来满足特定的模拟需求。例如,用户可以自定义车辆的行驶和停车行为、交通信号的控制逻辑、道路的使用和拥堵情况等。

在实际应用中,AnyLogic交通库被广泛用于交通工程、城市规划、物流系统设计、交通政策评估等多个领域。通过仿真模拟,用户可以预测新的交通设施或政策对交通流的影响,评估交通拥堵的程度和原因,优化交通网络的设计和运行,提高交通系统的效率和安全性。

总的来说,AnyLogic交通库是一个强大而灵活的工具,它可以帮助用户理解和解决复杂的交通问题。通过交通库,用户可以构建详细和真实的交通模型,进行深入的分析和优化,为交通系统的设计和管理提供科学的决策支持。

道路交通库的空间标记和模块如图4-2-1所示。

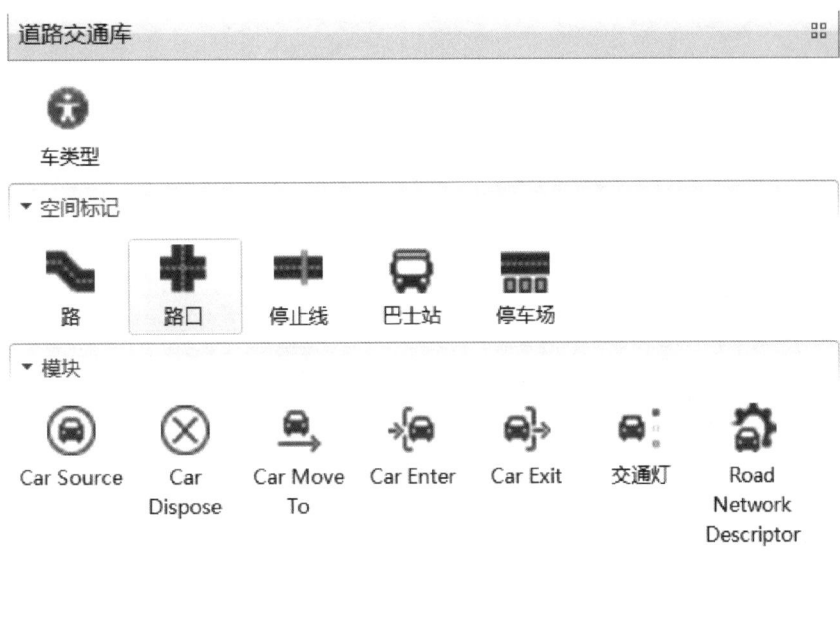

图4-2-1 道路交通库

道路交通库的各模块名称和相关描述见表4-2-1。

表4-2-1 道路交通库模块

模块名称	描述
Car Source	生成车辆并将它们放置到路网中的指定位置
Car Dispose	从模型中移除车辆
Car Move To	模块控制车辆移动
Car Enter	取走车辆智能体并尝试将车辆放入路网中的指定位置
Car Exit	从路网中移除车辆并传递车辆智能体到普通的流程建模库流程图,从而进入延迟、队列、决策等流程
交通灯	模拟交通灯
Road Network Descriptor	开发者可以控制位于路网中的所有车辆

4.3 道路和建筑建模

4.3.1 新建模型

单击菜单栏中的"文件"选项卡,选择"新建"下的"模型",将模型名称改为"市政交通和行人仿真",模型时间单位设置为"秒",完成模型创建,如图4-3-1所示。

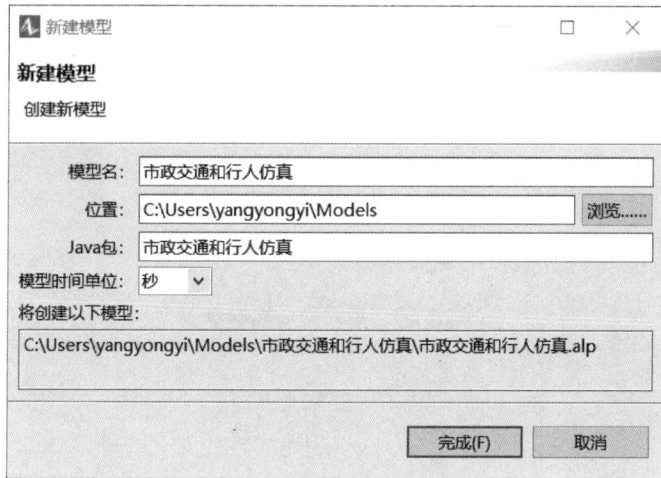

图4-3-1 新建模型对话框

4.3.2 道路建模

选择面板视图中的"道路交通库",双击"路",采用在图形编辑器绘制道路中心线的方式生成水平道路,如图4-3-2所示。

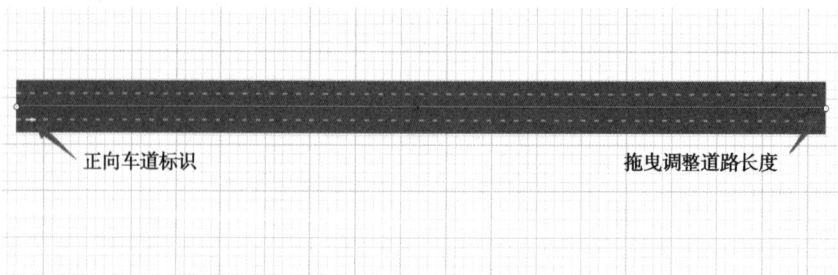

图4-3-2 创建水平道路

可以在道路的属性中修改道路的参数,如图4-3-3所示。

图4-3-3　道路属性

同理,创建竖向道路,形成丁字路口,如图4-3-4所示,创建竖向道路时应将道路的拓展点与水平道路的中心线重合。

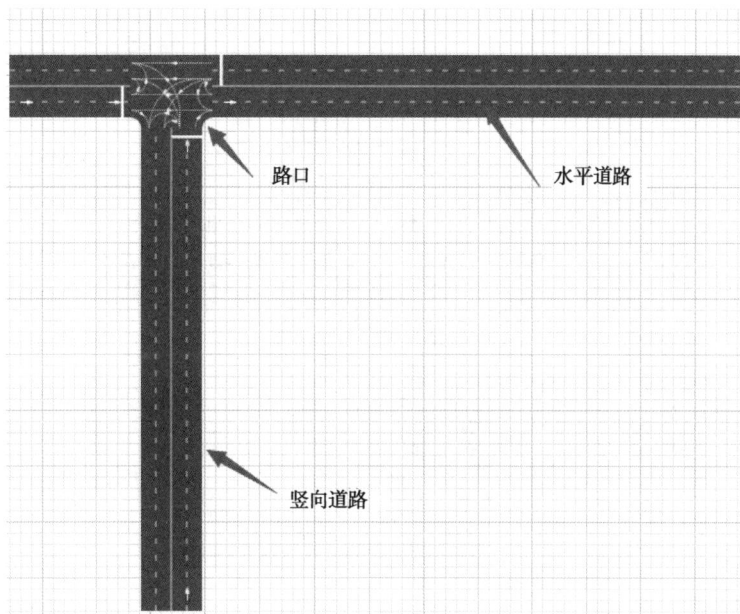

图4-3-4　创建丁字路口

在图形编辑器中,单击鼠标选择"路口",再单击选择指定车道标识,修改该车道的车辆行驶路径规则,如图4-3-5所示的车道只能右转弯(带箭头的白色实线),您可以点击虚线激活相应的车辆行驶规则。

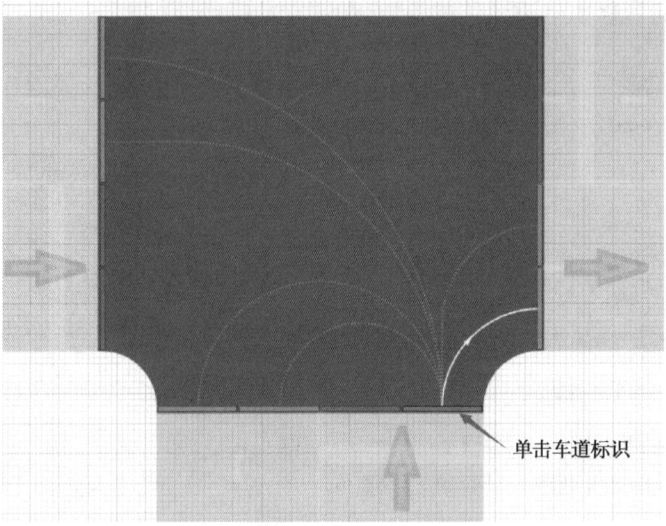

单击车道标识

图4-3-5 修改指定车道的车辆行驶规则

选择面板视图中的"道路交通库",拖曳"路口",放置在水平道路的中心线末端,实现车辆调头,如图4-3-6所示。

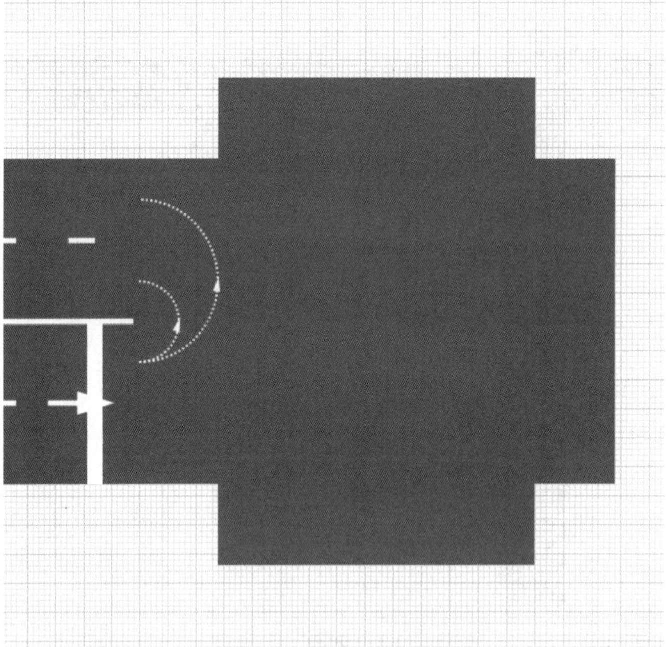

图4-3-6 路口实现车辆调头

道路和车道的编号说明,如图4-3-7所示。

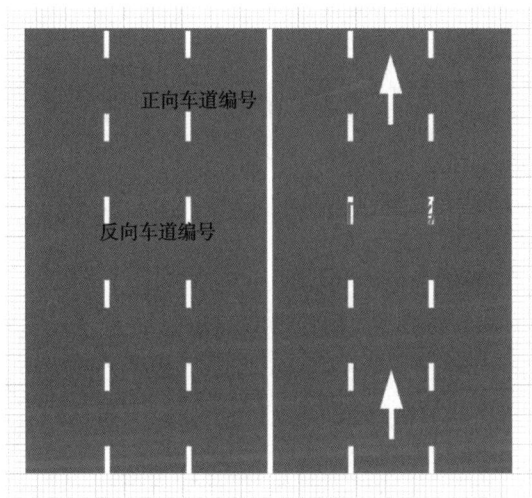

图 4-3-7　道路和车道编号说明

☆ 操作小技巧

您在绘制道路时,按住鼠标左键不放,移动鼠标可以绘制曲线道路,如图 4-3-8 所示。

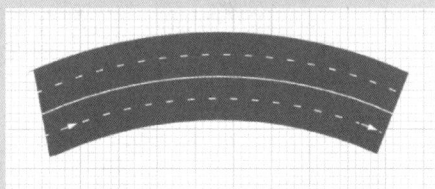

图 4-3-8　绘制曲线道路

4.3.3　停车场建模

选择面板视图中的"道路交通"库,拖曳"停车场"放置在道路的指定位置上,生成停车场,修改停车场的类型为"垂直",如图 4-3-9 所示。

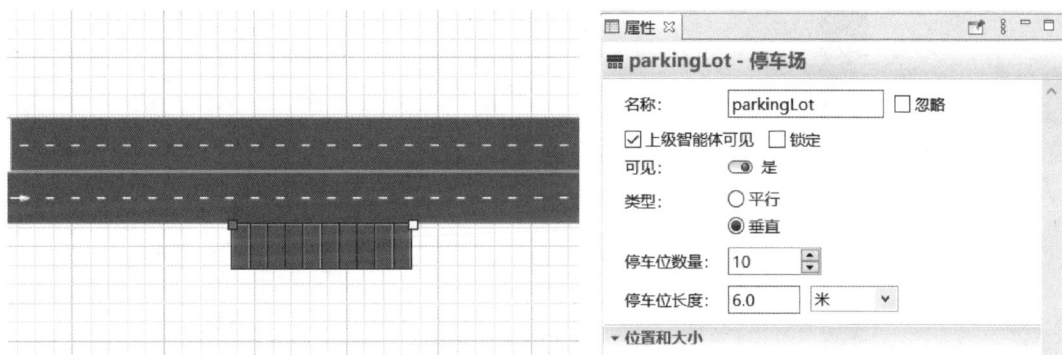

图 4-3-9　创建停车场

☆操作小技巧

選择要重複創建的停車場,按住Ctrl鍵不放,拖曳複製停車場到道路的指定位置。

4.3.4　公交站建模

选择面板视图中的"道路交通库",拖曳"巴士站"放置在道路的指定位置,生成公交站,修改停车场的类型为"垂直",如图4-3-10所示。

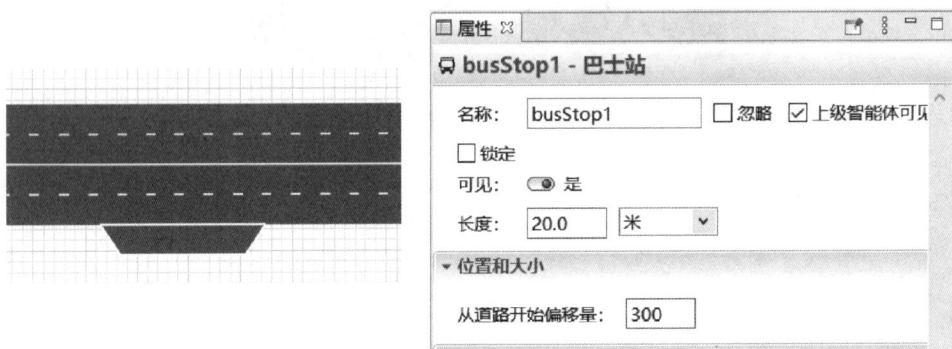

图4-3-10　创建公交站

4.3.5　商场建模

选择面板视图中的"行人库",根据第3章的知识,创建商场的矩形外轮廓,如图4-3-11所示。

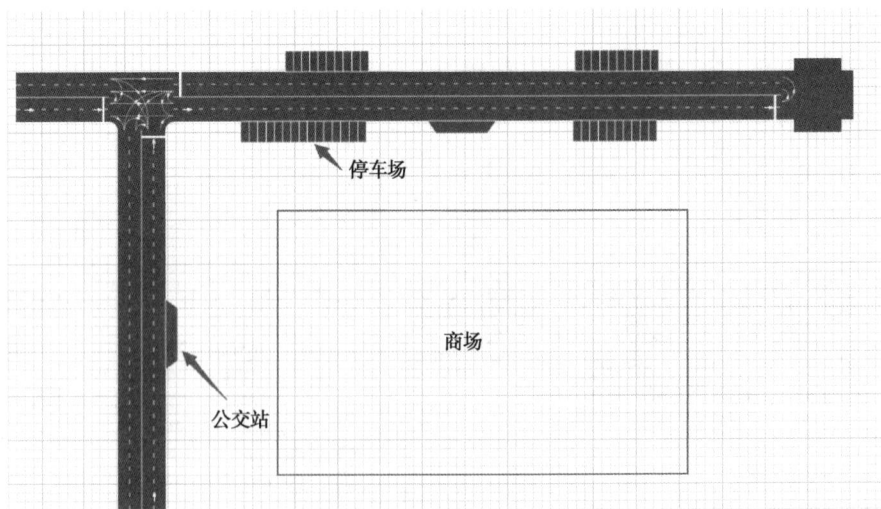

图4-3-11　创建商场的矩形外轮廓

4.4　创建小汽车和行人逻辑模型

本小节您将学习以下内容：

①创建车辆。

②汽车开往停车场。

③汽车下客。

④行人通过无信号灯的人行道。

⑤行人通过有信号灯的路口。

4.4.1　创建车辆和行人智能体类型

双击工程视图的"Main"节点，打开Main图形编辑器，选择面板视图中的"道路交通库"，拖曳"车类型"，放置在图形编辑器上，创建新的Car智能体类型，工程视图的结构树中会自动创建新节点"Car"，如图4-4-1所示。

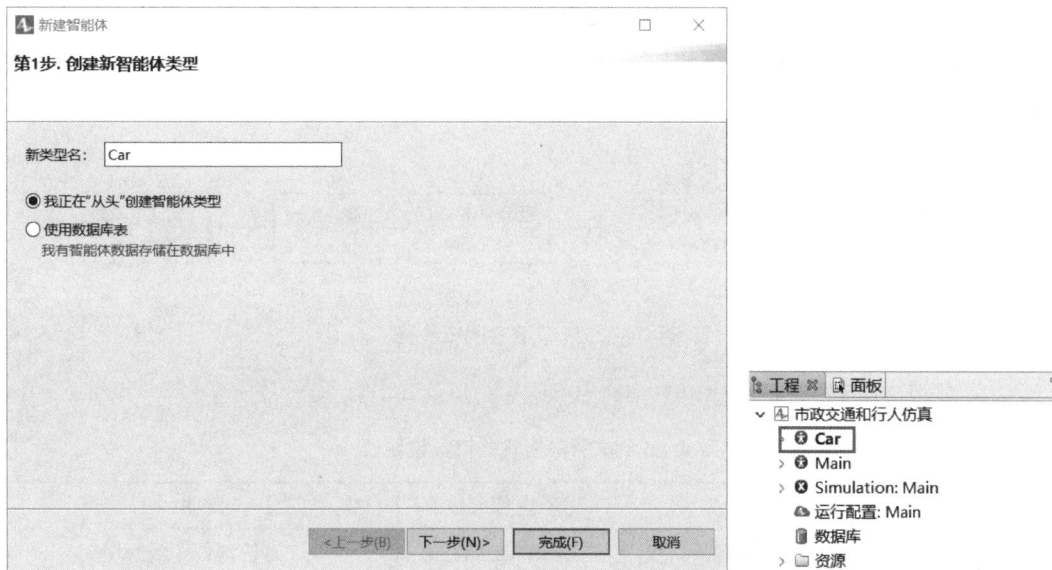

图4-4-1　创建新的Car智能体类型

根据第3章所学的知识，在"行人库"中创建新的行人智能体类型，如图4-4-2所示。

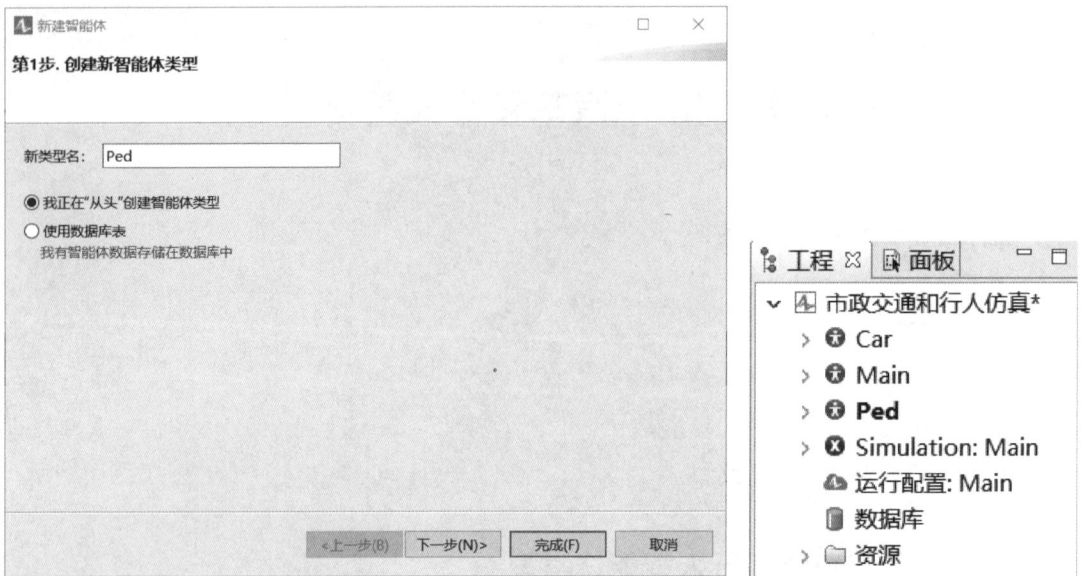

图 4-4-2　创建新的行人智能体类型

4.4.2　汽车开往停车场

本例要实现的逻辑流程如图 4-4-3 所示,行驶的车辆通过函数 getParking 获取并行驶到当前有空余车位的停车场,添加指定停车场的车辆记录,在停车场下客,离开停车场时移除车辆记录。

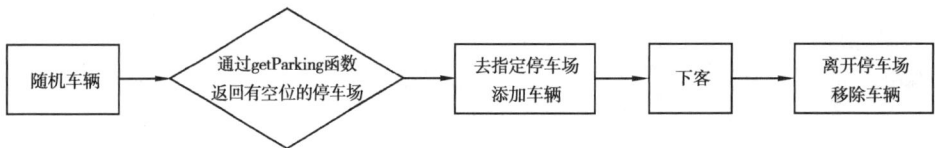

图 4-4-3　汽车下客逻辑流程

为了实现该流程,需要创建以下集合和智能体,见表 4-4-1。

表 4-4-1　本例需创建的对象说明表

对象	类型	对象内部参数	说明
colParkingLot	集合	ParkingLot	管理停车场
Parking	智能体	num	指定停车场的停车位个数
		parkingIndex	指定停车场序号
		parkingLot	指定停车场对象
		colCar	指定停车场的汽车集合
Car	智能体类型	park	汽车所在的停车场智能体对象

本例需创建的函数说明见表 4-4-2。

表 4-4-2　本例需创建的函数说明表

函数名称	说明
initParking	根据停车场集合初始化停车场智能体对象
getParking	获取有空余车位的停车场

(1)创建停车场集合

本例创建了 4 个停车场,此处采用集合的方式实现对停车场的统一管理。选择面板视图中的"智能体库",拖曳"集合"到 Main 图形编辑器中,创建停车场集合,修改停车场集合属性,如图 4-4-4 所示。

图 4-4-4　创建停车场集合

(2)创建停车场智能体群

创建停车场智能体,选择面板视图中的"智能体库",拖曳"智能体"到 Main 图形编辑器中,新类型名为"Parking",选择动画为"无",创建停车场智能体群,如图 4-4-5 所示。

图 4-4-5　创建停车场智能体群

选择面板视图中的"智能体库",分别拖曳"参数""变量""集合"到 Parking 智能体类型的图形编辑器上,创建内部对象,如图 4-4-6 所示。

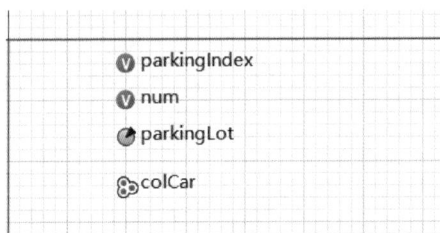

图 4-4-6　Parking 智能体类型内部对象

这里要说明的是,参数与变量在对象定义和使用角度没有差别,参数可以在智能体属性中显示,变量则不可以。如图 4-4-7 所示,Parking 智能体类型中定义的 parkingLot 参数可以在属性窗口显示和修改。

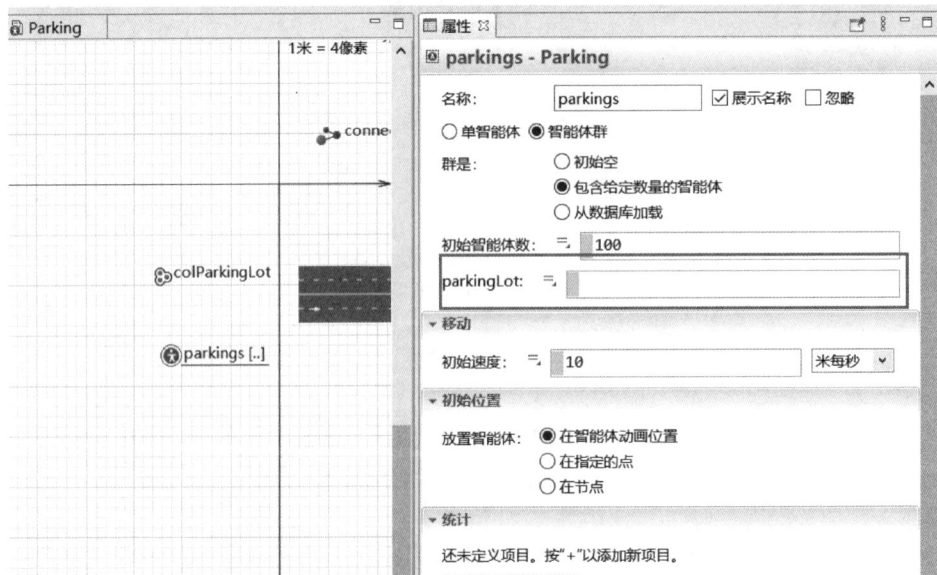

图 4-4-7　参数的显示和修改

(3)添加Car智能体类型的Parking类型变量

双击工程视图的"Car"节点,打开Car智能体类型,添加Parking类型变量park,用于记录汽车所在的Parking,如图4-4-8所示。

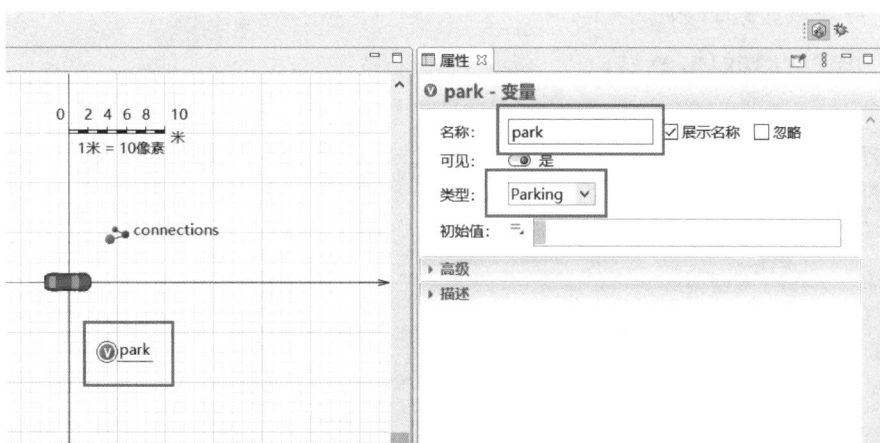

图4-4-8 添加Car智能体类型的Parking类型变量

(4)创建initParking函数

选择面板视图中的"智能体库",分别拖曳"函数"到Main智能体类型的图形编辑器上,创建initParking函数,将停车场集合colParkingLot写入parkings对象,如图4-4-9所示。

图4-4-9 initParking函数定义

```
for(int i=0;i<colParkingLot.size();i++)
{
```

```
//按照序号获取停车场
Parking pa =add_parkings(colParkingLot.get(i));
//获取到指定序号停车场空闲的车位数量
pa.num=colParkingLot.get(i).getFreeSpaceIndexes().length;
//获取到停车场序号
pa.parkingIndex=i;
}
```

程序启动时应进行parkings的初始化,因此在Main智能体类型启动时需调用initParking函数,如图4-4-10所示。

图4-4-10　Main智能体类型启动设置

(5)创建getParking函数

选择面板视图中的"智能体库",分别拖曳"函数"到Main智能体类型的图形编辑器上,创建getParking函数,获取当前有空余车位的停车场智能体(Parking),通过停车场智能体(Parking)中的停车场(parkingLot)对象参数获取空闲的停车场,通过属性界面将getParking函数的返回值类型设置为"Parking",如图4-4-11所示。

```
List<Parking> listParking=new ArrayList<Parking>();
for(int i=0;i<parkings.size();i++)
{
  Parking pa=parkings.get(i);
```

```
  if(pa.colCar.size()<pa.num)
    listParking.add(pa);
}

if(!listParking.isEmpty())
{
  return randomFrom(listParking);
}
else
  return null;
```

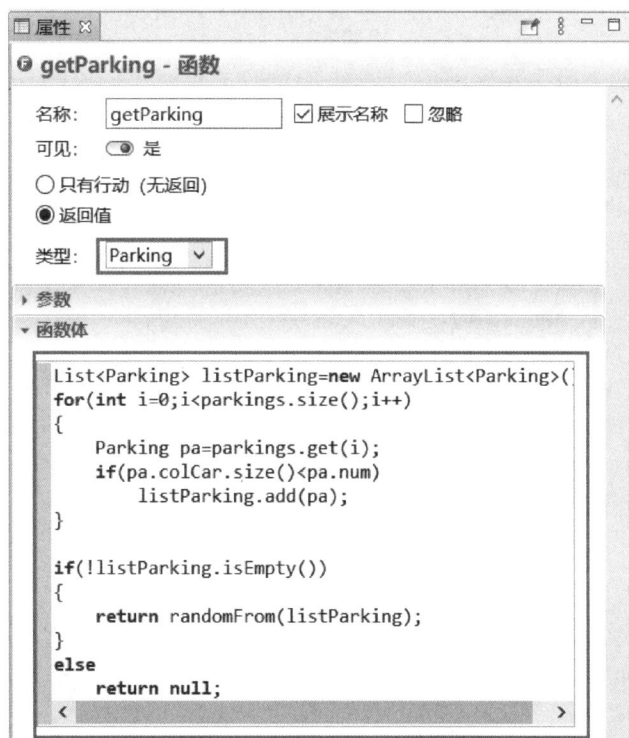

图4-4-11　getParking函数定义

　　该函数形成有空余停车位的停车场智能体集合 listParking，并用 randomFrom 函数从集合中随机返回停车场智能体(Parking)，当停车场全满时则返回 null。

(6)创建逻辑模型

　　创建如图4-4-12所示的逻辑模型，其中 selectOutput 和 delay 对象从流程建模库创建。

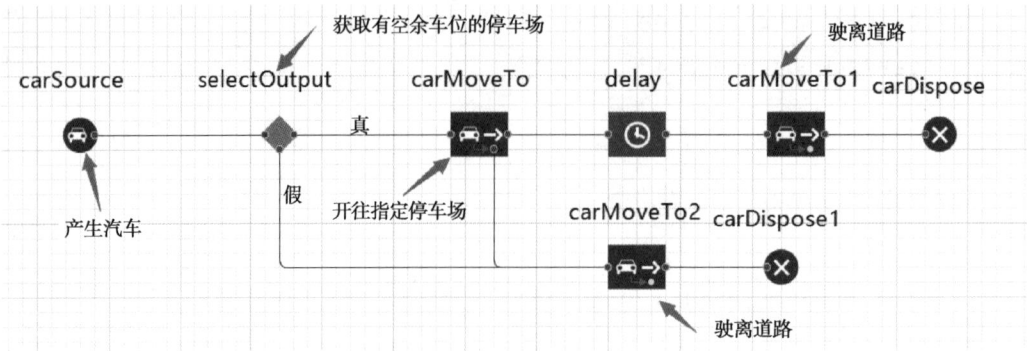

图 4-4-12　车辆逻辑模型

➤ carSource 对象：将车选择为 Car 智能体类型，汽车出现在道路的正向车道（随机车道），如图 4-4-13 所示，当然您也可以指定车道，如图 4-4-14 所示。

图 4-4-13　carSource 对象属性

图 4-4-14　指定车道

➤ selectOutput 对象：将"选择真输出"设置为"如果条件为真"，当 getParking 函数获取的 Parking 对象不为 null 时，则将获取的 Parking 对象赋值给 car 的 park 变量，同时添加 car 到停车场（Parking 类型）的 colCar 集合，代码中的 agent 是 Car 类型对象，如图 4-4-15 所示。

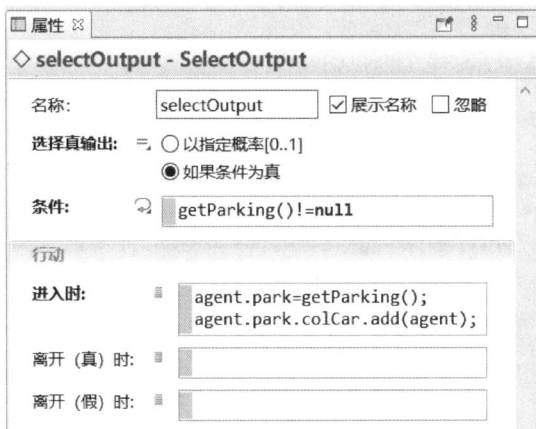

图4-4-15　selectOutput对象属性

☆操作小技巧

查看当前可使用的对象,并通过代码提示判断相应的对象类型,如图4-4-16所示。

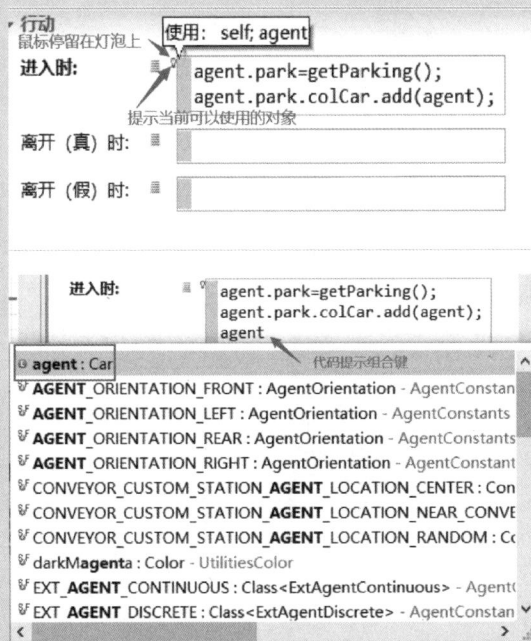

图4-4-16　对象类型判断示意

➢ carMoveTo对象:将汽车移动到之前指定的停车场,如图4-4-17所示。

图4-4-17　carMoveTo对象属性

➤ carMoveTo1对象：汽车驶离停车场，从指定停车场的汽车集合中移除该汽车，如图4-4-18所示。

图4-4-18　carMoveTo1对象属性

4.4.3　汽车下客

在上小节的学习中，我们完成了车辆开往停车场的逻辑模型，本小节将学习如何在之前的逻辑模型基础上实现汽车下客，完成后的逻辑模型如图4-4-19所示。

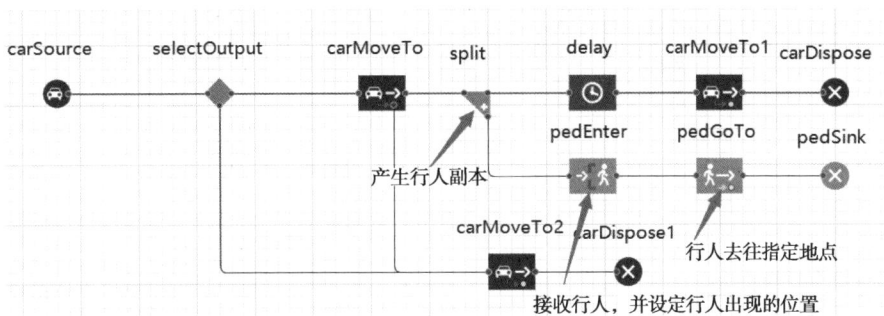

图 4-4-19 汽车下客逻辑模型

(1)设置行人的目的地

在商场外部绘制一条目标线,作为行人的目的地,如图4-4-20所示。

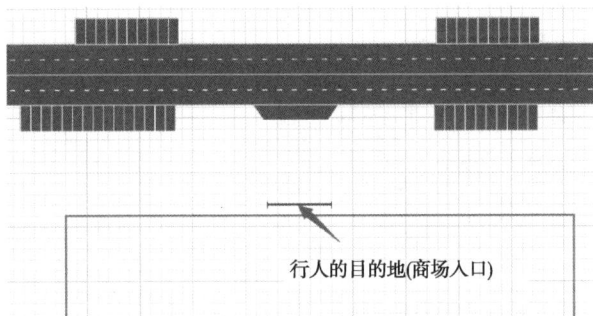

图 4-4-20 设置行人的目的地

(2)添加Ped智能体类型参数

行人从车辆下车,为了获取行人下车的位置参数,需要记录行人所在的车辆对象,打开Ped智能体类型图形编辑器,添加类型为"Car"的"car"参数,如图4-4-21所示。

图 4-4-21 添加类型为"Car"的"car"参数

(3)产生行人副本

选择面板视图中的"流程建模库",添加"split⬚"模块到carMoveTo后,在汽车到达指定停车位时下客,如图4-4-22所示。

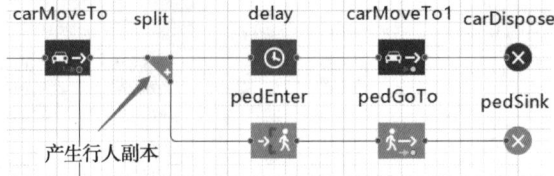

图 4-4-22　添加 Split 模块

Split 模块为每个进入的智能体("原件")创建一个或几个其他智能体并通过 outCopy 端口输出它们。创建的新智能体具有副本、同胞等意思,且可以是任意类型。

设置 Split 模块属性,将新智能体类型设置为"Ped",利用随机函数 uniform_discr 产生下客人数,并在行人离开时将车辆对象赋值给 Ped 智能体的 car 参数,如图 4-4-23 所示。

图 4-4-23　Split 模块属性

(4)注入行人到仿真环境

选择面板视图中的"行人库",添加"Ped Enter"模块到逻辑模型,接收汽车生成的行人。Ped Enter 模块的作用是接收其他地方(例如,在某个其他行人流程图行人通过 PedExit 模块离开)生成的行人,并在指定的位置注入行人到仿真环境。

打开 pedEnter 的属性,修改的行人出现在"点(x,y)",通过获取行人所在汽车的停靠位置,得到行人的出现地点,如图 4-4-24 所示。

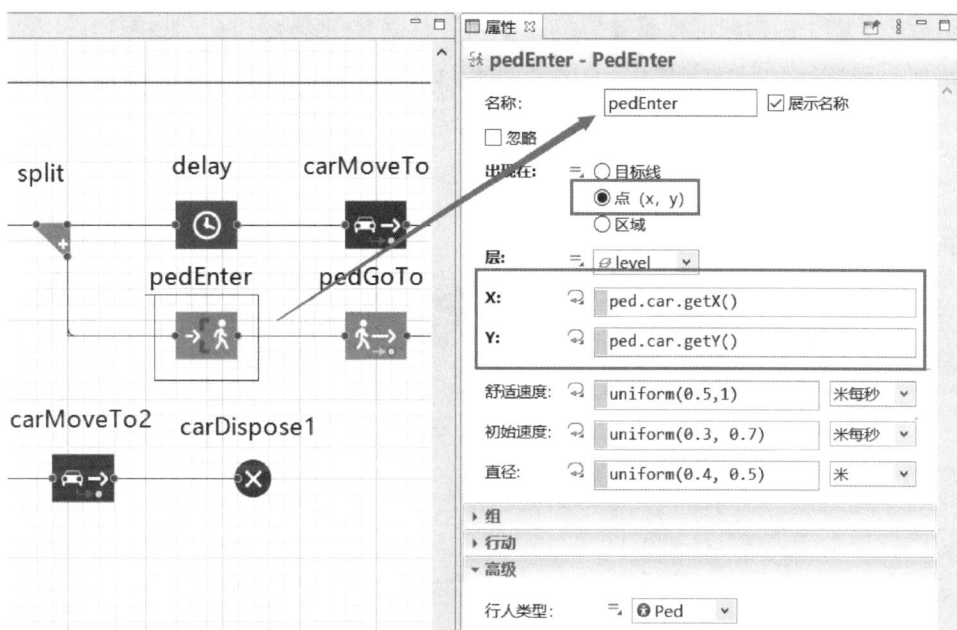

图4-4-24　pedEnter属性定义

（5）设置行人的目的地

选择面板视图中的"行人库"，添加"pedGoTo"模块到逻辑模型，目标线设置为"targetLine"。
运行模型，可能会出现如图4-4-25所示的运行错误提示。

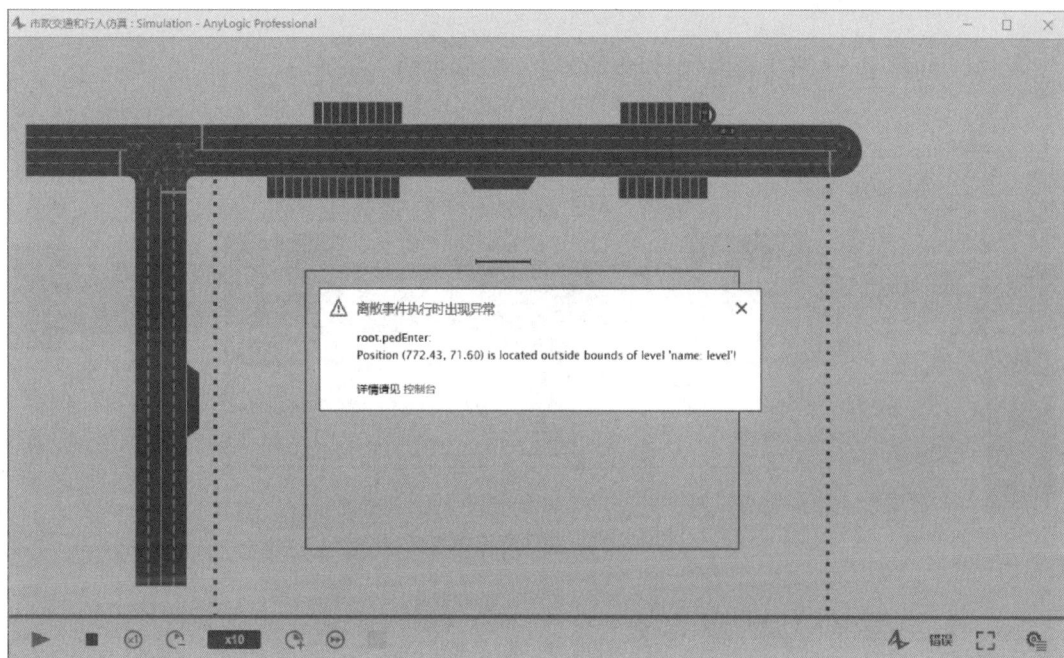

图4-4-25　运行错误提示

该错误是由于车辆的位置超过了level层的运行范围,通常采用在图形编辑器中适当位置创建面板视图"空间标记"库的"点节点"的方法来扩大level层的运行范围,如图4-4-26所示。

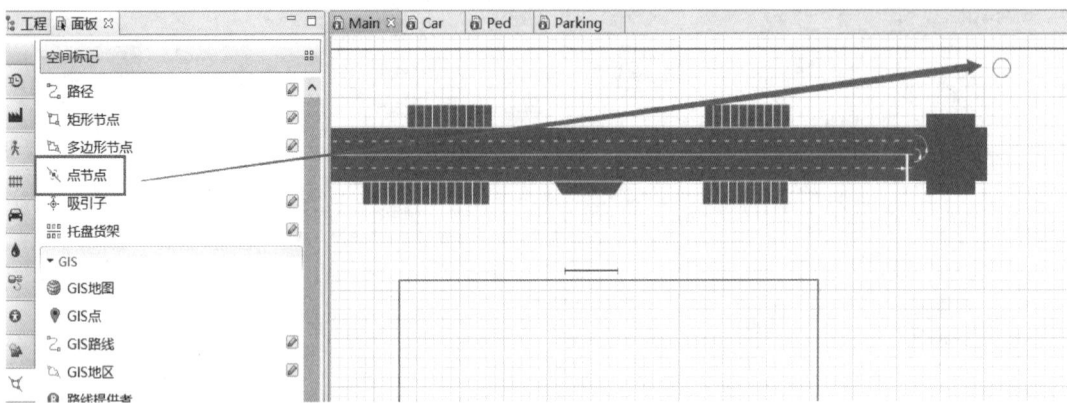

图4-4-26　创建"点节点"扩大level层示意

4.4.4　行人通过无交通灯的人行道

在上小节逻辑模型的基础上,本小节将学习不同停车场的客人沿各自路径通过无交通灯的人行道进入商场。

(1)创建空间标记

在"行人库"和"道路交通库"中创建如图4-4-27所示的空间标记。

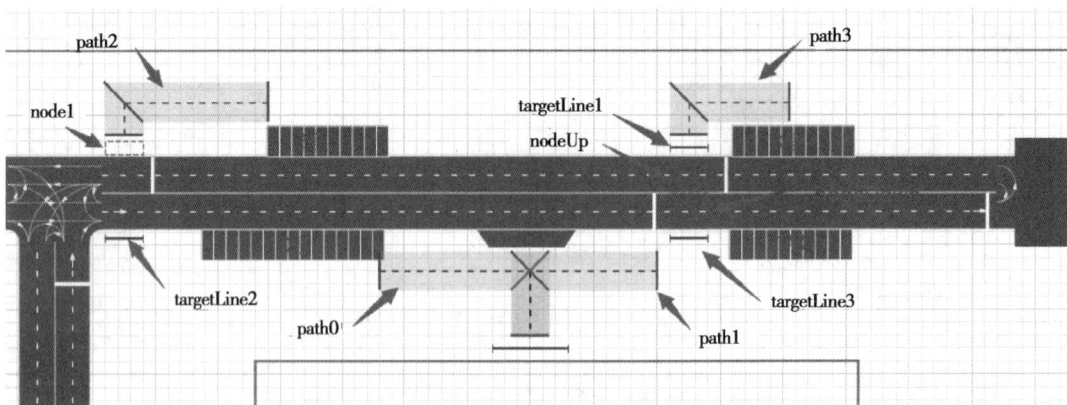

图4-4-27　空间标记命名图

(2)设定不同停车场的行人路径

本例有4个停车场,其中0号停车场和1号停车场行人分别沿指定路径进入商场,2号停车场行人经过灯控人行横道通过路口,3号停车场行人经过无灯控人行横道通过路口。

此处用到了"流程建模库"中的"SelectOuput5"模块。该模块有1个入口和5个出口可以使用,如图4-4-28所示。

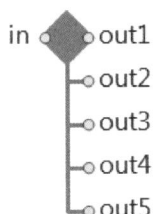

图4-4-28　SelectOutput5端口说明

在pedEnter对象后插入"SelectOuput5"模块,采用设置各出口条件的方式控制各停车场行人的走向,如图4-4-29所示。

图4-4-29　分支控制代码图

(3)补充分支逻辑模型

各停车场(2号停车场除外)行人的逻辑模型如图4-4-30所示。

(4)行人通过无灯控人行道逻辑

原理:矩形节点作为行人通过区域,行人集合用来存储矩形节点内的行人,行人进入或离开矩形节点时,添加或移除当前行人,通过改变StopLine对象的信号类型实现车辆的停止或运行,人行道模型如图4-4-31所示,实现流图如图4-4-32所示。

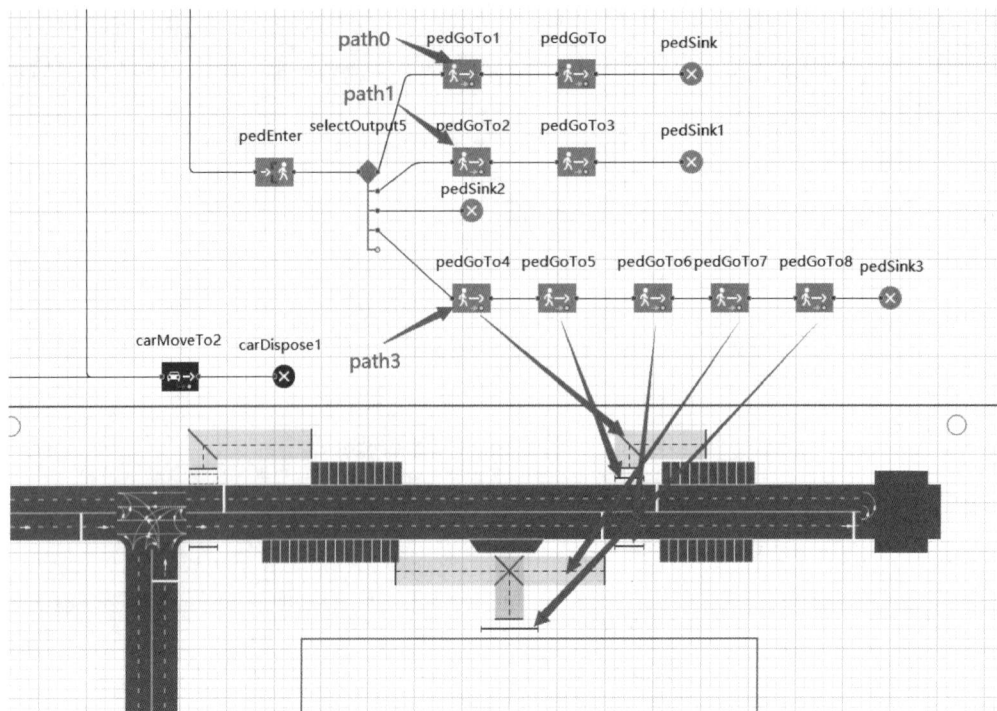

图 4-4-30　各停车场行人逻辑模型

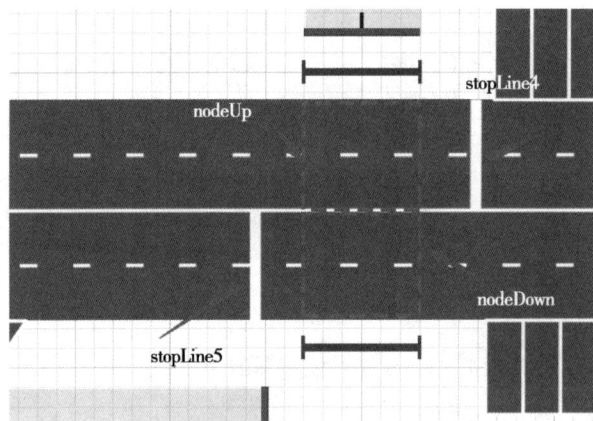

图 4-4-31　人行道模型

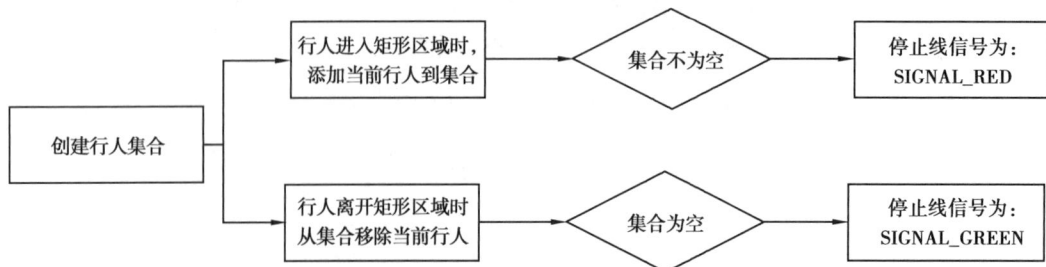

图 4-4-32　行人通过无灯控人行道流程图

选择"智能体库"分别创建行人集合 colPedUp 和 colPedDown，用于存储 nodeUp 和 nodeDown 节点内当前行人集合，如图 4-4-33 所示。

图 4-4-33　行人集合定义

修改矩形节点的属性，填写进入和离开矩形节点时的事件响应函数代码，如图 4-4-34 所示。

图 4-4-34　修改矩形节点属性

4.4.5　行人通过有交通灯的路口

（1）创建空间标记

创建如图4-4-35所示的空间标记，行人沿path2路径进入等候区域node1，根据信号灯指示通过路口，其中停止线stopLine2由路口标记自动生成，您可以根据需要调整其位置。

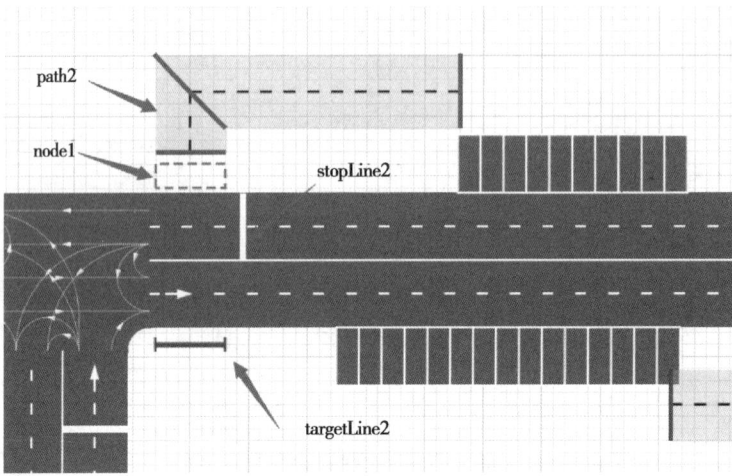

图4-4-35　行人通过路口标记

（2）添加交通灯

拖曳面板视图中的"道路交通库"的"交通灯"模块到图形编辑器，创建交通灯对象，定义模型为"路口的停止线"，选择路口对象，并根据需要修改交通灯停止线、灯类型、时间长度等定义，如图4-4-36所示。

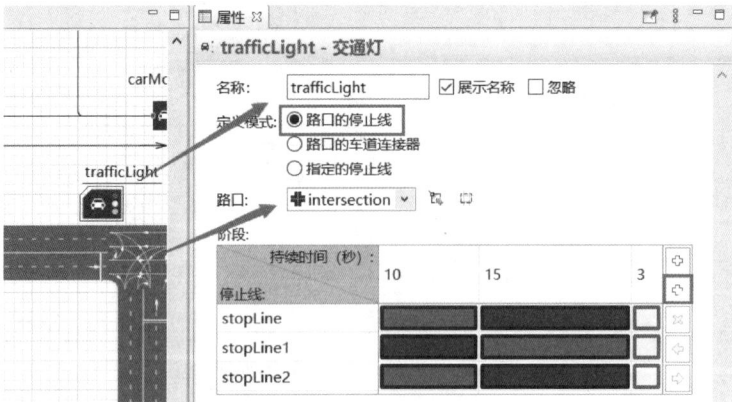

图4-4-36　交通灯定义

(3)创建行人过路口逻辑模型

我们细化上小节2号停车场下客逻辑模型,行人下车后将沿路径前往路口等待区域通过路口,经过路口后沿指定路径进入商场,如图4-4-37所示。

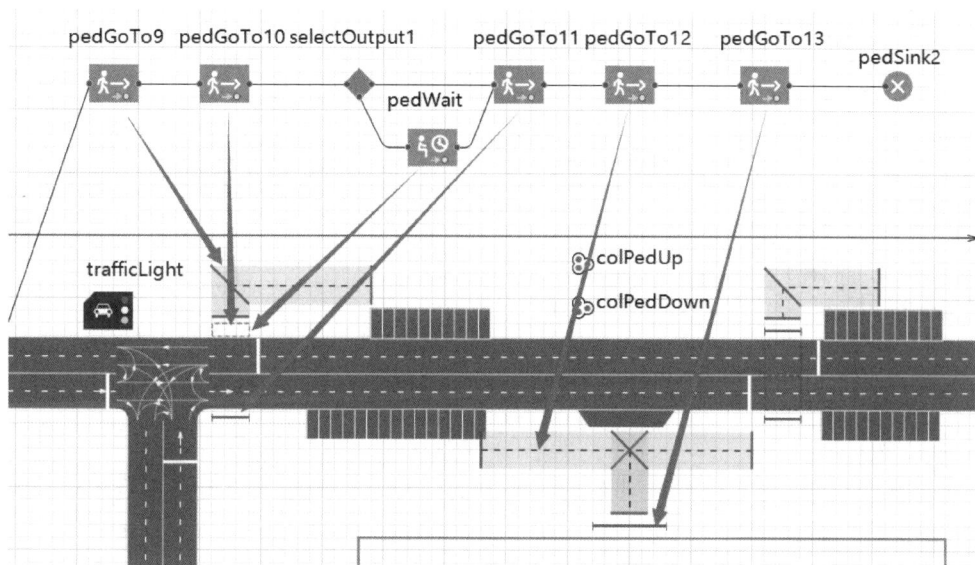

图4-4-37　行人过路口逻辑模型

selectOutput1对象根据交通灯信号判断行人能否通过路口,如图4-4-38所示。

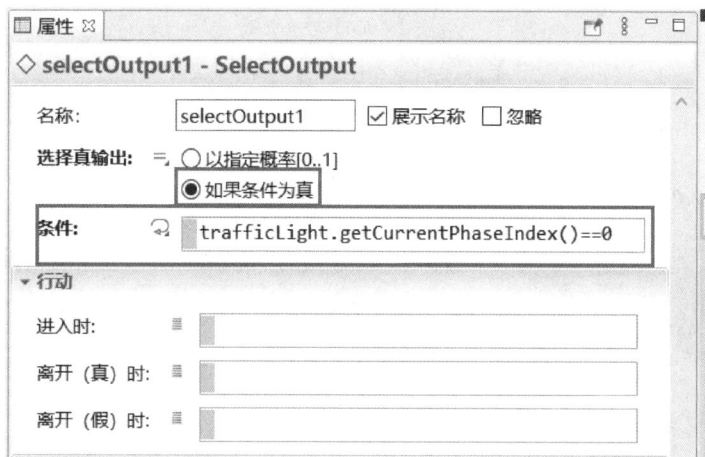

图4-4-38　selectOutput1属性定义

当交通灯信号引导stopLine2为红灯时,行人通过路口。而当stopLine2为绿灯或黄灯时,行人需要进入等待区域,直到调用free()函数后,行人才能通过路口,如图4-4-39所示。

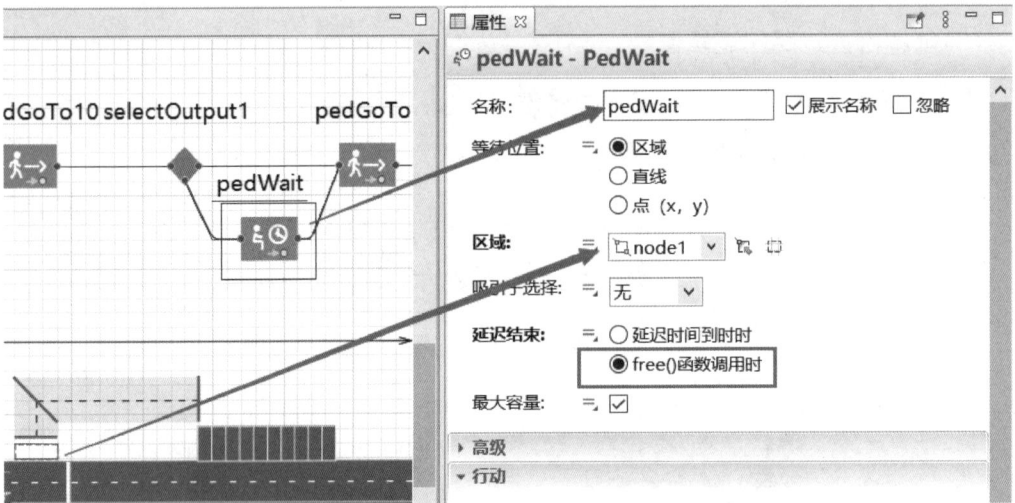

图 4-4-39　pedWait 属性定义

(4)创建激发事件

行人进入等待区域后需要事件来触发 pedWait 的 free()函数。拖曳面板视图中"智能体库"的事件组件,创建事件。该事件采用循环模式,当复发时间到时,如果交通灯为红色,则释放等待区域的行人通过路口,如图 4-4-40 所示。

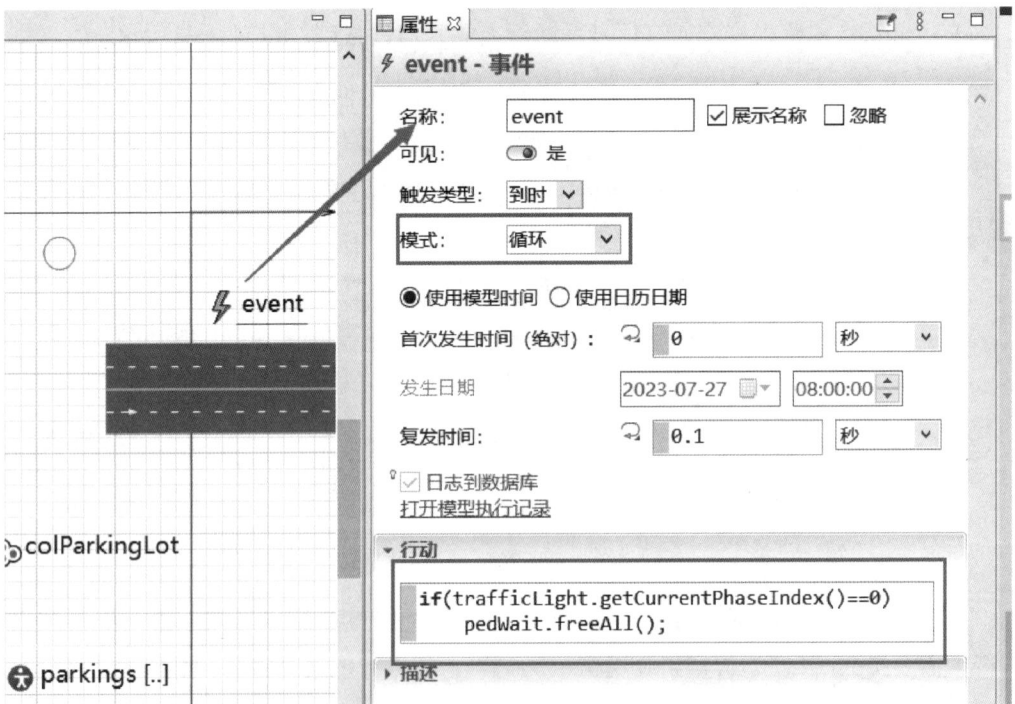

图 4-4-40　事件属性定义

4.5 公交车模型应用

本小节您将学习以下内容：

①创建多样式车辆。

②公交车到达通过定义。

③公交车上下客。

④公交车次和行人匹配。

⑤行人去停车场乘车。

4.5.1 创建公交车智能体类型

(1)创建新的公交车智能体类型

双击工程视图中的"Main"节点，打开 Main 图形编辑器，选择面板视图中的"道路交通库"，拖曳"车类型"，放置在图形编辑器上，修改新类型名为"Bus"，选择智能体动画"Bus_1"，创建新的 Bus 智能体类型，工程视图的结构树中会自动创建新节点"Bus"，如图 4-5-1 所示。

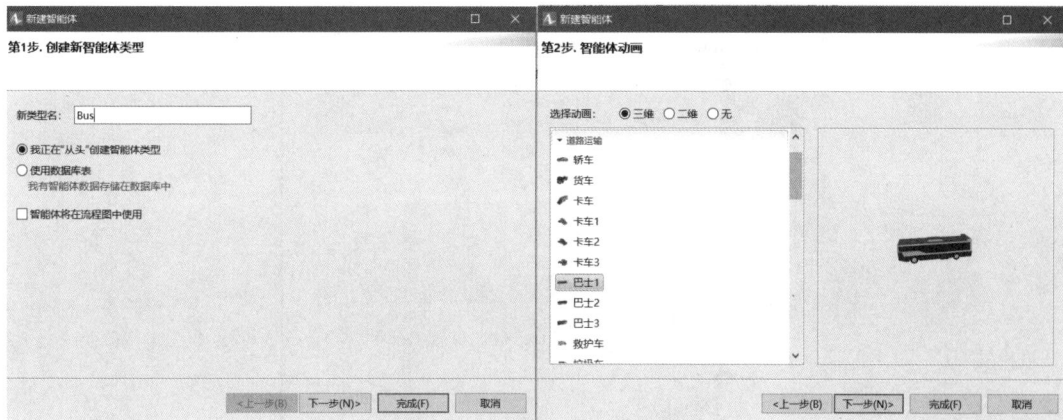

图 4-5-1　创建新的 Bus 智能体类型

(2)添加公交多种三维物体

在这里我们将 Bus 智能体类型的智能体动画样式定义为"Bus_1"，下面将介绍如何随机生成多种样式的公交车。首先打开 Bus 智能体类型的图形编辑器中，拖拉面板视图的"三维物体"库中的"Bus_2"和"Bus_3"到图形编辑器中，如图 4-5-2 所示，工程结构树中也会增加相应的三维物体节点，如图 4-5-3 所示。其次将 Bus_1、Bus_2 和 Bus_3 的可见性设置为"否"，如图 4-5-4 所示。最后在启动智能体类型时再选择其中一个样式进行显示。

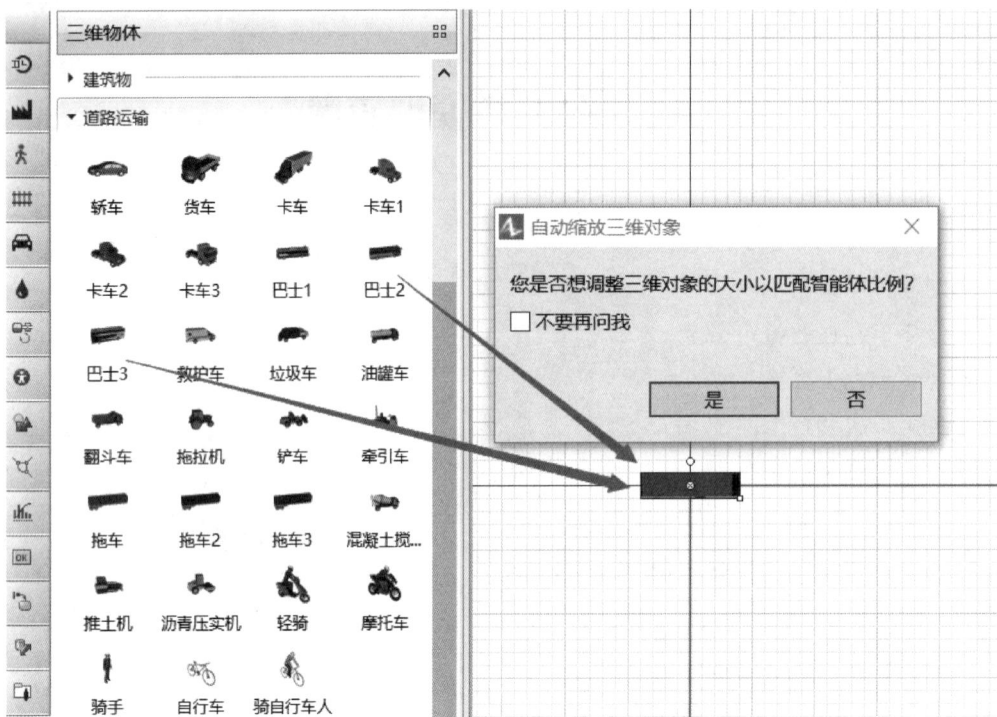

图 4-5-2　拖拉创建公交车三维物体

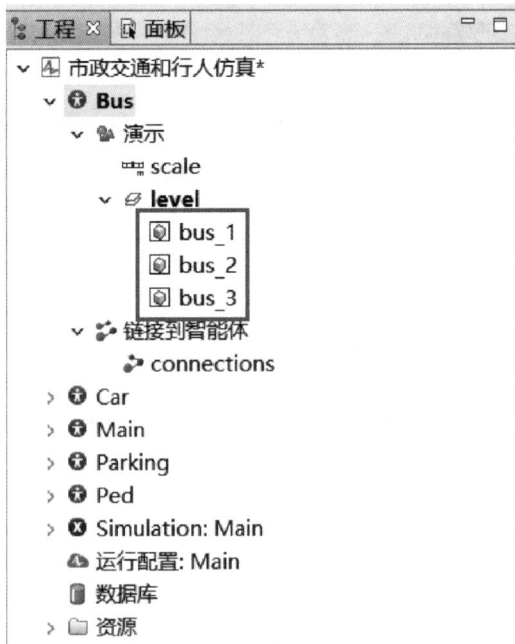

图 4-5-3　公交车三维物体节点

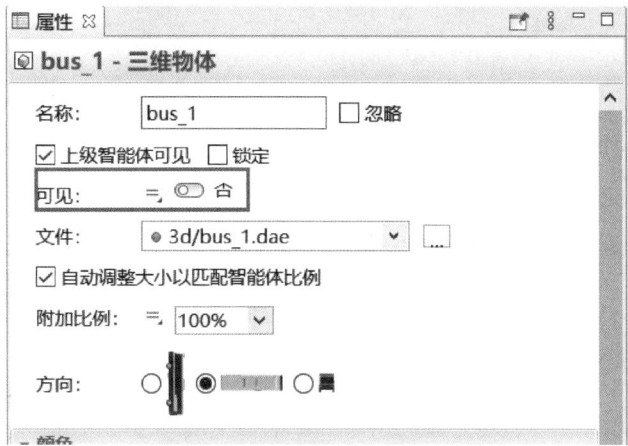

图4-5-4　三维物体可见性设置

(3)创建三维物体集合

创建Bus智能体的三维物体集合对象,用于管理公交车的三维样式,如图4-5-5所示。

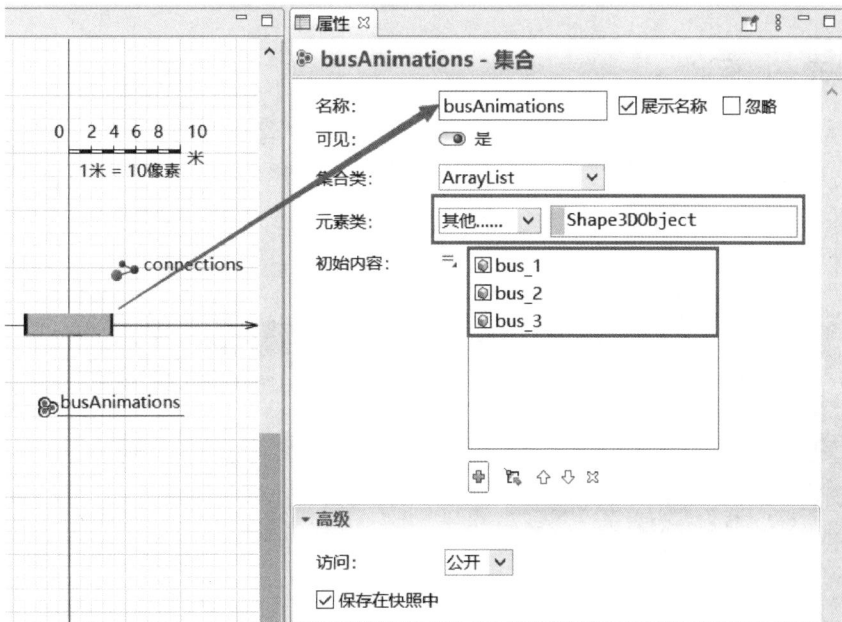

图4-5-5　创建公交车三维物体集合

(4)填写智能体类型启动代码

这里采用随机函数randomFrom,从集合中随机选择一个三维样式进行显示,如图4-5-6所示。

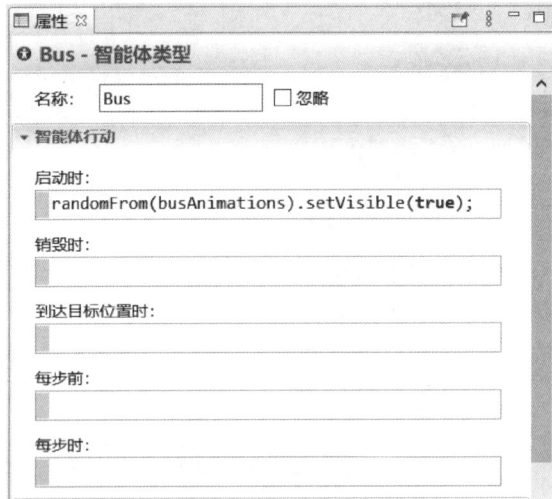

图4-5-6　Bus智能体类型启动代码

4.5.2　创建公交车逻辑模型

(1)补充空间标记

　　行人从商场出口前往公交站等候公交车,公交车从竖直道路的正向车道出发前往公交站,以车次和行人匹配的规则接乘客上车,公交车继续前往水平道路的公交站下客,公交车驶离道路。按照图4-5-7所示,补全本例的所有空间标记。

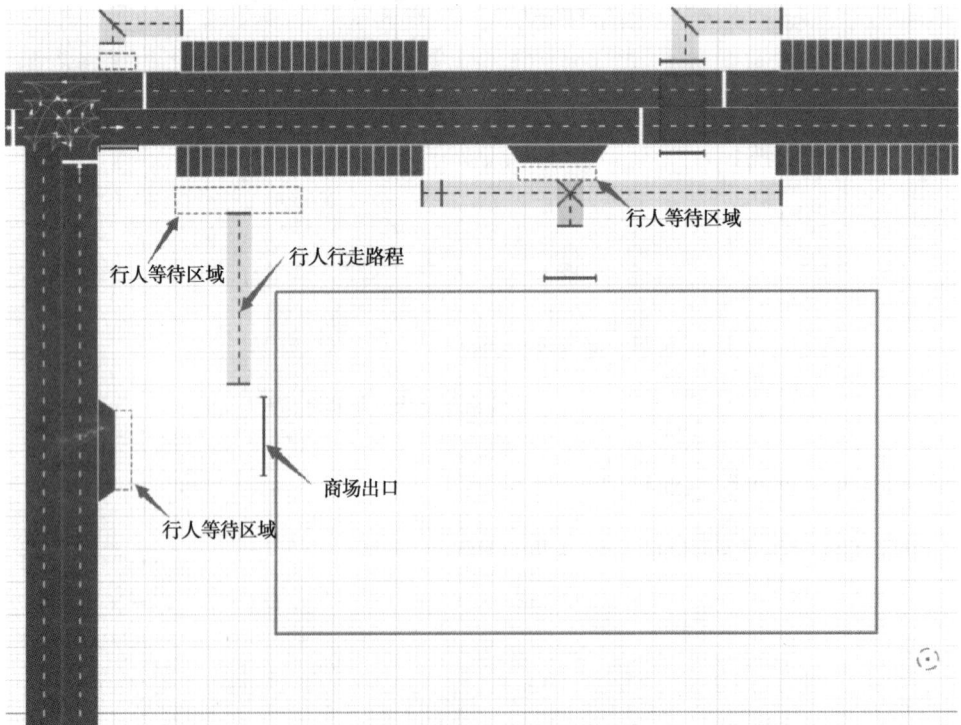

图4-5-7　本例的所有空间标记图

(2)创建初步的公交行驶逻辑模型

创建如图 4-5-8 所示的公交行驶逻辑模型,该模型实现了公交车辆的出发、停靠站台、等待、驶离站台和驶离道路等基本逻辑。

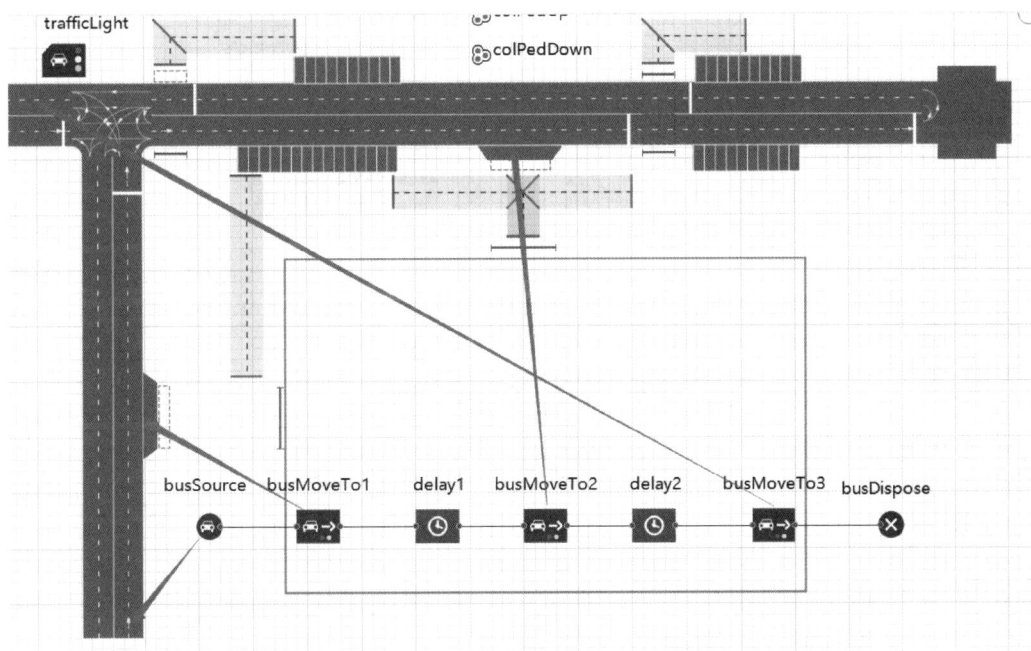

图 4-5-8　初步的公交行驶逻辑模型

(3)公交车出发定义

AnyLogic 提供了 6 种车辆的到达通过定义方式,包括速率、间隔时间、数据库中的达到表、速率时间表、到达时间表和 inject( )函数调用。

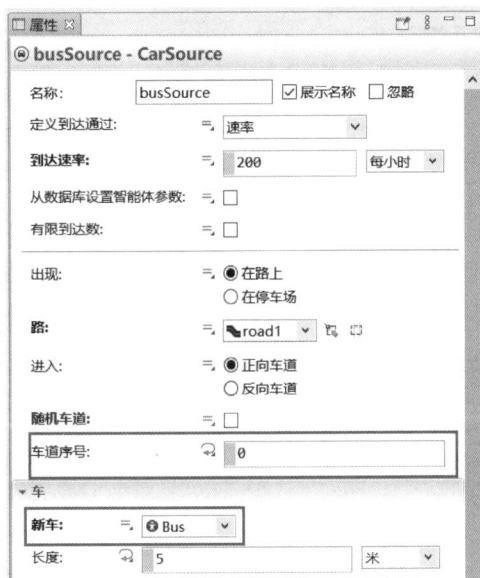

图 4-5-9　车辆到达速率定义示意

这里介绍到达时间表的使用,首先拖曳创建"智能体库"中的时间表,选择数据类型为"整型",整型代表指定时刻出现的车辆数量,在时间表中依次定义每个时刻和车辆数量,如图4-5-10所示。

图4-5-10 时间表定义和使用示意

为了有效模拟,需调节Simulation仿真实验的开始时间,如图4-5-11所示。

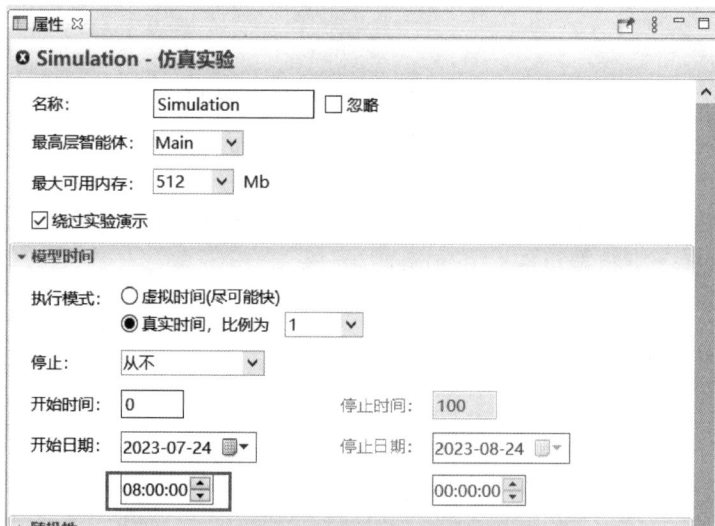

图4-5-11 调节仿真实验时间

4.5.3 创建公交车上下客逻辑模型

(1)定义公交车次

给Bus智能体类型增加车次整型变量busNum,如图4-5-12所示。

图4-5-12 公交车次变量定义

在Main智能体类型中增加公交车次集合定义，集合的元素类型为"int"，修改集合的初始内容为"静态值"，并输入所有车次，如图4-5-13所示。

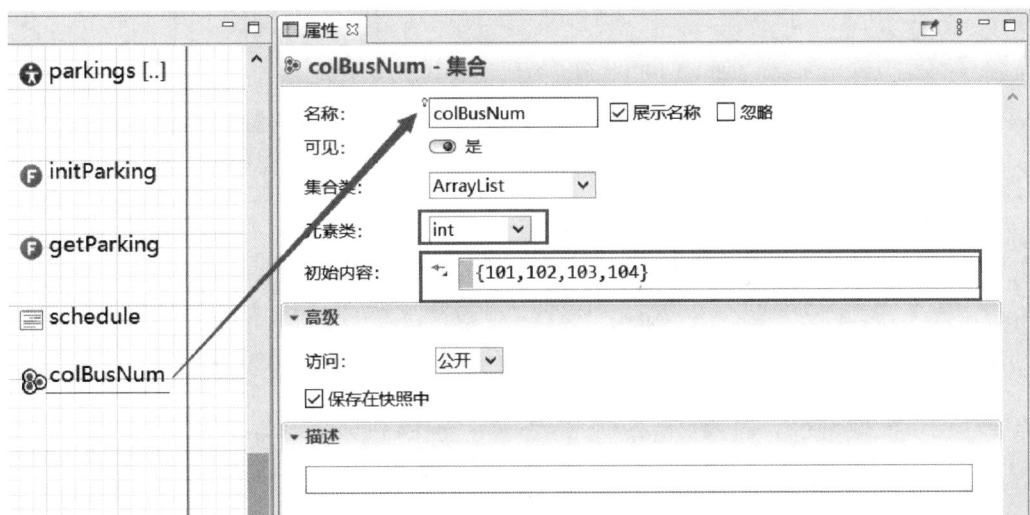

图4-5-13 公交车次集合定义

填写busSource离开行动的函数代码，车辆产生时从公交车次集合中随机赋予车辆车次，代码中的car是Bus对象类型，您可以通过代码提示查看当前可用的对象类型，如图4-5-14所示。

（2）行人类型变量定义

给Ped智能体类型增加车次整型变量busNum，如图4-5-15所示。

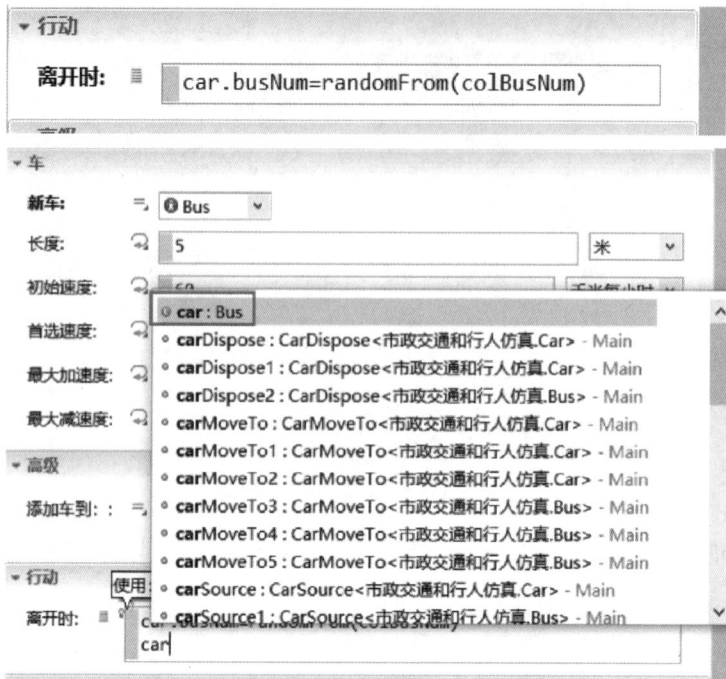

图4-5-14　代码提示查看可用的对象类型

图4-5-15　行人乘坐公交车次变量定义

(3)行人上公交车逻辑模型

这里假定顾客从商场出口离开商场,其中1/2的人乘坐公交车,1/2的人打车,如图4-5-16所示。

(4)行人和公交车次匹配

当selectOutput2分支结构为真时,通过代码agent.busNum=randomFrom(colBusNum)给行人安排随机的公交车次,如图4-5-17所示。

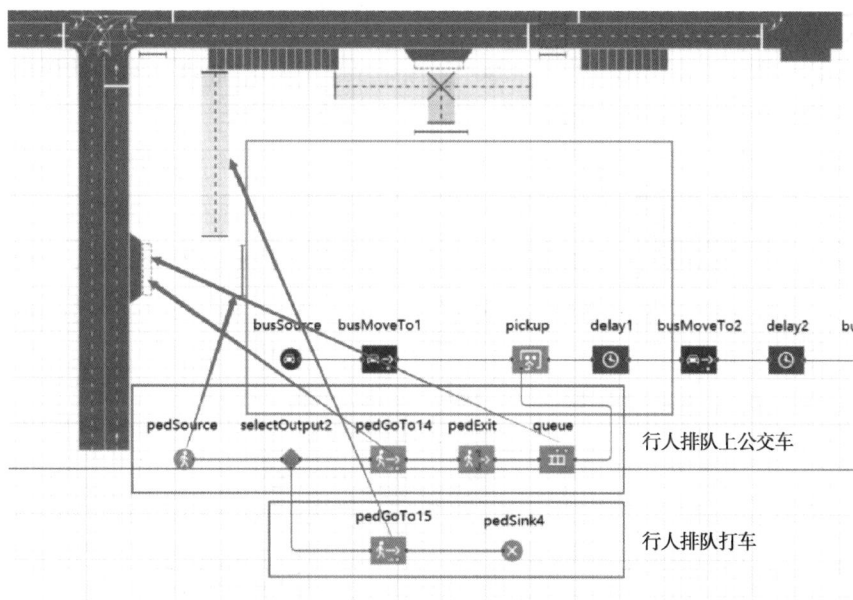

图4-5-16　行人上公交车和打车(未完成)流程

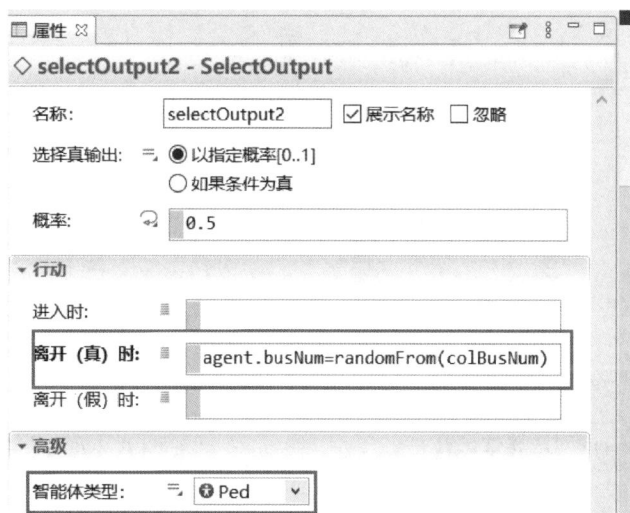

图4-5-17　分支流程代码

(5)行人上公交车

这里用到3个关键的模块,即"行人库"的PedExit、"流程建模库"的Queue和Pickup,下面将详细地介绍3个模块的主要使用方法。

PedExit:接收入口的行人,从仿真环境中移除行人并通过出口发送他们进一步的行为。此处用于行人向登上公交行为转变。

Queue:等待被流程图中的下一个模块接受的智能体的队列,可以动态改变队列容量、设置队列准则,如先进先出、后进先出或基于优先级。此处用于行人排队候车。

Pickup：从连接到 inPickup 端口的 Queue 模块移除智能体并添加它们到进入的智能体（"容器"）的内含物。当智能体到达入口时，Pickup 从队列的内含物中循环并根据给定的模式选择智能体。此处用于行人登上公交车。

行人先抵达等待区域、排队等候公交车，当行人和公交车次匹配时，登上公交车，排队 queue 对象属性如图 4-5-18 所示。

pickup 对象属性如图 4-5-19 所示，pickup 拾取自指定的 queue 对象，需要对拾取的条件进行判断，即当行人的公交车次与当前停靠的公交车次一致时，拾取行人，此时，容器是"Bus"，元素类型是"Ped"。

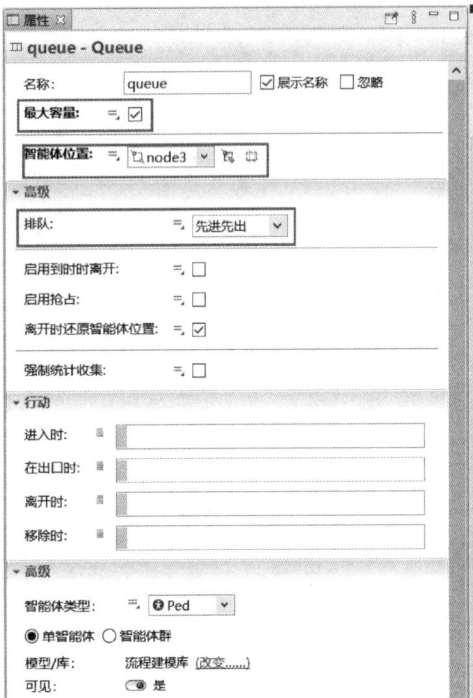

图 4-5-18　queue 对象属性设置　　图 4-5-19　pickup 对象属性设置

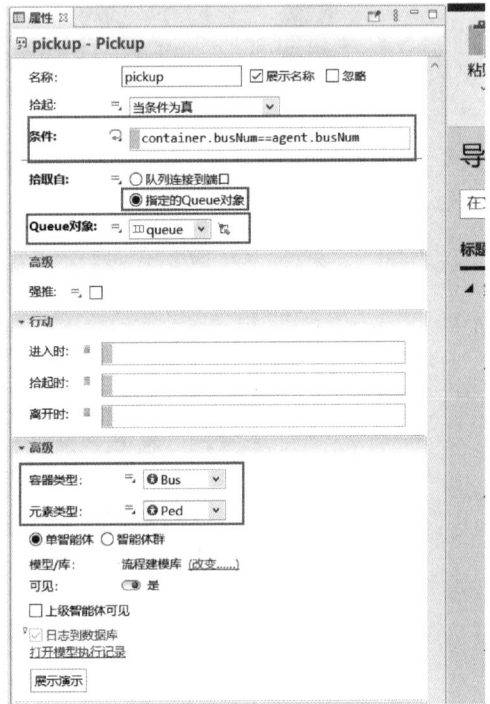

（6）行人下公交车

这里用到两个关键的模块，即"行人库"的 PedEnter 和"流程建模库"的 Dropoff，下面将详细地介绍两个模块的主要使用方法。

PedEnter：接收其他地方（例如，在某个其他行人流程图行人通过 PedExit 模块离开）生成的行人，并在指定的位置将行人注入仿真环境。此处用于将公交车乘客转换为行人行为。

Dropoff：移除包含在进入容器智能体中的智能体，并通过 outDropoff 端口输出他们。此处用于行人下车，从公交车移除行人。

行人下车逻辑模型如图 4-5-20 所示，dropoff 和 pedEnter1 对象如图 4-5-21 和图 4-5-22 所示。

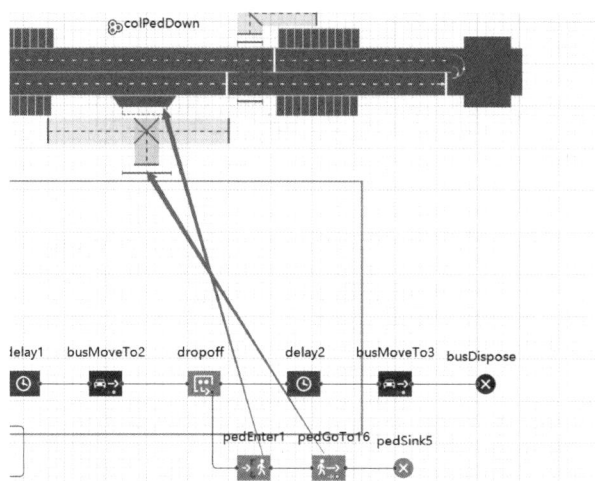

图4-5-20 行人下车逻辑模型

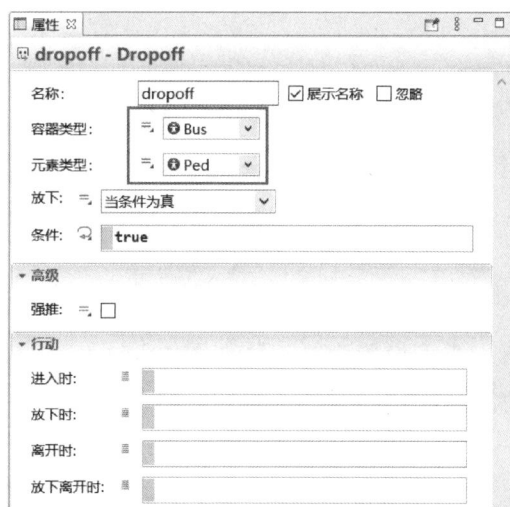

图4-5-21 dropoff对象属性定义

图4-5-22 pedEnter1对象属性定义

4.6 行人打车模型应用

本例对4.4节和4.5节两个例子进行了修改,实现了行人去0号停车场的打车逻辑,主要包括两个逻辑模型,即前往0号停车场等车和上车模型。两个模型间通过"流程建模库"的Enter和Exit模块建立逻辑关系。

4.6.1 行人前往停车场等待打车

对4.5节的例子进行修改,实现行人经过路径前往等待区域等候打车,完整的逻辑如图4-6-1所示,其中用到了两个关键模块"行人库"的PedExit和"流程建模库"的Exit。

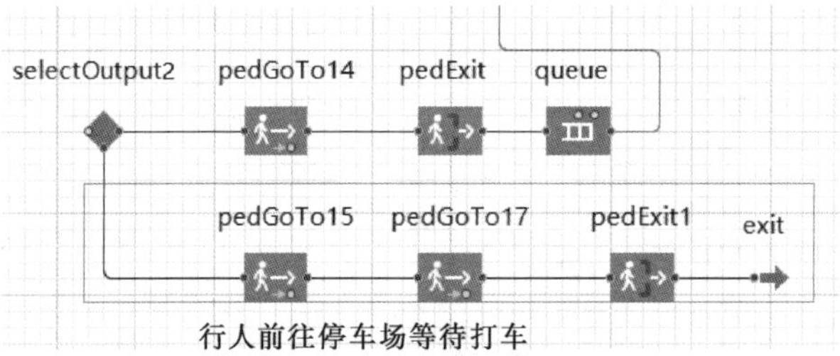

图4-6-1 行人前往停车场等候打车的逻辑模型

将pedExit1对象的行人类型设置为"Ped",如图4-6-2所示。exit对象的属性定义如图4-6-3所示,离开时的行动代码是"this.enter.take(agent);",其中enter是4.6.2中的Enter类型对象的名称。

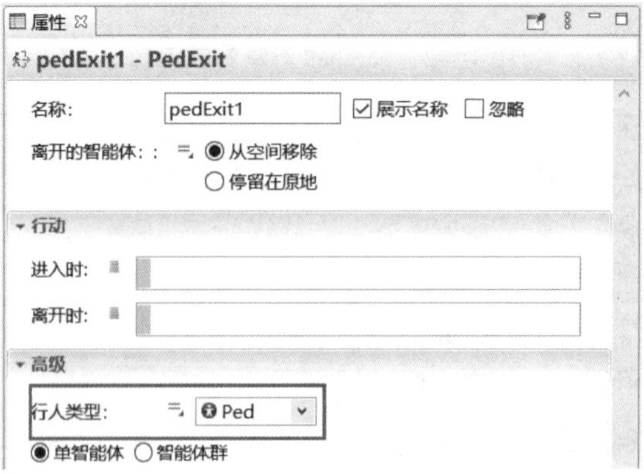

图4-6-2 pedExit1对象属性定义

图 4-6-3　exit 对象属性定义

4.6.2　行人在停车场打车

对 4.4 节的例子进行修改，增加如图 4-6-4 所示，其中 selectOutput3 对车辆前往的停车场进行判断，enter 注入等待打车的行人，行人前往等待区域 pedEnter2，从仿真环境移除行人 pedExit2，行人排队 queue1，行人上车 pickup1。

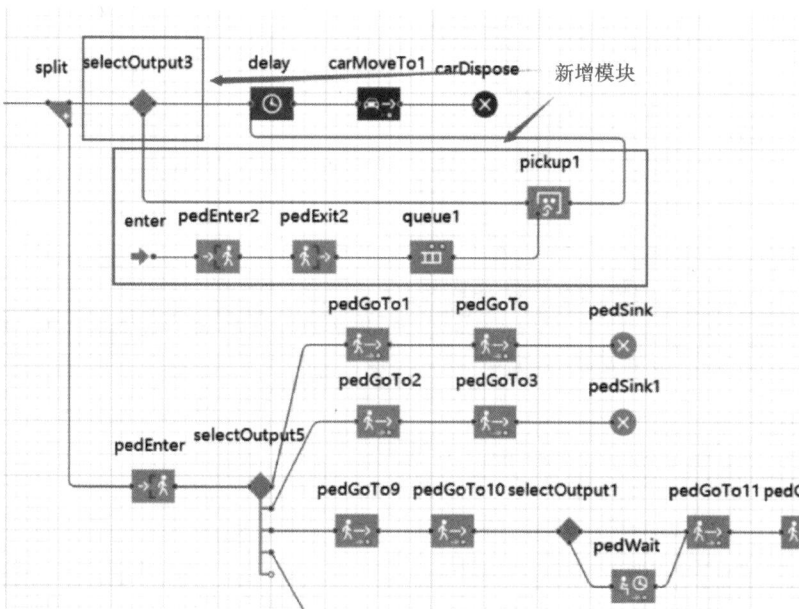

图 4-6-4　行人打车模型

需要说明的对象属性如图 4-6-5—图 4-6-8 所示。

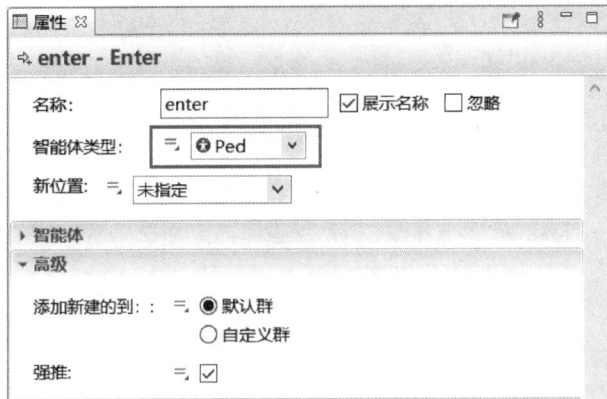

图4-6-5　enter对象属性

图4-6-6　pedExit2对象属性

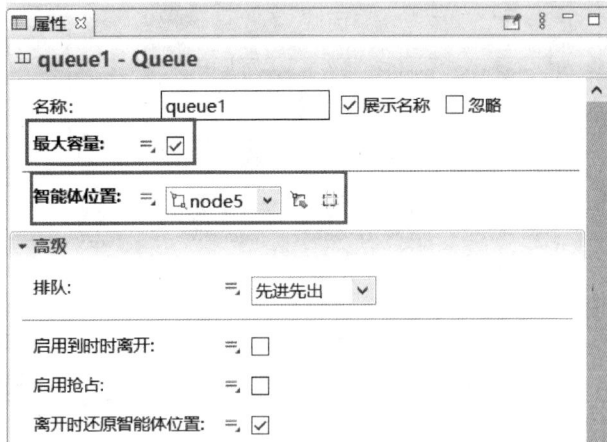

图4-6-7　queue1对象属性

图 4-6-8 pickup1 对象属性

4.7 本章小结

　　本章通过利用 AnyLogic"交通库"面板中的对象和控件进行市政交通仿真模拟,首先介绍了道路、停车场和公交站的建模过程,然后创建汽车和行人逻辑模型,实现汽车行驶、下客、通过无灯控人行道和有灯控人行道的仿真,再进行公交车仿真应用,实现车次和乘客匹配、车辆上下客的过程,最后讲解行人打车仿真的方法。

第5章

基于GIS的应急资源调度仿真实践

基于 GIS 的应急资源调度仿真为公共安全领域带来了前所未有的效率和准确性。地理信息系统(GIS)提供了一套强大的工具,使决策者能够实时捕获、分析和可视化关于突发事件的关键地理信息。结合仿真技术,这种系统不仅可以实时地获取和传递突发事件的位置和规模信息,还可以预测和模拟应急响应过程中资源调度的最佳策略。基于 GIS 的应急资源调度仿真技术结合了空间分析和现实场景模拟,为决策者提供了一个高效、准确的应急响应工具,有助于确保资源得到最佳利用,并最大限度地减小危机的影响。

AnyLogic 在基于 GIS 的应急资源调度仿真方面提供了强大的功能:

GIS集成:AnyLogic 允许用户直接导入地理信息数据,这意味着仿真模型可以根据真实的地理位置进行设计和评估。

资源调度模拟:通过离散事件建模,AnyLogic 可以模拟不同的资源调度策略,从而找出最有效的方法来响应突发事件。

动态路径规划:结合 GIS 数据,AnyLogic 可以在仿真过程中实时规划和调整应急资源的路径,如考虑交通阻塞或其他障碍。

智能体建模:使用智能体建模的方法,AnyLogic 可以模拟应急响应中的个体行为,如救援人员、受伤者或其他参与者。这种建模方式为仿真增加了更多的细节和现实感。

可视化工具:AnyLogic 提供了丰富的可视化工具,使决策者可以直观地看到仿真过程和结果,从而更好地理解和评估不同的调度策略。

5.1 学习目标

①具备 GIS 空间标记的使用和初步开发能力。

②具备状态图的初步构建能力。

③了解访问内部数据库、Excel 文件和 jar 包封装。

基于 GIS 的应急资源调度仿真整体流程图如图 5-1-1 所示。

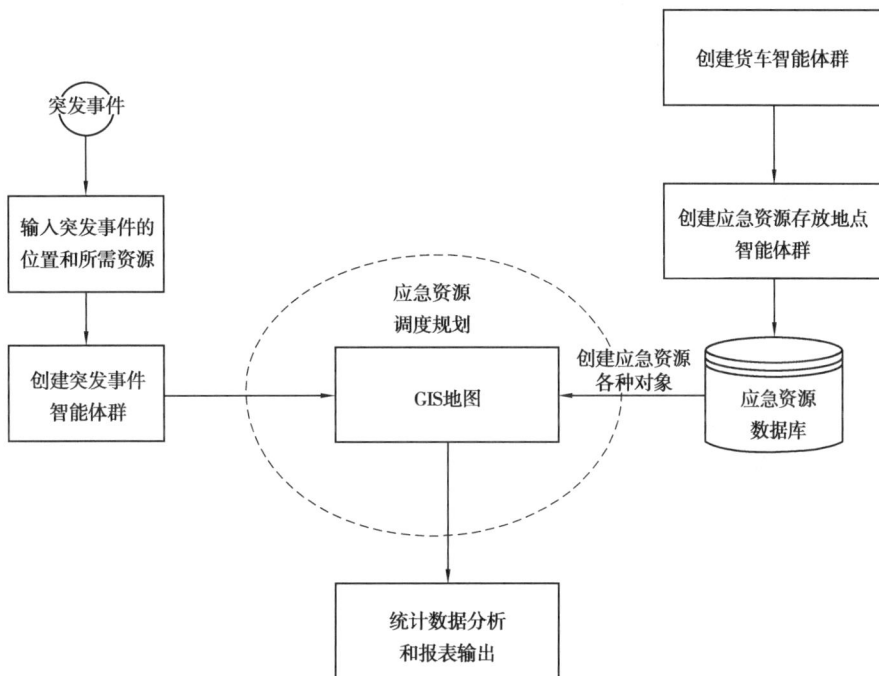

图 5-1-1　基于 GIS 的应急资源调度仿真整体流程图

5.2　GIS空间标记和系统动力学库简介

5.2.1　GIS空间标记

AnyLogic 提供了一个强大的 GIS 工具集,主要包括 GIS 地图、GIS 点、GIS 路线、GIS 地区和路线提供者,允许用户在仿真模型中集成真实世界的地理数据,如图 5-2-1 所示,GIS 空间标记的名称和描述见表 5-2-1。GIS 功能使用户可以模拟涉及空间决策、交通运输、区域规划和其他与地理位置相关的过程。

图 5-2-1　GIS 空间标记

表 5-2-1　GIS 空间标记的名称和描述

空间标记的名称	描述
GIS 地图	您需联网使用,可在模型中显示和管理 GIS 地图。
GIS 点	通过使用 GIS 点,您可以在地图上定义一个点,如一个城市或某个目的地。您可以将这个点放在地图上的任何位置。您创建的每一个 GIS 点都有纬度和经度坐标,以度为单位定义。
GIS 路线	通过使用 GIS 路线,您可以在地图上绘制路线来定义道路、铁路、河流或地图上的任何其他线条。路线上的每个点都有纬度和经度坐标,以度为单位定义。
GIS 区域	您可以使用 GIS 区域元素在地图上标记某个封闭区域。区域内的每个点都有纬度和经度坐标,以度为单位定义。
路线提供者	"路线提供者"元素允许在 GIS 模型中定义一个替代的道路网络,作为 GIS 地图定义的默认网络的补充。 在 GIS 模型中,智能体沿着现有的道路移动。但是,不同类型的智能体使用不同类型的道路,如火车沿铁路移动、汽车沿主路行驶等。AnyLogic 允许用户获取不同类型道路的数据,并使智能体使用特定的道路网络。 AnyLogic 支持 4 种类型的道路网络:汽车、铁路、自行车和步行。

5.2.2　系统动力学库

系统动力学主要关注系统中各组件之间的反馈关系,它使用流量、存量、变量和函数来表示系统的结构与动态。这些元素形成了一个流图,描述了时间和因果关系。系统动力学库是 AnyLogic 中的一个主要组件,主要用于捕捉、描述和仿真复杂系统的动态行为,如图 5-2-2 所示。该库提供了一套完整的工具,允许用户轻松地构建、验证和仿真系统动力学模型,以探索复杂系统的行为和动态,主要模块名称和描述见表 5-2-2。

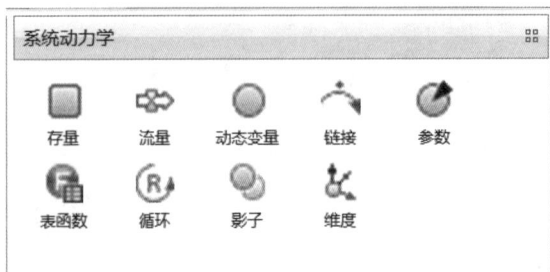

图 5-2-2　系统动力学库

表 5-2-2 系统动力学库主要模块名称和描述

模块名称	描述
存量	在系统动力学中,存量(也称水平、积累或状态变量)用于表示真实世界的过程(如材料、知识、人员、金钱的存量)。存量定义了系统的静态部分。
流量	流量定义了存量的变化速率,即存量值如何随时间变化,从而定义了系统的动态性。
动态变量	动态变量通常由存量的函数(和常数或外部输入)组成。
链接	链接(Link)用于定义存量和流量图中元素之间的依赖关系。
表函数	表函数是以表格形式定义的函数。您可以通过插值和/或外推简单地使其连续化。您可能需要表函数来定义不能被描述为标准函数组合的复杂非线性关系,或者将以表函数形式定义的实验数据转换为连续模式。
循环	循环并不定义因果循环本身,而只是显示存量和流量图中已有的因果依赖信息,即展示变量如何相互影响。
影子	影子是系统动力学变量的一个副本(它可以是流量、存量或动态变量)。
维度	维度用于定义数组变量的维度。

5.2.3 状态图库

使用事件是相当明确的,但有时您可能需要定义一些不能使用事件和动态事件来定义的更复杂的行为,这可以使用状态图来完成。状态图是描述事件驱动和时间驱动行为的最先进的结构。对于某些对象,这种事件和时间的操作排序非常普遍,您最好用状态图来描述这种对象的行为,如图 5-2-3 所示。

状态图有转换和状态。转换可由用

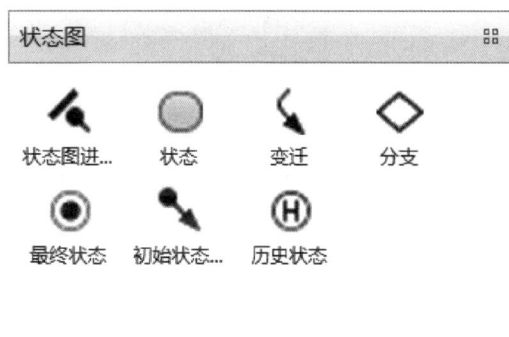

图 5-2-3 状态图库

户定义的条件触发(超时或速率、状态图接收到的消息及布尔条件)。转换执行可能导致状态更改,使新一组转换变得活跃。状态图中的状态可能是分层的,即包含其他状态和转换。

状态图用于显示给定算法的状态空间,定义从一个状态转换到另一个状态的事件及由状态更改产生的操作。通过使用状态图,您可以直观地捕捉各种离散行为,这比大多数基于模块的工具提供的简单的"空闲/忙碌""打开/关闭""上/下"状态更为丰富。状态图的主要模块名称和描述见表5-2-3。

表5-2-3 状态图的主要模块名称和描述

模块名称	描述
状态图进入点	状态图进入点用于指示状态图的初始状态。每个状态图应该只定义一个状态图进入点。
状态	状态代表一个控制位置,具有对条件和/或事件的特定反应集。状态可以是简单的,但如果它包含其他状态,就是复合的。控制总是驻留在一个简单状态中,但当前的反应集是当前简单状态和所有包含它的复合状态的反应集的并集,也就是说,可以采取退出这些状态中的任何一个的转换。
变迁	变迁表示从一个状态切换到另一个状态。变迁表明,如果指定的触发事件发生,并且指定的守护条件为真,状态图就从一个状态切换到另一个状态,并执行指定的操作。当这种情况发生时,我们说该变迁被采纳。
分支	分支表示转换的分支和/或连接点。使用分支,您可以创建一个有多个目的地状态的转换,以及几个合并在一起执行公共操作的转换。
最终状态	最终状态是状态图的终止点。当控制进入最终状态时,执行其操作,然后状态图终止。
初始状态指针	初始状态指针指向复合状态内的初始状态。如果控制权传递给复合状态,通过沿着状态层次结构向下跟随初始状态指针,就可以在其中找到一个简单状态,该状态变为当前状态。
历史状态	历史状态可能包含浅历史状态和深历史状态。 • 浅历史状态是对复合状态内同一层次结构级别上最近访问的状态的引用。 • 深历史状态是对复合状态内最近访问的简单状态的引用。

5.3　建立模型

5.3.1　新建模型

单击菜单栏中的"文件"选项卡,选择"新建"下的"模型",将模型名称改为"基于 GIS 的应急资源调度仿真",模型时间单位设置为"分钟",完成模型创建,如图 5-3-1 所示。

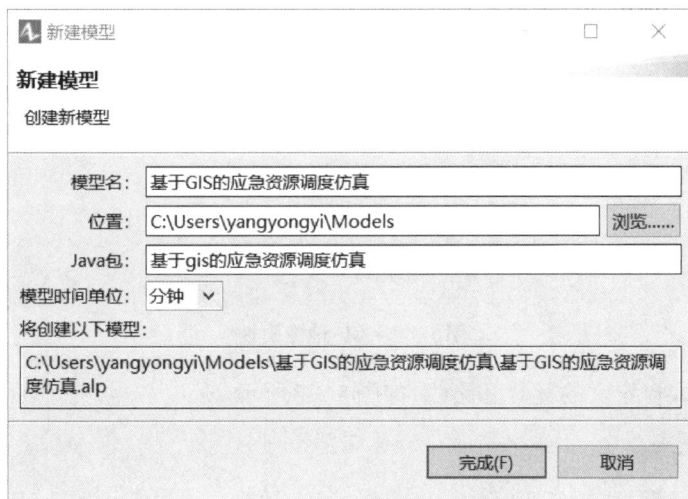

图 5-3-1　新建模型对话框

5.3.2　创建 GIS 地图

选择面板视图中的"空间标记"库,拖曳"GIS 地图"到图形编辑器。注意:只有在联网状态下才能获取 GIS 地图信息。

☆操作小技巧

> GIS 地图基本操作:
> ➢ 双击激活地图;
> ➢ 鼠标滚轮缩放地图;
> ➢ 按住鼠标左键不放移动地图;
> ➢ 单击图形编辑器空白区域,退出地图操作。

您可以在GIS地图的属性中修改参数,选取瓦片提供者、路线服务器和路类型,如图5-3-2所示。

图5-3-2 GIS地图属性

您也可以输入自定义的瓦片和路线,如图5-3-3所示。

图5-3-3 自定义瓦片提供者

5.3.3 应急资源调度各类智能体定义

本实践涉及多种智能体,其中Main智能体是程序的主体,主要用于程序界面、外部Excel文件链接、智能体群等定义,Main智能体定义见表5-3-1。

表 5-3-1　Main 智能体定义

名称	类型	描述
excelFile	ExcelFile	应急资源地 Excel 文件
places	Place	Place 智能体群
eventPlaces	EventPlace	EventPlace 智能体群
trucks	Truck	Truck 智能体群
maxAllotLength	double	最远调配路程（km）
initPlace	Function（函数）	初始化 Place 智能体群和 Truck 智能体群
getShortestPlaceArr	Function（函数）	获得距离指定地点的应急资源地集合（按照路程长度排序）
map	GISMap	GIS 地图
eventPlaceListbox	列表控件	显示突发事件地点
fileChooser	文件选择器	以对话框方式选择突发事件定义 Excel 文件
fileInputBtn	按钮	导入突发事件定义 Excel 文件，并将突发事件逐条显示在列表框
allotTruckCheckbox	复选框	是否从周边调配车辆
maxLengthEditbox	编辑框	输入最远调配路径
resourceAllocationBtn	按钮	启动突发事件，分配资源

Place 智能体用于应急资源存储地定义，采用智能体群的方式关联多个应急资源储备地，该智能体显示在 GIS 地图上，定义见表 5-3-2。

表 5-3-2　Place（应急资源存储地智能体）定义

名称	类型	描述
name	String	应急资源地点名称
location	GISPoint	位置
curRes	double	当前应急资源数量，为简单起见，没有对应急资源进行分类
fullRes	double	应急资源满库存数量
truckArr	ArrayList<Truck>	用于存储应急资源的卡车
truckNum	Int	卡车数量
shortestPlaceArr	ArrayList<Place>	应急资源地集合（按照路程长度排序）

Truck 智能体用于定义运载应急资源的卡车，具体定义见表 5-3-3。

表5-3-3　Truck（卡车智能体）定义

名称	类型	描述
owner	Place	属于的应急资源地
target	EventPlace	去往的突发事件地点
via	Place	经由的应急资源地
isWork	int	工作状态：0空闲，1工作

EventPlace智能体用于定义突发事件地点，该智能体内以状态图的方式描述应急资源调配的流程，通过事件来启动突发事件，具体定义见表5-3-4。

表5-3-4　EventPlace（突发事件地点智能体）定义

名称	类型	描述
name	String	突发地点名称
location	GISPoint	位置
reqRes	double	所需资源
loadedRes	double	已装载的资源
unmountedRes	double	未装载的资源
curPlace	Place	当前装载资源地
placeArr	ArrayList<Place>	应急资源地集合（按照路程长度排序）
findPlace	Function（函数）	找到应急资源地并分配资源
event	Event（事件）	启动突发事件

5.3.4　创建各类智能体群

由于各智能体间有索引的关系，因此在建立智能体群对象时，需要创建无参数和初始为空的智能体群，再逐步增加变量。

（1）应急资源存储地智能体群

选择面板视图中的"智能体"库，拖曳"智能体"到Main图形编辑器，创建智能体群，新类型名为"Place"，选择智能体动画，如图5-3-4所示。在属性窗口中，设置群初始为空，如图5-3-5所示。

图5-3-4　创建应急资源存储地智能体群

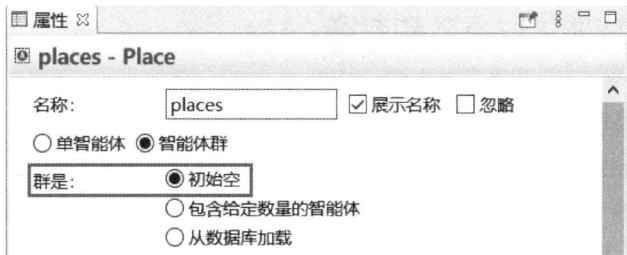

图5-3-5　设置群初始为空

(2)卡车智能体群

参照步骤1创建卡车智能体群,如图5-3-6所示。

图5-3-6　创建卡车智能体群

(3)突发事件智能体群

参照步骤1创建突发事件智能体群,如图5-3-7所示。

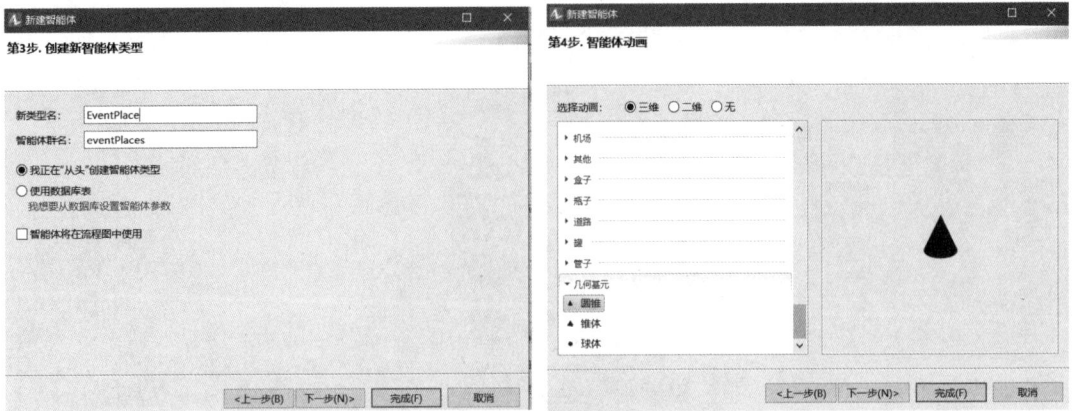

图 5-3-7　创建突发事件智能体群

5.3.5　定义智能体群参数和变量

(1)Place(应急资源存储地)智能体参数和变量

双击项目结构树的"Place"节点,打开 Place 智能体的图形编辑器。

创建地点名称参数:选择面板视图中的"智能体"库,拖曳"参数"到 Place 图形编辑器,参数名称修改为"name",类型修改为"String",如图 5-3-8 所示。

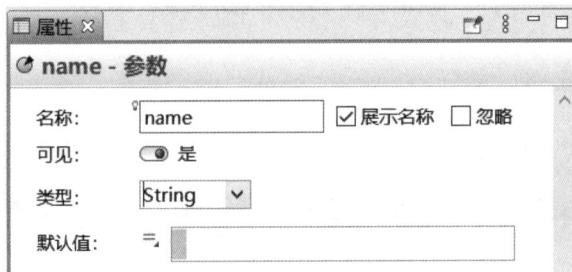

图 5-3-8　创建 name 参数

创建地点名称动态文本:选择面板视图中的"演示"库,拖曳"文本"到三维物体上方,对齐为"居中",文本值修改为动态值"name",如图 5-3-9 所示。

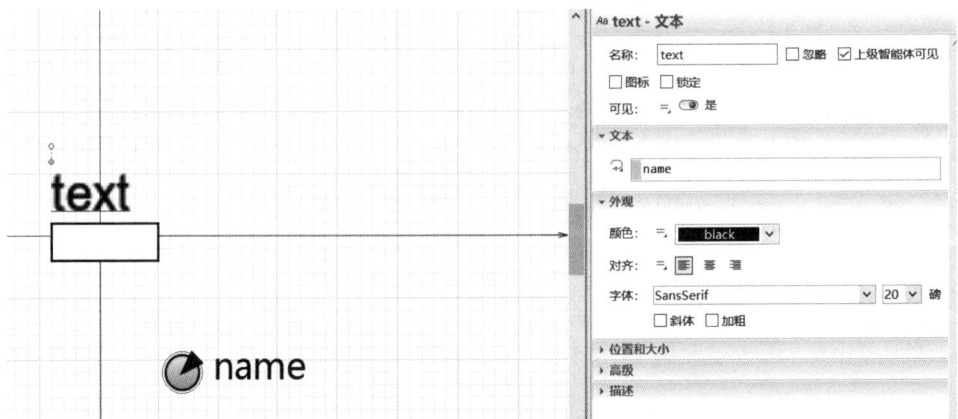

图 5-3-9　创建动态文本

其他参数和变量定义如图5-3-10所示，其中位置参数location的类型是GISPoint，truckArr是车辆集合(类型是：ArrayList<Truck>)。

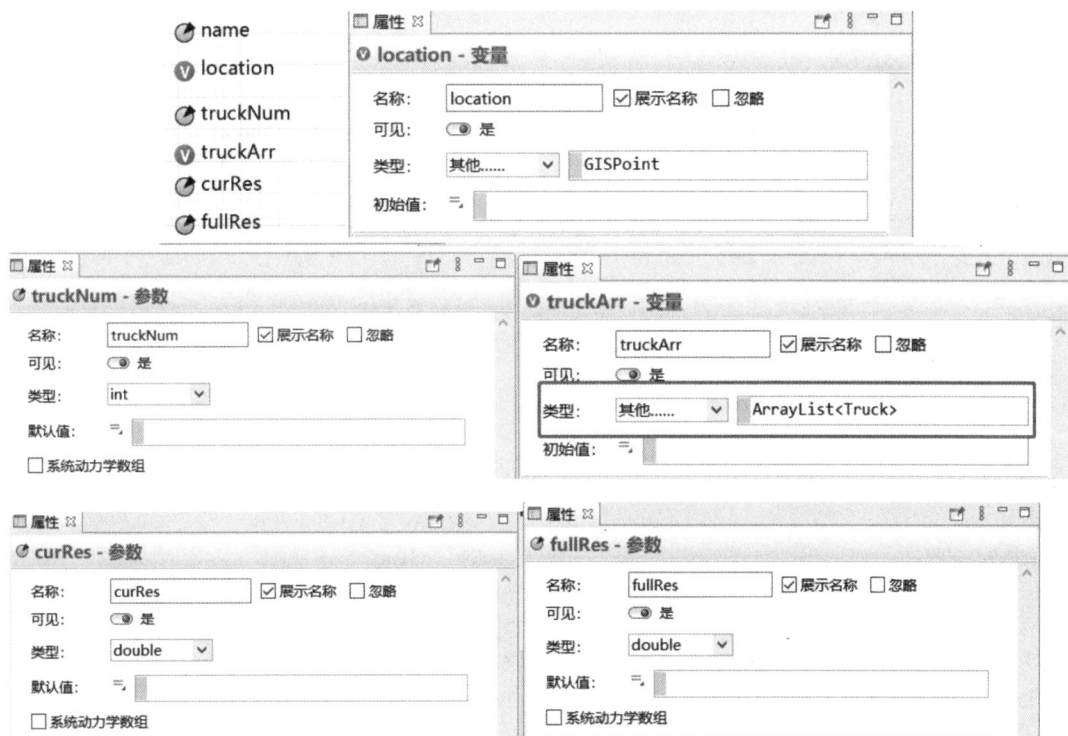

图5-3-10　其他参数和变量定义

此处采用矩形框的方式直观显示资源储备地的应急资源储备情况，其中无填充的矩形代表应急资源满库存量(宽度设置为"100")，蓝色填充矩形表示当前应急资源库存量(宽度设置为动态值curRes/fullRes*100)，如图5-3-11所示。

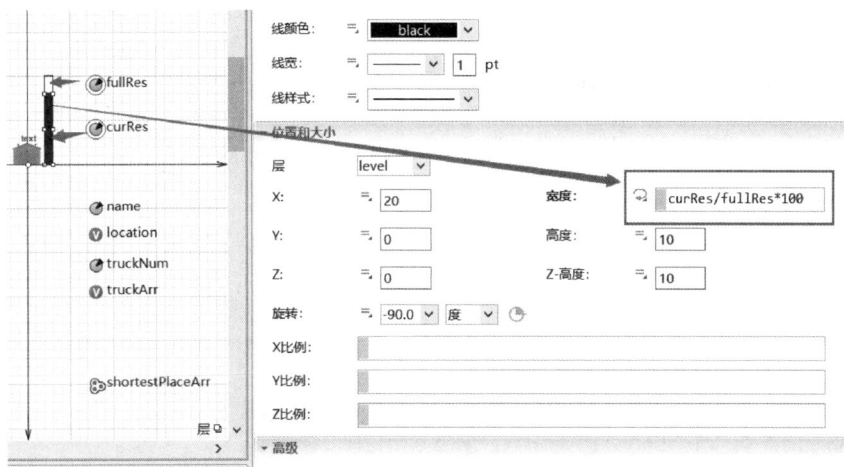

图5-3-11　矩形显示应急资源库存量

(2)Truck(卡车)智能体参数和变量

卡车智能体的参数和变量如图5-3-12所示。

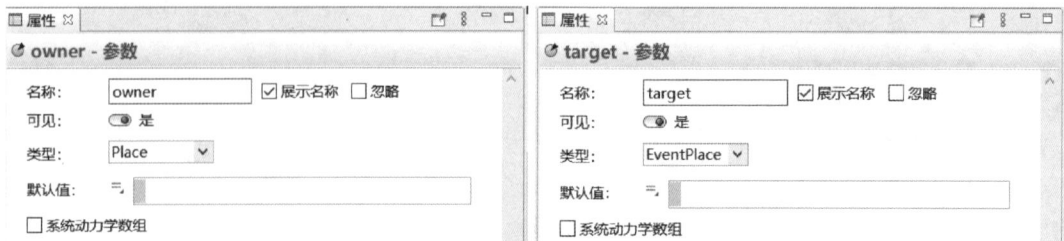

图5-3-12 卡车智能体的参数和变量

(3)EventPlace(突发事件)智能体参数和变量

突发事件智能体的参数和变量如图5-3-13所示。

图5-3-13 突发事件智能体的参数和变量

参照Place的库存显示方法,自行进行EventPlace的存储显示设置。

5.3.6 初始化智能体群

(1)创建Excel定义应急资源存储地信息

通过项目的右键菜单,打开模型文件夹,新建"PlaceDefine.xlsx"文件,用于定义应急资源存储地信息,如图5-3-14所示。

在PlaceDefine.xlsx文件中新建Place的Sheet页,用于定义应急资源存储地的参数值,如图5-3-15所示。

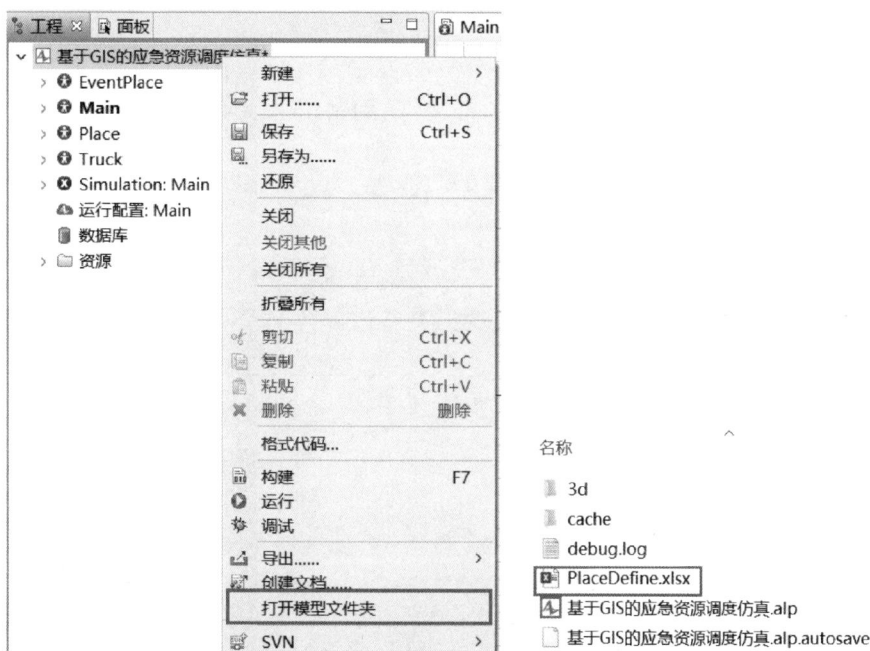

图5-3-14 创建应急资源存储地Excel文件

	A	B	C	D	E	F
1	名称	纬度	经度	库存数量	满库存数量	卡车数量
2	成都	30.40	104.04	90	100	30
3	巴中	31.51	106.43	50	80	20
4	崇州	30.39	103.40	50	70	10
5	达川	31.14	107.29	50	90	10
6	德阳	31.09	104.22	50	70	10
7	都江堰	31.01	103.37	50	70	10
8	峨眉山	29.36	103.29	50	70	10
9	广汉	30.58	104.15	50	80	10
10	广元	32.28	105.51	50	80	10
11	华蓥	30.26	106.44	50	80	10
12	简阳	30.24	104.32	50	80	10
13	江油	31.48	104.42	50	80	10
14	阆中	31.36	105.58	50	80	10
15	乐山	29.36	103.44	50	80	10
16	泸州	28.54	105.24	50	80	10
17	绵阳	31.30	104.42	50	80	10
18	南充	30.49	106.04	50	80	10
19	内江	29.36	105.02	50	80	10
20	攀枝花	26.34	101.43	50	80	10
21	彭州	30.59	103.57	50	80	10
22	邛崃	30.26	103.28	50	80	10
23	遂宁	30.31	105.33	50	80	10
24	万县	30.50	108.21	50	80	10
25	万源	32.03	108.03	50	80	10
26	西昌	27.54	102.16	50	80	10
27	雅安	29.59	102.59	50	80	10
28	宜宾	28.47	104.34	50	80	10
29	自贡	29.23	104.46	50	80	10
30	资阳	30.09	104.38	50	80	10
31						

Place | Route | +

图5-3-15 应急资源存储地信息

(2) 连接 Excel 文件

选择面板视图中的"连接"库,拖曳"Excel 文件"到 Main 图形编辑器,创建 Excel,如图 5-3-16 所示。

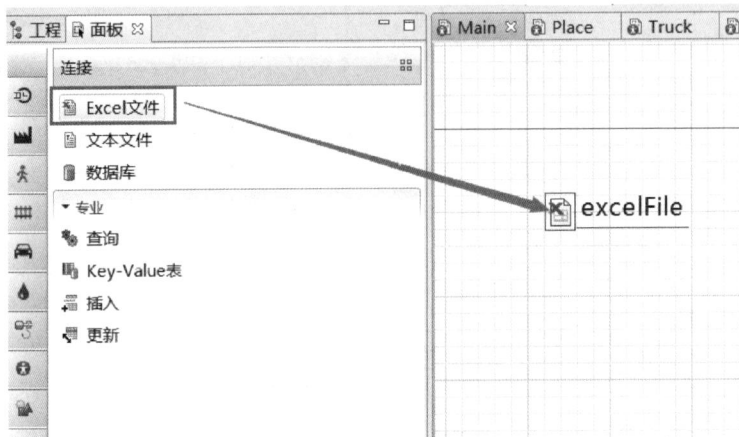

图 5-3-16 创建 Excel 文件连接对象

从 excelFile 对象属性的文件下拉框中选择"PlaceDefine.xlsx"完成文件连接,如图 5-3-17 所示。

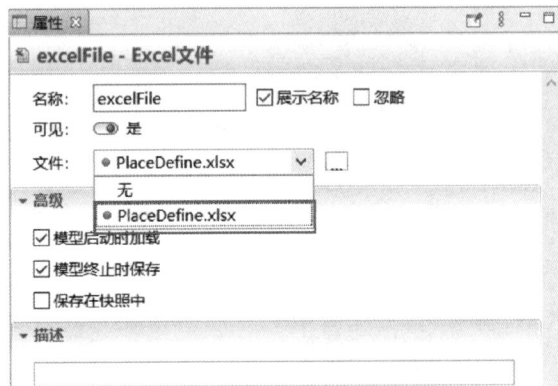

图 5-3-17 选择连接 Excel 文件

(3) Excel 表导入数据库

选择工程结构树下的"数据库"节点,在属性面板中单击"导入数据库表",如图 5-3-18 所示,工程结构树下的数据库节点会增加 place 子节点。

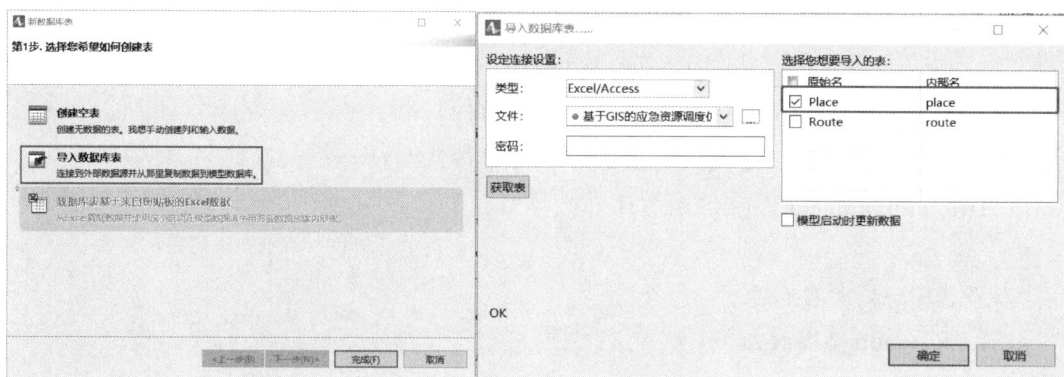

图 5-3-18　导入 Excel 表到数据库

（4）编写初始化函数

拖拉智能体面板"函数"到 Main 图形编辑器，修改函数名称为"initPlace"，参数为空，无返回值，如图 5-3-19 所示。

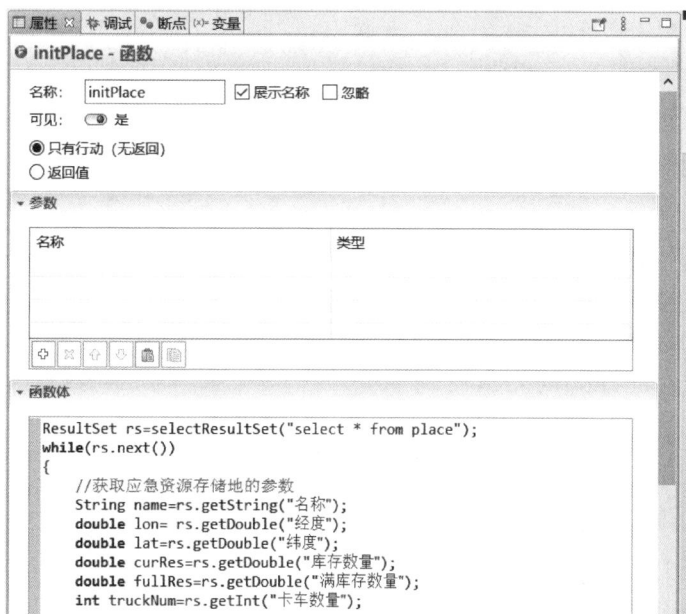

图 5-3-19　initPlace 函数

其中函数体部分的代码如下所示，对于智能体群在初始化完成后，应使用 setLatLon（double lat,double lon）函数将其显示在 GIS 地图上。

```
ResultSet rs=selectResultSet("select * from place");
while(rs.next())
{
    //获取应急资源存储地的参数
    String name=rs.getString("名称");
```

```
        double lon= rs.getDouble("经度");
        double lat=rs.getDouble("纬度");
        double curRes=rs.getDouble("库存数量");
        double fullRes=rs.getDouble("满库存数量");
        int truckNum=rs.getInt("卡车数量");

    //新建应急资源存储地
    Place p=add_places();
    GISPoint gisP=new GISPoint(map,lat,lon);
    p.name=name;
    p.curRes=curRes;
    p.fullRes=fullRes;
    p.location=gisP;
    p.truckNum=truckNum;
    p.setLatLon(lat,lon);
    p.truckArr=new ArrayList<Truck>();
    //初始化每个应急资源存储地的卡车集合
    for(int i=0;i<truckNum;i++)
    {
        Truck truck=add_trucks();
        truck.owner=p;
        truck.setLocation(p);
        p.truckArr.add(truck);
    }
}


    //在初始化时计算
    for(int i=0;i<places.size();i++)
    {
      Place p=places.get(i);
      p.shortestPlaceArr=getShortestPlaceArr(p.location);
    }


    //初始化操作面板
    if(allotTruckCheckbox.isSelected())
    {
```

```
    maxLengthEditbox.setEnabled(true);
}
else
{
    maxLengthEditbox.setEnabled(false);
}
```

将initPlace函数添加到Main智能体的"启动时"行动,这样程序启动时会自动调用该函数,实现初始化,如图5-3-20所示。

图5-3-20　程序启动时调用 initPlace 函数

5.3.7　创建输入界面

本例采用界面的方式读取Excel数据文件和各种资源分配相关参数,界面如图5-3-21所示。

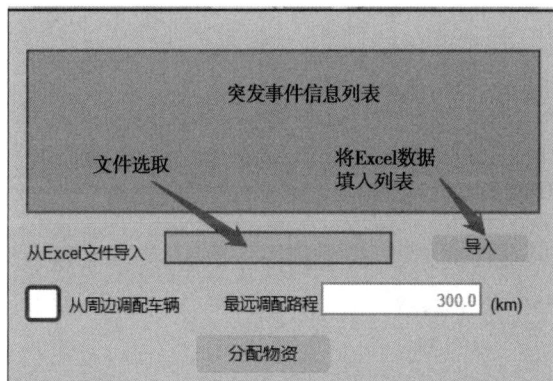

图5-3-21　输入界面

(1)绘制控件面板

双击"演示"面板的"矩形",在 Main 图形编辑器中绘制控件面板,调整到合适尺寸,填充颜色为"绿色",如图 5-3-22 所示。

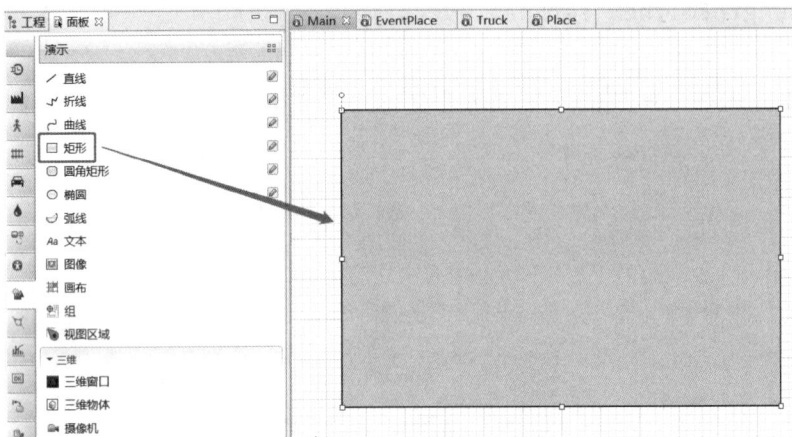

图 5-3-22　绘制控件面板

(2)添加列表框控件

拖拉"控件"面板的"列表框"控件到控件面板,修改名称为"eventPlaceListbox",调整尺寸,通过鼠标右键,将次序设置为"置于顶层",如图 5-3-23 所示。

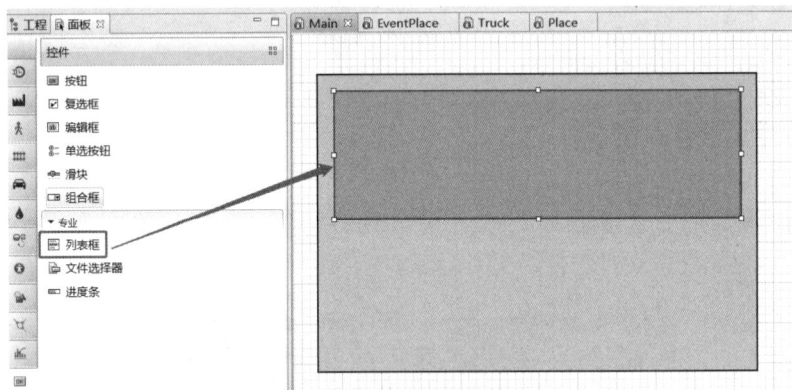

图 5-3-23　创建列表框

(3)添加文件选择器

拖拉"控件"面板的"文件选择器"控件到控件面板,修改名称为"fileChooser",同样将其置于顶层,填写文件名过滤器的参数,如图 5-3-24 所示。

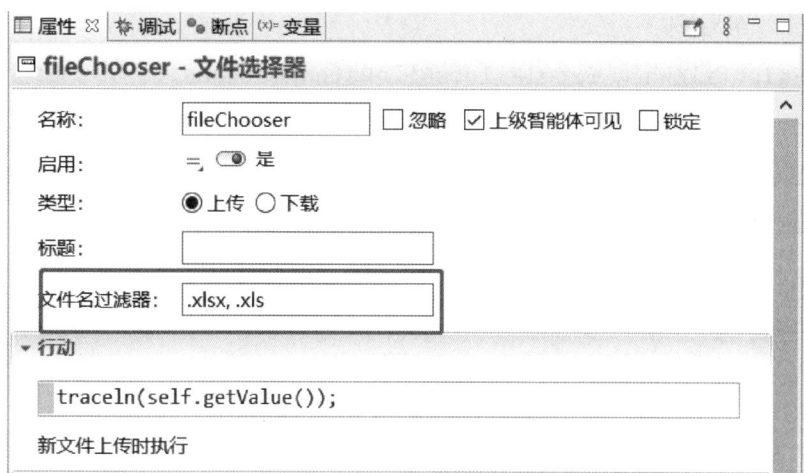

图5-3-24　Excel文件选择器

(4)添加按钮导入Excel文件

拖拉"控件"面板的"按钮"控件到控件面板,修改名称为"fileInputBtn"、标签为"导入",置于顶层,编写按钮响应函数,如图5-3-25所示。

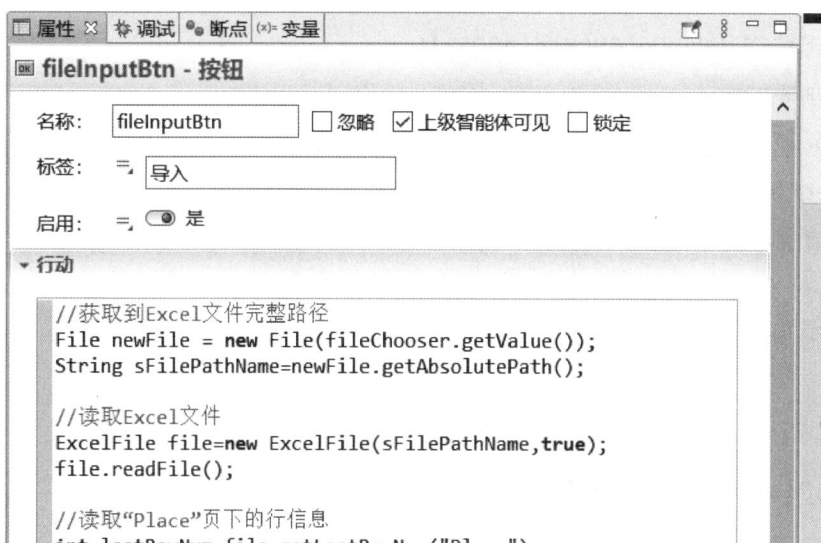

图5-3-25　导入按钮属性

函数体内容如下:

```
//获取Excel文件完整路径
File newFile = new File(fileChooser.getValue());
String sFilePathName=newFile.getAbsolutePath();
```

```
//读取Excel文件
ExcelFile file=new ExcelFile(sFilePathName,true);
file.readFile();
//读取"Place"页下的行信息
int lastRowNum=file.getLastRowNum("Place");
String []items=new String[lastRowNum-1];
for(int i=2;i<=lastRowNum;i++)
{
    String name=file.getCellStringValue("Place",i,1);
    double lat=file.getCellNumericValue("Place",i,2);
    double lon=file.getCellNumericValue("Place",i,3);
    double res=file.getCellNumericValue("Place",i,4);
    GISPoint gp=new GISPoint(map,lat,lon);

//创建突发事件地点
EventPlace ep=add_eventPlaces();
ep.name=name;
ep.location=gp;
ep.reqRes=res;
//应用该函数才能显示对象
ep.setLatLon(lat,lon);
    items[i-2]=name+": "+lat+","+lon+" | "+res;
}
//将突发事件信息填写到列表框
eventPlaceListbox.setItems(items);
```

(5)添加车辆调配控件

分别拖拉"控件"面板的"复选框"控件和"编辑框"控件至控件面板,编辑框的属性设置如图5-3-26所示,将编辑框的参数链接到main的"maxAllotLength"。

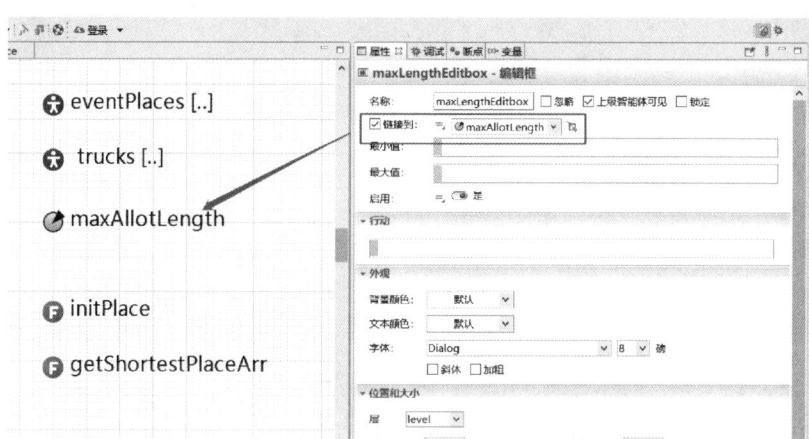

图5-3-26　编辑框属性设置

复选框的属性设置如图5-3-27所示,行动中填写了复选框的响应行动,通过复选框的状态设置编辑框是否可用。

图5-3-27　复选框属性设置

(6)启动突发事件

拖拉"控件"面板的"按钮"控件到控件面板,修改名称为"resourceAllocationBtn",标签为"分配物资",置于顶层,编写按钮响应函数,如图5-3-28所示,函数体遍历突发事件,采用Event的restart方法启动突发事件。

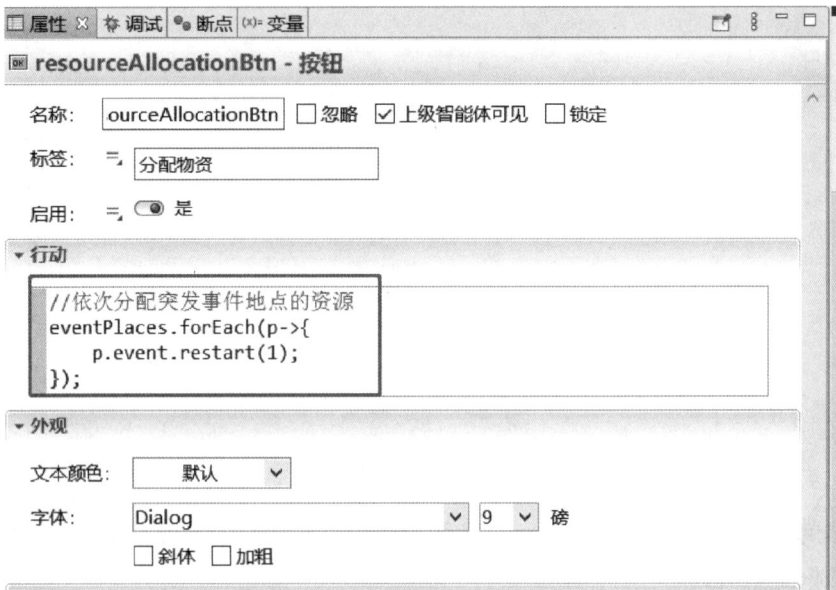

图 5-3-28　资源分配按钮属性

(7)创建组

为了便于移动所有控件,需选取前六步创建的控件,通过鼠标右键创建组,如图 5-3-29 所示。

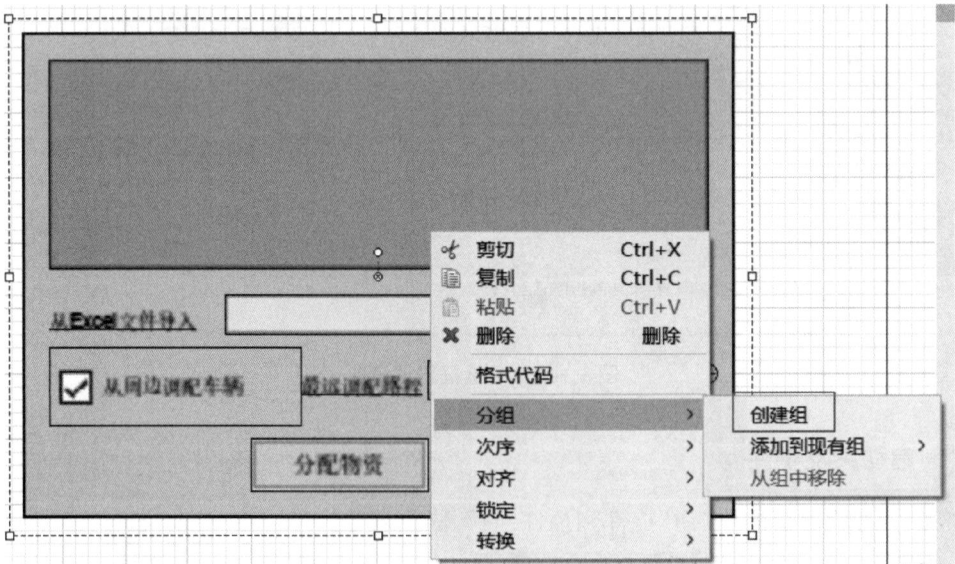

图 5-3-29　创建组

5.4 创建应急资源调配逻辑模型

本例的应急资源调配流程图如图5-4-1所示。

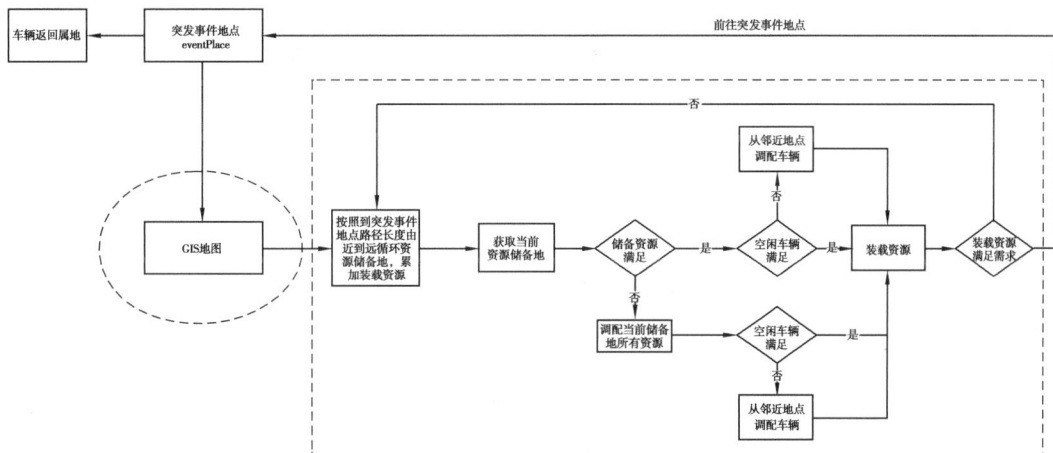

图5-4-1 应急资源调配流程图

当启动突发事件时,开始应急资源调配,主要包括两个流程:

①只有当前应急资源储备地的卡车参与运输:根据应急资源储备地到突发事件地点的路径长度,按照由近到远的规则,根据卡车的状态运输应急资源到突发事件地点,一个资源储备地调配完,再进行下一个资源储备地调配,直到满足突发事件地点应急资源需求为止。

②当前应急资源储备地邻近的卡车参与运输:当调配当前资源储备地的资源时,邻近的卡车(按照到当前资源储备地的路径长度筛选)也参与调配,若当前资源储备地的资源为空,卡车则从邻近资源储备地调配资源,直到满足突发事件地点应急资源需求为止。

5.4.1 Main智能体相关函数

AnyLogic采用Java语言进行二次开发,当用到特殊的Java函数或用户封装的函数包时,应在相应的智能体中导入,本例中Main智能体的高级Java导入函数包如图5-4-2所示。

getShortestPlaceArr的函数定义如图5-4-3所示,输入参数为GISPoint类型的位置参数,返回值为"ArrayList<Place>"类型,函数体对路径进行了由近到远的排序。

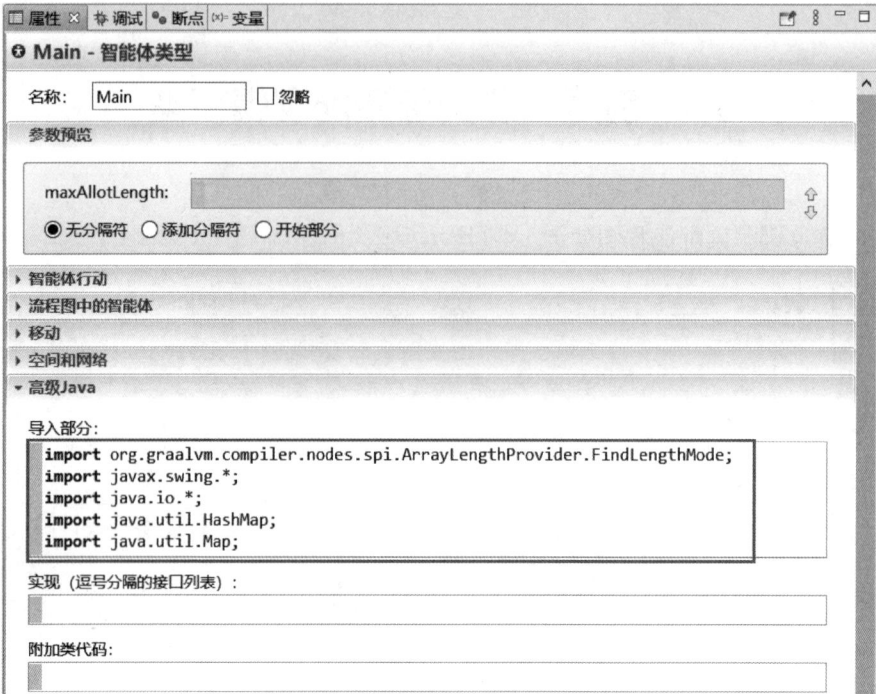

图 5-4-2　高级 Java 导入函数包

图 5-4-3　getShortestPlaceArr 定义

getShortestPlaceArr 函数体的代码如下所示：

```java
Map<Place,Double> placeMap = new HashMap<>();
for(int i=0;i<places.size();i++)
{
    Place p=places.get(i);
```

```
    GISPoint gp=p.location;
    if(start.equals(gp)==false)
    {
        GISRoute route=map.getRoute(start,gp);
        double length=route.length(KILOMETER);
        placeMap.put(p,length);
    }
}
```

```
//需要有序的map对结果进行收集
Map<Place,Double> placeSortedMap = new LinkedHashMap<>();
//使用stream流排序
placeMap.entrySet().stream().sorted((o1,o2)-> (int)(o1.getValue()-
o2.getValue())).
        forEach(e -> placeSortedMap.put(e.getKey(),e.getValue()));
```

```
//转换为ArrayList
ArrayList<Place> routeArr=new ArrayList<Place>();
routeArr.addAll(placeSortedMap.keySet());
return routeArr;
```

5.4.2　EventPlace智能体相关函数

(1)findPlace 函数

该函数用于循环调配应急资源,通过发送消息通知卡车从相应资源储备地运输资源到突发事件地点,函数定义如图5-4-4所示。

findPlace 函数体如下所示,其中根据邻近的卡车是否参与资源调配,用到了两个消息,分别是send("owner",t)和send("via",t),关于消息的定义和用法在5.4.3节详细说明。

```
if(placeArr.size()>0)
{
    curPlace=placeArr.remove(0);
int truckNum=curPlace.truckArr.size();
```

```
//车辆出发去突发事件地点
```

图 5-4-4　findPlace 函数定义

```
for(int i=0;i<truckNum;i++)
{
    Truck t=curPlace.truckArr.get(i);
    if(t.isWork==0)
    {
        t.owner=curPlace;
        t.via=null;
        t.target=this;
        send("owner",t);
    }
}


//是否从周边调配车辆
if(main.allotTruckCheckbox.isSelected())
{
    ArrayList<Place> placeArr1=curPlace.shortestPlaceArr;
    //寻找满足最近调配距离的应急物资存储点
    ArrayList<Place> shortestPlaceArr=new ArrayList<Place>();
    for(int i=0;i<placeArr1.size();i++)
    {
        GISRoute
```

```
route=main.map.getRoute(curPlace.location,placeArr1.get(i).location);
        double length=route.length(KILOMETER);
        if(length<main.maxAllotLength)
        {
            shortestPlaceArr.add(placeArr1.get(i));
        }
        else
        {
            break;
        }
    }
    //调配车辆
    for(int i=0;i<shortestPlaceArr.size();i++)
    {
        Place p=shortestPlaceArr.get(i);
        for(int j=0;j<p.truckArr.size();j++)
        {
            Truck t=p.truckArr.get(j);
            if(t.isWork==0)
            {
                t.owner=p;
                t.via=curPlace;
                t.target=this;
                send("via",t);
            }
        }
    }
}
}
```

(2)event事件

event事件用于启动突发事件,进行资源调配,定义如图5-4-5所示,当单击main的resourceAllocationBtn按钮时,采用Event的restart方法启动突发事件。

图 5-4-5　event 事件定义

在函数体中对相关参数进行初始化,并调用 findPlace( )函数调配应急资源。

5.4.3　卡车逻辑模型

(1)消息详细说明

消息用于代表某种事物在系统中的传递或流动。在离散事件模拟中,消息通常代表物件、订单或其他流过系统的实体。在智能体模拟中,消息可以用于智能体之间的通信或信息交换。在 AnyLogic 中,使用 send 函数发送消息。

send 函数: void send(Object msg,Agent dest)

函数有两个参数,其类型分别是 Object 和 Agent。

◆ Object 参数要输入消息类型,即从哪里获取消息;

◆ Agent 参数要输入获取消息的对象。

当选择触发变迁是 "无条件"时,第一个参数类型应是消息类型对象。如图 5-4-6 所示,消息类型是"EventPlace",接收消息对象是"Truck"。

此时给 Truck 发出消息的 send 函数为:send(eventPlace,truck)。

当消息触发变迁是"特定消息"时,您需要根据选择的消息类型输入 Object 参数,此处以 String 为例进行说明,如图 5-4-7 所示,消息为"send",当发出"send"消息给 Truck 对象时,卡车运行。

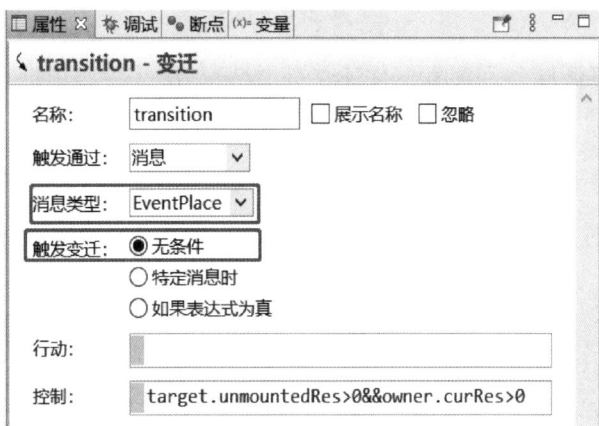

图 5-4-6 发送无条件消息

图 5-4-7 发送特定消息

此时给 Truck 发出消息的 send 函数为:send("send",truck)。

(2)只有当前应急资源储备地的卡车参与运输状态图

一个资源储备地资源运输完毕后,寻找下一个储备地运输资源,直到突发事件地点资源满足需求,按照以下步骤实施,状态图如图 5-4-8 所示。

①卡车处于空闲状态;

②接收到发车消息;

③卡车装载资源,前往目的地;

④到达目的;

⑤卸载资源(判断突发事件地点资源情况);

⑥卸载时间;

⑦返回归属地；

⑧根据归属地资源储备和突发事件地点资源情况（继续去归属地拉资源或寻找下一个最近的资源储备地）。

为了区别邻近的卡车参与运输的消息，此处采用特定消息，消息为String类型，当卡车收到的消息是"owner"时，触发该流程。采用this.receive("owner")函数重新触发流程。

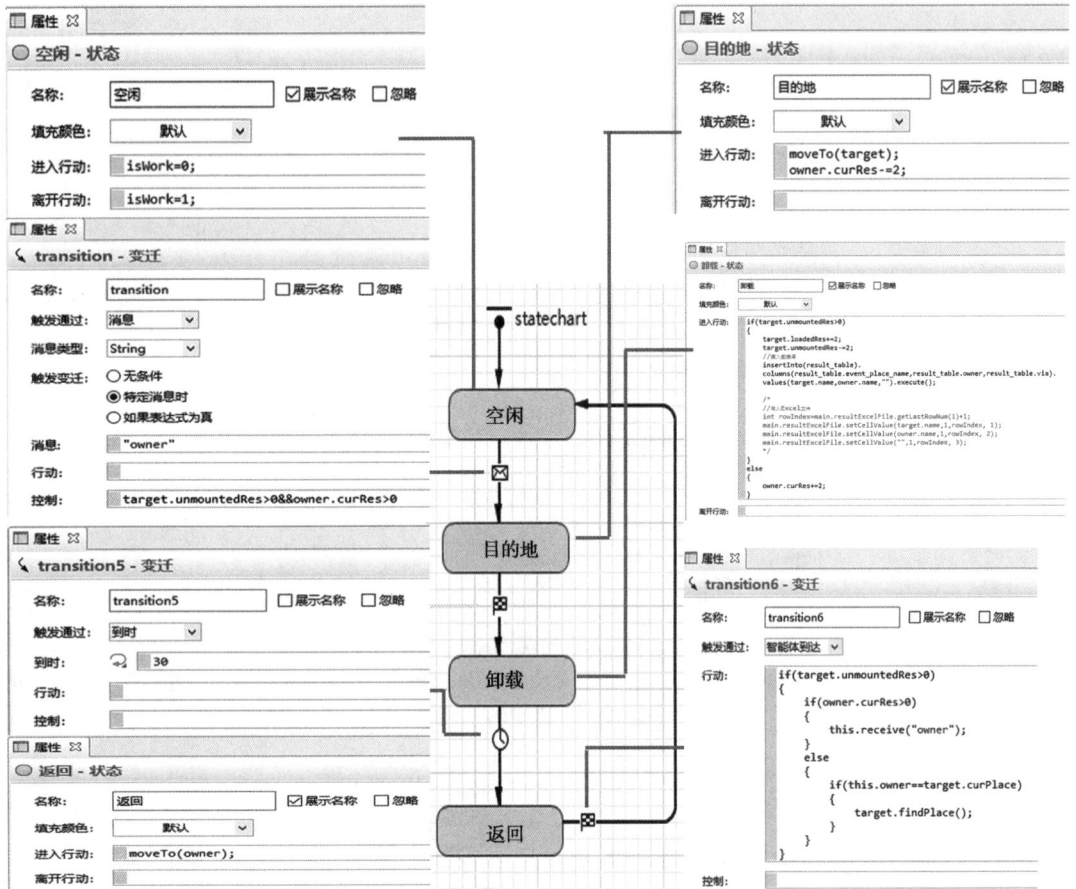

图5-4-8　只有当前应急资源储备地的卡车参与运输状态图

（3）当前应急资源储备地邻近的卡车参与运输状态图

若当前资源储备地资源充足时，邻近的卡车也参与资源运输，直到突发事件地点资源满足需求，按照以下步骤实施，状态图如图5-4-9所示。

①卡车处于空闲状态；

②接收到发车消息；

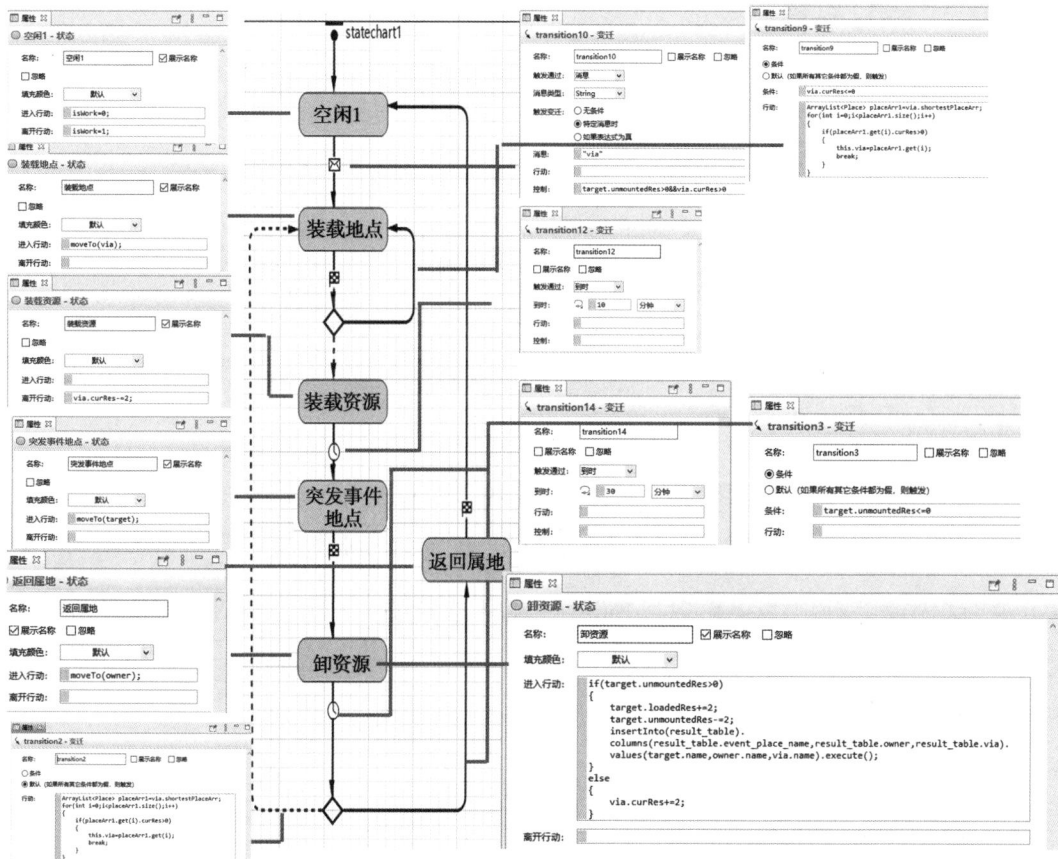

图 5-4-9　当前应急资源储备地邻近的卡车参与运输状态图

③卡车前往当前资源储备地(根据当前储备地资源情况,判断是否更改去往的资源储备地);

④到达指定的资源储备地装载资源;

⑤装载时间;

⑥去往目的地;

⑦卸载资源(判断突发事件地点资源情况);

⑧卸载时间;

⑨根据归属地资源储备和突发事件地点资源情况(继续去当前资源地拉资源或寻找下一个最近的资源储备地)。

消息为String类型,卡车收到的消息是"via"。

5.4.4 运行逻辑模型

突发事件地点定义 Excel 文件示例如图5-4-10所示。

	A	B	C	D
1	名称	纬度	经度	所需数量
2	石龙镇	31.46	106.08	80.000000
3	罗城镇	29.46	104.04	70.000000
4	赤水市	28.64	105.74	60.000000
5	白蝉镇	31.4	105.02	80.000000
6	永兴镇	30.59	105.54	40.000000
7	荣隆镇	29.46	105.52	120.000000
8	关河镇	26.44	102.03	200.000000
9				
10				
11				

图5-4-10 突发事件地点定义 Excel 文件示例

运行程序后,应遵循以下5步(其中③和④为可选步骤),进行突发事件地点应急资源分配,如图5-4-11所示。

①读取突发事件地点定义 Excel 文件;

②导入突发事件地点信息到列表框;

③可选:是否从周边调配车辆;

④可选:输入最远调配路程;

⑤分配物资。

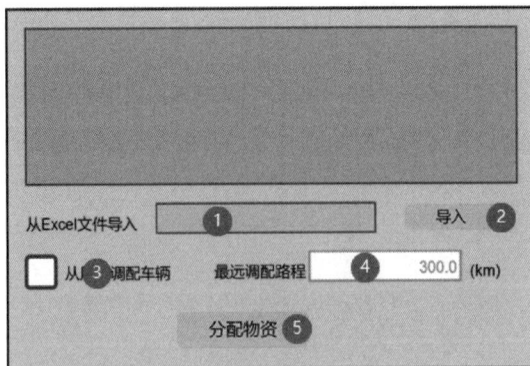

图5-4-11 应急资源分配操作流程图

5.5　扩展开发及应用

5.5.1　访问内部数据库

每个 AnyLogic 模型现在都有一个内置的完全集成的数据库来读取、输入数据和编写模拟输出。数据库可以包含表和视图。表和视图都可以分组为表组，轻松地将数据库从外部数据库或电子表格导入 AnyLogic 项目中，您也可以创建空的数据库表并手动输入数据。带有模型的数据库与模型本身一样具有可移植性和跨平台性。通过内部数据库可以实现以下功能：

①读取参数值并配置模型；

②创建参数化的智能体种群；

③在流程模型中生成智能体到达；

④从其他数据库或 Excel 电子表格导入数据；

⑤查看资源利用率、等待、处理和旅行时间；

⑥存储和导出统计数据、数据集和自定义日志；

⑦将数据导出到 MS Excel 电子表格；

⑧备份和恢复数据。

(1)新建数据库表

选择工程结构树上的"数据库"节点，在数据库属性窗口中，单击创建或导入表，创建新数据库表，如图 5-5-1 所示，此处以新建数据库表为例进行说明。

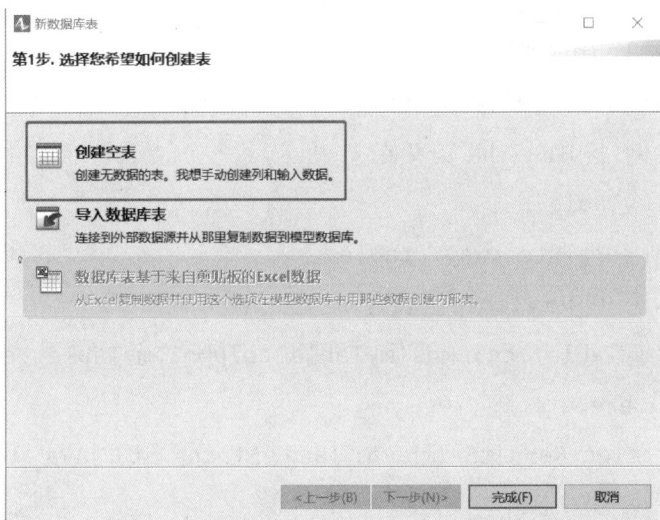

图 5-5-1　新建数据库表

选择工程结构树上的新建的表节点,在表的属性窗口中,修改表的名称、增加列、修改列名和列的类型,如图5-5-2所示。result_table表有三列,分别用于存储突发事件地点名称、车辆所属地名称和车辆经由地名称。

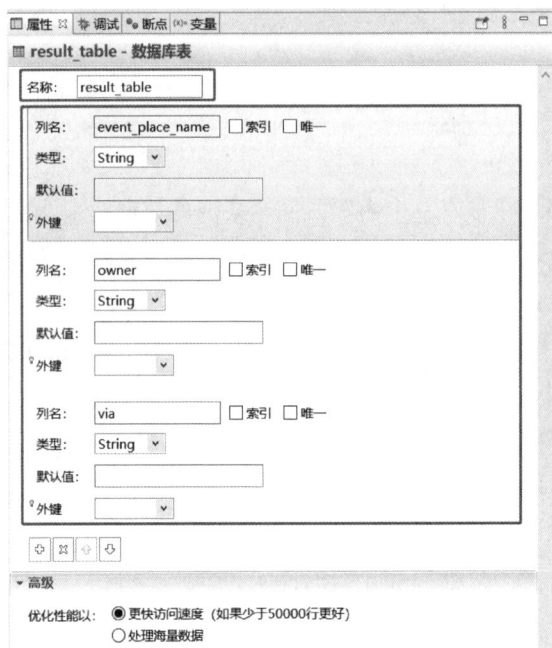

图5-5-2　修改数据库表的属性

(2)读写数据库表

数据库的读写主要用到Utilities类中定义的函数,这个类提供了很多常用的函数和常量,包括概率分布和数学函数。该类是Agent和Experiment的超类,在这些子类内,用户编写的代码可以不使用任何前缀直接调用它的函数。

数据库操作常用的函数如下。

①清空数据,deleteFrom(<any> table)。

函数的用法示例,其中myTable是表名。

deleteFrom(myTable);

②插入数据,insertInto(<any> table)。

函数的用法示例,其中myTable是表名。

insertInto(myTable).columns(myTable.column1,myTable.column2).values(value1,value2).execute();

③ 读取数据,selectResultSet(java.lang.String sql,java.lang.Object...params)。

根据给定的 sql 语句和参数,获取结果集对象。函数的用法示例,其中 myTable 是表名。

```
ResultSet rs=selectResultSet("select * from myTable");
```

(3)输出运行结果到数据库

对 5.4 节的例子进行修改,在启动突发事件时,修改 EventPlace 智能体的 event 事件的行动,用 deleteFrom 函数清空数据,如图 5-5-3 所示。

图 5-5-3　清空数据

在卡车卸载状态时,用 insertInto 函数添加卡车的运输记录,如图 5-5-4 和图 5-5-5 所示。

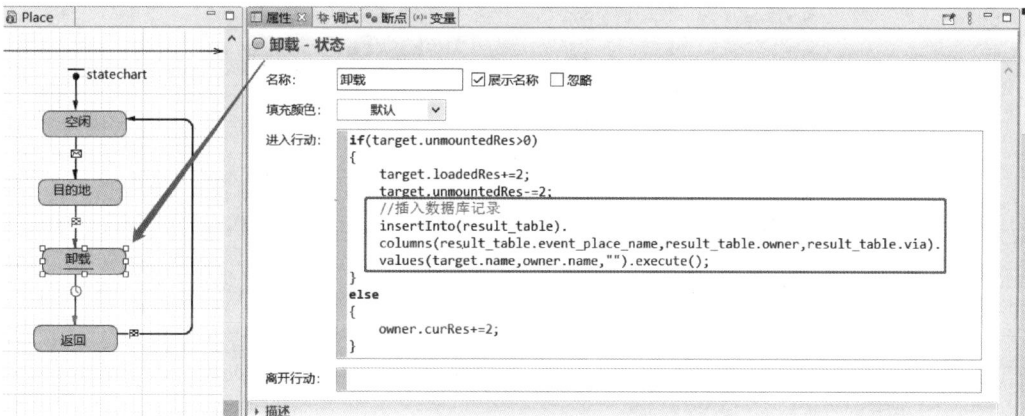

图 5-5-4　添加数据库记录(不调配车辆)

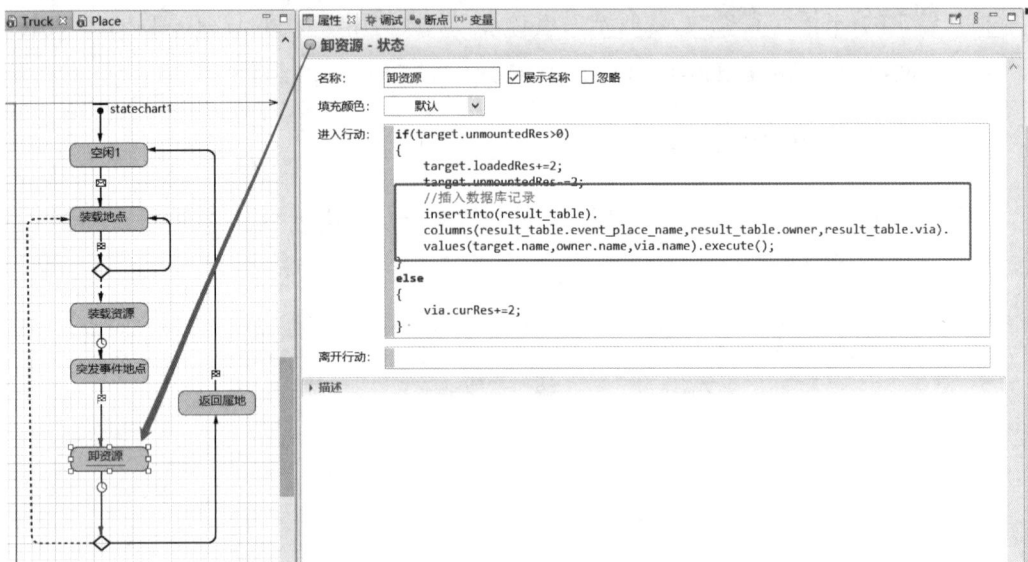

图5-5-5 添加数据库记录（调配车辆）

运行程序，结果将存储在result_table表中，如图5-5-6所示。

	event_place_name	owner	via
190	石龙镇	巴中	
191	石龙镇	南充	巴中
192	石龙镇	南充	巴中
193	石龙镇	南充	巴中
194	石龙镇	南充	巴中
195	石龙镇	南充	巴中
196	石龙镇	南充	巴中
197	石龙镇	南充	巴中
198	石龙镇	南充	巴中
199	石龙镇	南充	巴中
200	石龙镇	南充	巴中
201	石龙镇	巴中	
202	石龙镇	巴中	
203	石龙镇	巴中	
204	石龙镇	巴中	
205	石龙镇	巴中	
206	石龙镇	巴中	
207	石龙镇	巴中	
208	石龙镇	巴中	
209	石龙镇	巴中	
210	石龙镇	巴中	
211	石龙镇	遂宁	南充
212	石龙镇	遂宁	南充
213	石龙镇	遂宁	南充
214	石龙镇	遂宁	南充

图5-5-6 生成的数据库示例

5.5.2　访问 Excel 文件

前小节讲解将仿真结果输出到内部数据库,本小节讲解如何将结果输出到指定的 Excel 文件。此处用到了 4 个关键的函数:

- 打开 Excel 文件,readFile( )。
- 写 Excel 单元内容,setCellValue( ),该函数针对不同数据类型有相应的重载函数,如图 5-5-7 所示,具体用法请查看帮助文档。

void	**setCellValue**(boolean value, int sheetIndex, int rowIndex, int columnIndex) Sets a boolean value for the cell.
void	**setCellValue**(boolean value, java.lang.String cellName) Sets a boolean value for the cell.
void	**setCellValue**(boolean value, java.lang.String sheetName, int rowIndex, int columnIndex) Sets a boolean value for the cell.
void	**setCellValue**(java.util.Date value, int sheetIndex, int rowIndex, int columnIndex) Sets a date value for the cell.
void	**setCellValue**(java.util.Date value, java.lang.String cellName) Sets a date value for the cell.
void	**setCellValue**(java.util.Date value, java.lang.String sheetName, int rowIndex, int columnIndex) Sets a date value for the cell.
void	**setCellValue**(double value, int sheetIndex, int rowIndex, int columnIndex) Sets a numeric value for the cell.
void	**setCellValue**(double value, java.lang.String cellName) Sets a numeric value for the cell.
void	**setCellValue**(double value, java.lang.String sheetName, int rowIndex, int columnIndex) Sets a numeric value for the cell.
void	**setCellValue**(java.lang.String value, int sheetIndex, int rowIndex, int columnIndex) Sets a string value for the cell.
void	**setCellValue**(java.lang.String value, java.lang.String cellName) Sets a string value for the cell.
void	**setCellValue**(java.lang.String value, java.lang.String sheetName, int rowIndex, int columnIndex) Sets a string value for the cell.

图 5-5-7　setCellValue 重载函数

- 清除单元内容,clearCell(int sheetIndex,int rowIndex,int columnIndex)。
- 关闭写 Excel 文件,writeFile( )。

(1)创建结果存储 Excel 文件

在模型目录下新建 Excel 文件,用于存储输出的结果,如图 5-5-8 所示。

名称	修改日期
3d	2023-08-20 16:48
al_uploads	2023-08-18 23:25
cache	2023-08-07 8:30
database	2023-08-22 18:19
debug.log	2023-08-21 23:58
EventPlaceDefine - 副本.xlsx	2023-08-17 10:14
EventPlaceDefine.xlsx	2023-08-21 12:26
PlaceDefine - 副本.xlsx	2023-08-21 11:37
PlaceDefine.txt	2023-08-12 19:04
PlaceDefine.xlsx	2023-08-21 12:02
resultExcelFile.xlsx	2023-08-22 18:45
基于GIS的应急资源调度仿真.alp	2023-08-22 18:41
基于GIS的应急资源调度仿真.alp.autosave	2023-08-22 18:52

图 5-5-8　新建 Excel 文件

(2)创建Excel文件连接对象

通过"连接"面板,创建Excel文件连接对象,选取步骤(1)创建的Excel文件,如图5-5-9所示。

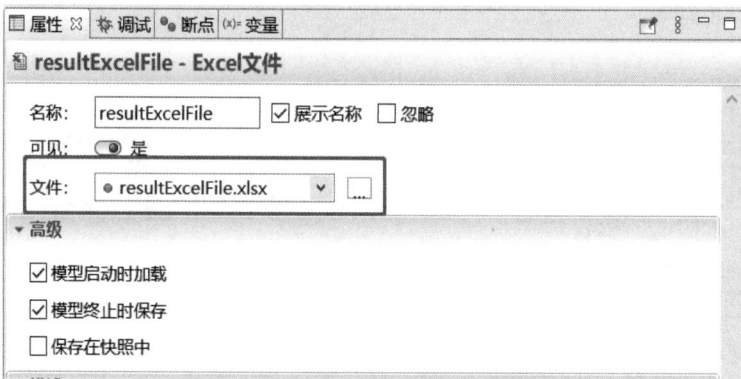

图 5-5-9　Excel 文件连接对象属性

(3)添加输出代码

对5.5.1节的例子进行修改,增加输出到Excel文件的代码,如图5-5-10所示。增加卡车卸载状态代码,如图5-5-11所示。

⚡ event - 事件

发生日期   2023-08-20 ▦▾   08:00:00 ▴▾

☑ 日志到数据库
打开模型执行记录

▾ 行动

```
if(placeArr==null||placeArr.size()==0)
{
    placeArr=main.getShortestPlaceArr(location);
    loadedRes=0;
    unmountedRes=reqRes;
}

//清空数据库表的数据
deleteFrom(result_table);

main.resultExcelFile.readFile();

//清除单元内容
int iRows=main.resultExcelFile.getLastRowNum(1);
int iCols=main.resultExcelFile.getLastCellNum(1, iRows);
for(int i=1;i<=iRows;i++)
{
    for(int j=1;j<=iCols;j++)
        main.resultExcelFile.clearCell(1,i,j);
}

//写表头
main.resultExcelFile.setCellValue("应急地点",1,1, 1);
main.resultExcelFile.setCellValue("所属地",1,1, 2);
main.resultExcelFile.setCellValue("经由地",1,1, 3);


findPlace();

main.resultExcelFile.writeFile();
```

图 5-5-10　输出结果到 Excel 文件

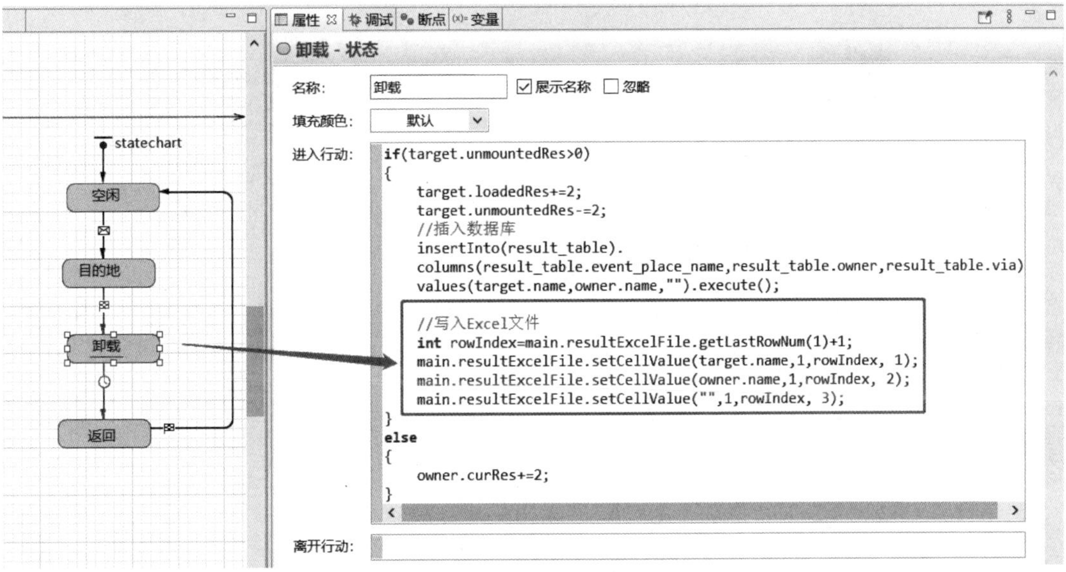

属性 ✕ | 调试 | 断点 | 变量

● 卸载 - 状态

名称：　 卸载   ☑ 展示名称 ☐ 忽略

填充颜色：　默认 ▾

进入行动：
```
if(target.unmountedRes>0)
{
    target.loadedRes+=2;
    target.unmountedRes-=2;
    //插入数据库
    insertInto(result_table).
    columns(result_table.event_place_name,result_table.owner,result_table.via)
    values(target.name,owner.name,"").execute();

    //写入Excel文件
    int rowIndex=main.resultExcelFile.getLastRowNum(1)+1;
    main.resultExcelFile.setCellValue(target.name,1,rowIndex, 1);
    main.resultExcelFile.setCellValue(owner.name,1,rowIndex, 2);
    main.resultExcelFile.setCellValue("",1,rowIndex, 3);
}
else
{
    owner.curRes+=2;
}
```

statechart

空闲
目的地
卸载
返回

离开行动：

图 5-5-11　卡车卸载状态代码

5.5.3 jar包封装

JAR(Java ARchive)翻译过来即Java归档文件,我们可以将多个文件合成一个jar文件,这就是归档(常称为"封装")。当我们做一个项目的时候,某些写好的接口类或者实体类代码/文件,一般都是不需要改动的,因此可以将它们封装成jar包,直接引入项目使用,使项目中代码层次分明,便于维护和管理,也可以达到代码加密的效果。

这里将上小节的清除Excel单元内容定义为函数,并进行封装和调用,说明其实现过程。

(1)新建智能体类型

新建智能体类型,新类型名修改为"MyTools",如图5-5-12和图5-5-13所示。

图5-5-12　新建智能体类型菜单

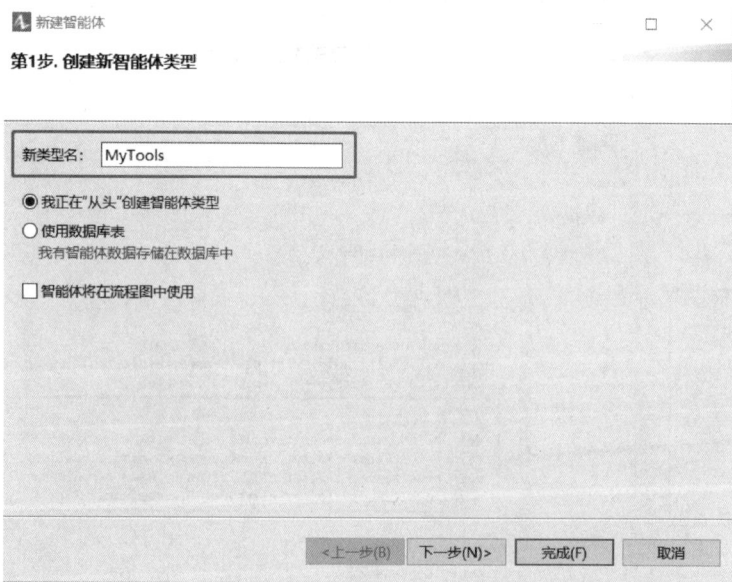

图5-5-13　新建智能体类型

(2)创建函数

通过"智能体"面板在MyTools图形编辑器中创建函数,修改名称为"clearExcel",添加输入参数inputExcelFile(类型:Object,Excel连接对象)和sheetIndex(类型:int,sheet页的序号),填写函数体,将访问设置为"公开",如图5-5-14所示。

图5-5-14　创建函数

(3)创建库、封装和导出

选择工程项目根节点,鼠标右键新建库,如图5-5-15所示。

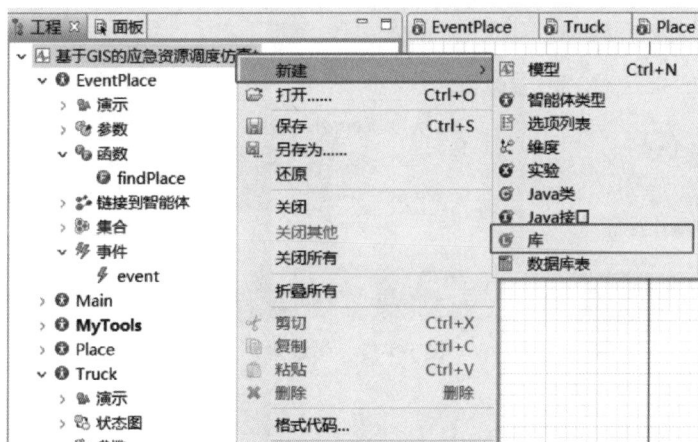

图5-5-15　新建库

输入库的名称和库的描述信息，如图5-5-16所示。

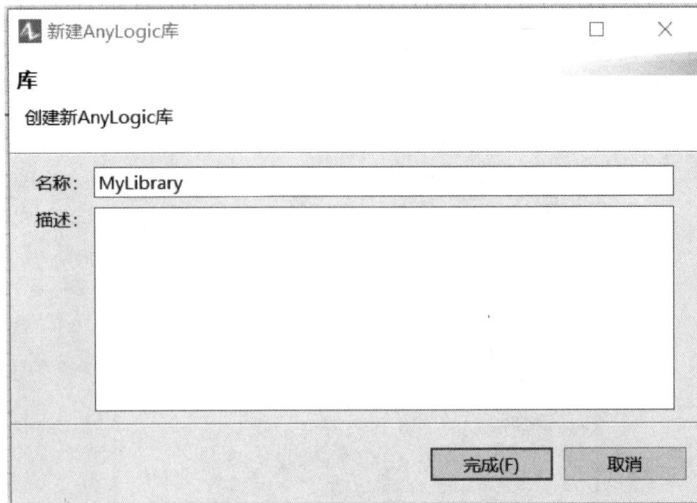

图5-5-16 新建 AnyLogic 库

在库界面输入库定义、面板等信息，选择要封装的智能体（MyTools 智能体），如图5-5-17所示。单击"导出库"，AnyLogic 默认导出路径为项目文件夹，如图5-5-18所示。

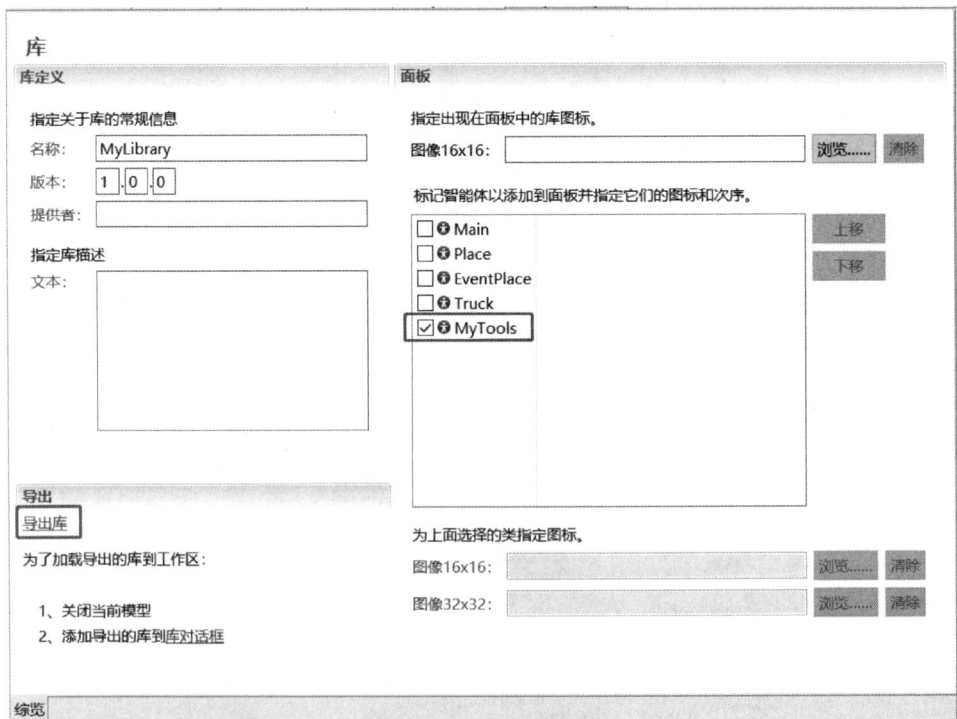

图5-5-17 库设置

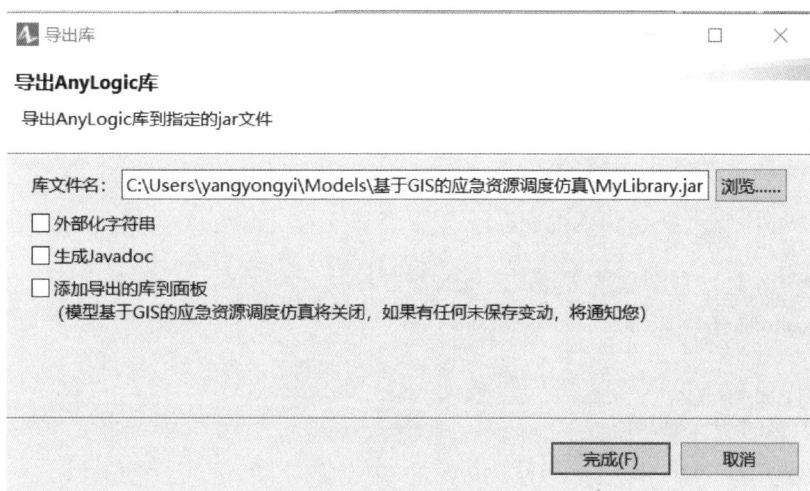

图5-5-18　导出库

(4)调用

在项目属性窗口中,添加依赖项,如图5-5-19所示。

图5-5-19　添加依赖项

修改清除单元内容的代码,如图5-5-20所示。

```
MyTools tools=new MyTools();
tools.clearExcel(main.resultExcelFile,1);
```

```
⚡ event - 事件
发生日期          2023-08-20 ▾    08:00:00 ▾

☑ 日志到数据库
  打开模型执行记录

▼ 行动
if(placeArr==null||placeArr.size()==0)
{
    placeArr=main.getShortestPlaceArr(location);
    loadedRes=0;
    unmountedRes=reqRes;
}

//清空数据库表的数据
deleteFrom(result_table);

main.resultExcelFile.readFile();

//调用用户库函数清除单元内容
MyTools tools=new MyTools();
tools.clearExcel(main.resultExcelFile, 1);

/*
//清除单元内容
int iRows=main.resultExcelFile.getLastRowNum(1);
int iCols=main.resultExcelFile.getLastCellNum(1, iRows);
for(int i=1;i<=iRows;i++)
{
    for(int j=1;j<=iCols;j++)
        main.resultExcelFile.clearCell(1,i,j);
}
*/
//写表头
main.resultExcelFile.setCellValue("应急地点",1,1, 1);
main.resultExcelFile.setCellValue("所属地",1,1, 2);
main.resultExcelFile.setCellValue("经由地",1,1, 3);

findPlace();

main.resultExcelFile.writeFile();
```

图 5-5-20　调用库函数

5.6　本章小结

AnyLogic 可以直接与 GIS 数据源进行集成,允许用户在实地地图上建立和运行模型,软件在基于 GIS 的应急资源调度方面具有一系列强大的功能和优势。本章利用 AngLogic 软件,建立一个基于 GIS 的应急资源调度模型,模拟在多突发事件状态下各资源存储地在仓储、调度、路径规划等方面的运行流程,帮助决策者在真实的地理环境中模拟和评估资源调度策略。

参考文献

［1］刘亮.复杂系统仿真的 AnyLogic 实践［M］.北京：清华大学出版社，2019.

［2］方昶.Anylogic 建模与仿真［M］.合肥：安徽师范大学出版社，2018.

［3］范维澄，闪淳昌，等.公共安全与应急管理［M］.北京：科学出版社，2017.

［4］肖人彬，龚晓光.管理系统模拟［M］.2版.北京：电子工业出版社，2016.

［5］杨义勇.动力学系统建模、仿真与控制［M］.北京：清华大学出版社，2021.